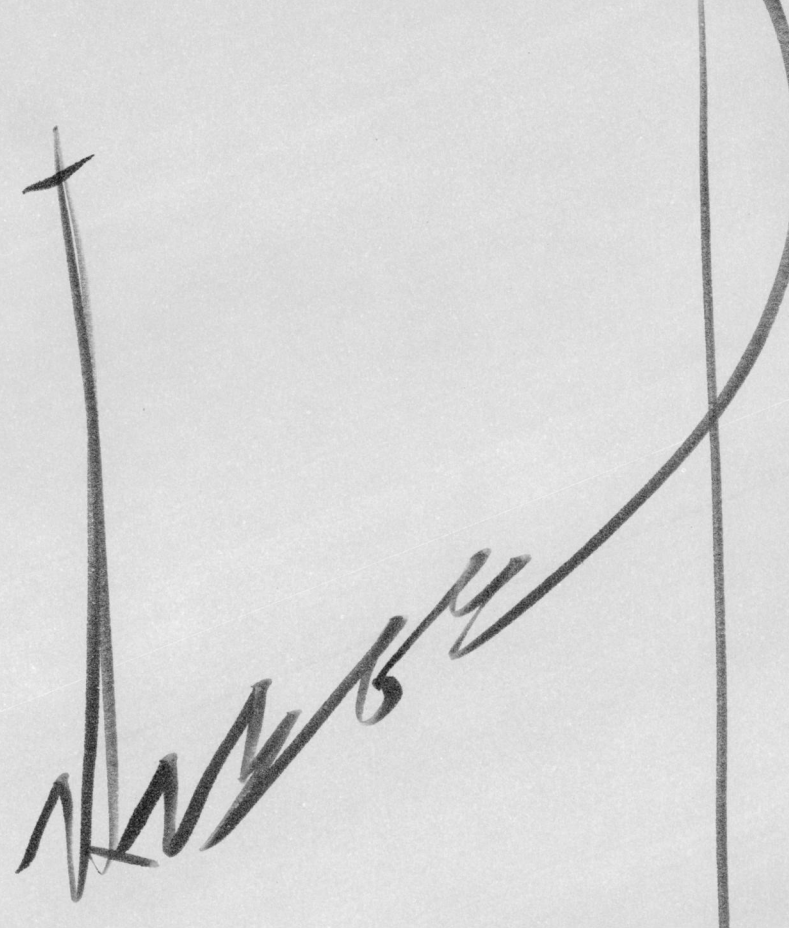

기도의 능선을 구축하라!

2008.12.18

열방의 기도 파수꾼 _____ 님께

_____드립니다.

만화 열방 기도정보 2

만화 열방기도정보 2

글·그림 김종두
펴낸이 임준현
펴낸곳 넥서스CROSS

초판 1쇄 인쇄 2008년 12월 10일
초판 1쇄 발행 2008년 12월 15일

출판신고 2007년 1월 18일 제311-2007-3호
121-840 서울시 마포구 서교동 394-2
편집 Tel (02)380-3876 Fax (02)380-3884
영업 Tel (02)330-5500 Fax (02)330-5555

Copyright ⓒ 넥서스CROSS, 2008, *Printed in Korea.*

ISBN 978-89-93430-12-7 03230
　　　978-89-93430-13-4 (세트)

가격은 뒤표지에 있습니다.
잘못 만들어진 책은 바꾸어드립니다.

이 책은 저작권법의 보호를 받는 저작물이므로 무단전재 및 무단복제를 금합니다.

www.nexusbook.com

| 하나님 나라의 부흥과 선교 완성을 위한 24·365 기도지침서 |

만화 열방 기도정보 2

글·그림 **김종두**

추천 **패트릭 존스톤** | 감수 **기도 24·365 본부**

넥서스CROSS

추천의 말 1

혁신적인 만화 기도정보집 출간을 축하하며

친애하는 형제자매 여러분! 이렇게 혁신적인 방법으로 열방을 위한 기도정보를 선보이게 해주신 주님을 찬양합니다. 《세계기도정보》는 20여 개 언어로 번역되었는데 그중 만화의 형식을 사용한 곳은 한국밖에 없습니다.

이 책이 세계 복음화에 대한 많은 기도를 불러일으키는 데 사용될 것을 확신합니다. 예수께서 우리를 만물의 통치자로 부르셨습니다. 요한복음 14장 2절에서 예수님은 우리를 위하여 처소를 예비하러 가신다고 말씀하십니다. 많은 사람들은 이곳을 하늘에 있는 미래의 처소로만 여깁니다. 저는 그 이상의 의미가 있다고 생각합니다. 이곳은 현재의 우리를 위한 곳이기도 합니다. 예수께서는 그분의 보좌에서 세상을 통치하시는 데 우리를 참여시키기 위하여 부르십니다. 이것은 예수께서 죽으시고 부활하시기 전에는 불가능했습니다. 그러나 예수님이 부활하시고 승천하셔서 하나님께 가심으로 가능해졌습니다. 이를 보여주신 말씀이 요한복음 14장 12~15절입니다. 예수께서 승리하셔서 주님의 보좌에 앉으셨고 우리와 함께하십니다. 이는 참으로 놀라운 일입니다.

"《만화 열방기도정보》가 세계를 변화시키는 기도에 큰 힘이 되게 하소서!"

2008년 11월
패트릭 존스톤
(《세계기도정보》 저자, WEC 국제자문위원장, 기도 24·365 본부 고문)

Dear Friends,

I praise God for this innovative way of presenting prayer information for the nations of the world! Of all the 20 languages into which *Operation World* has been translated, I think it is only in Korea that this format has been used.

May this edition be used of God to stimulate many prayers for the evangelization of our needy world. This is the primary ministry to which Jesus has called us. In John 14:2 Jesus speaks of going to prepare a place for us. Many see this as a future place in heaven. I see it as more than this — it is a place he went to prepare for us now. He invites us to come to sit and reign with Him on His throne! This then gives added meaning to the words that follow in John 14:12~15 where He shows that he goes to the Father so that we intercede in a way not possible before His death and resurrection — these are the greater works now possible because He has now conquered and has sat down on His throne and we with Him. May this little book encourage world-changing prayer.

Patrick Johnstone
(Author, *Operation World*, WEC Consultant at Large, Prayer 24·365 Advice)

추천의 말 2

하나님이 주신 귀한 선물

"내게 구하라 내가 이방 나라를 네 유업으로 주리니"(시 2:8).

아말렉과 벌인 전쟁에서 승패가 달린 기도의 손을 든 모세의 팔을 함께 들어주며 끝내 하늘의 승리를 가져온 아론과 훌의 목숨 건 '연속·연쇄·연합 기도'는 지금도 이 땅에서 이루어지고 있습니다.

기도 24·365(24시간 365일 선교 완성과 하나님 나라의 부흥을 위한 연속·연쇄·연합 기도)를 명하시고 8천여 명의 기도자와 함께 6년 동안 지구 전체를 6번이나 기도로 완주하게 된 지금, 복음 안에서 형제 된 김종두 선교사의 《만화 열방기도정보》는 하나님의 큰 선물이요, 축복이 아닐 수 없습니다.

어린아이부터 어른까지, 모든 사람들이 하나님의 유업인 열방, 모든 나라와 족속을 알고 마음에 품고 기도할 수 있게 해준 이 책을 기쁨으로 추천합니다. 기도의 자리에서 순종으로 응답하고자 하는 많은 기도자와 함께 이 책이 완성되기까지 쓰임 받은 많은 분께도 감사와 사랑을 전합니다.

김용의(선교사, 순회선교단 대표)

추천의 말 3

열방의 기도자로 세우는 놀라운 도구

　기도로 주의 영광을 보기로 헌신하였지만 기존의《세계기도정보》를 읽고 기도하기에 어려움을 느끼는 교우들을 볼 때 늘 아쉬웠는데, 만화로 구성된 기도정보가 출간되어서 얼마나 감사한지 모릅니다. 실제로《만화 열방기도정보》를 읽고 기도해보니 한 나라를 향한 기도정보의 핵심이 쉽게 잘 정리되어 있어서 더욱 집중해서 기도할 수 있었습니다.

　이 책이 기존의 열방을 위해 기도하는 이들에게 유용한 도구가 될 뿐 아니라 다음 세대인 청소년들을 열방의 기도자로 세우는 데도 놀라운 도구로 쓰임 받으리라고 믿습니다. 더 많은 청소년들이 쉽게 접근할 수 있는 만화를 통해 열방의 기도자로서, 세계로 뻗어나갈 것입니다.

　오, 주님! 어서 오시옵소서!

　　　　　　　　　　　　　　　　　　　　　　유기성(선한목자교회 담임목사)

일러두기

이 책을 사용하는 방법

1. 전 세계 모든 나라의 정보를 모아놓은 책으로 세계에 대한 영적 식견과 지식의 폭을 넓힐 수 있습니다.
2. 평상시 방송매체나 신문을 볼 때 생소한 나라가 나오면 이 책에서 찾아보고 그 나라의 정보를 습득한 후, 그 나라를 위해 기도할 수 있습니다.
3. 개인 기도 시간에 곁에 두고 매일 한 나라씩 읽고 기도 제목에 따라 기도하면 1년 동안 전 세계를 위해 기도할 수 있습니다.
4. 각종 기도 모임이나 공 예배 시에 주님의 지상 대명령을 수행하기 위해 세계를 가슴에 품고 세계 복음화를 위한 기도 교재로 사용할 수 있습니다.
5. 순회선교단의 '기도 24·365 본부'의 지도를 받아 기도 네트워크를 결성하면 세계를 위해 지속적으로 기도할 수 있도록 도움받을 수 있습니다. ('기도 24·365 본부' 홈페이지 www.prayer24365.org)

이 책을 통해 기도하는 방법

1. 먼저 기도로 세계를 품을 마음을 준비합니다.
2. 날짜에 따라 나라를 확인하고 기본 정보를 읽습니다.
3. 만화로 구성된 내용을 따라 읽으면서 그 나라의 상황을 파악합니다.
4. 제시된 '기도 제목'에 따라 기도합니다. 더 많은 기도를 해야 할 경우, 죠이선교회에서 출간한 《세계기도정보》를 참조하시기 바랍니다.
5. 주어진 말씀을 선포하며 마무리 기도를 합니다.
6. 기도를 마무리한 후, '중보기도 노트'에 기도하면서 받은 하나님의 마음 혹은 기도 응답 등을 기록합니다.

이 책에 인용된 통계자료

1. 국가 기본 정보 및 본문 내용은 패트릭 존스톤과 제이슨 맨드릭이 지은 《Operation World》(2005)에서 주로 인용했고, '기도 24·365 본부'에서 제공한 '느헤미야 기도정보'를 참조했습니다.
2. 《Operation World》의 통계는 2000년 6월을 기준으로 하고 있으며, 본문 내용은 2001년 5월을 기준으로 하고 있습니다.
3. 단, 각국의 GNP 수치는 IMF의 2007년 자료이며, 이 자료에 없는 경우는 《Operation World》의 정보에서 가져왔고 괄호 속에 당해 연도를 적었습니다.
4. 그 밖의 최신 정보는 국내외 여러 매체에서 수집하여 추가한 것임을 아울러 밝힙니다.

머리말

열방의 파수꾼들이여, 일어나라!

"또 여호와께서 예루살렘을 세워 세상에서 찬송을 받게 하시기까지 그로 쉬지 못하시게 하라"(사 62:7).

이 책은 하나님이 세상에서 찬양을 받으시기까지 하나님으로 하여금 쉬지 못하시도록 한다는 거룩한 목적하에 만들어졌습니다. 그 이유를 세 가지로 정리해봅니다.

첫째, 기도의 응답입니다. 그동안 지구촌은 무수한 변화를 겪었고 영적 상황은 긴박하게 돌아가고 있습니다. 열방을 품고 기도하는 사람들은 급변하는 시대 상황을 만화로 새롭게 재구성해주기를 간절히 소망하고 있었습니다. 이에 '기도 24·365 본부'는 이 같은 책이 출간되도록 5년 동안 기도해왔습니다. 이 책은 하나님께서 응답하신 증거입니다.

둘째, 우리를 향하신 하나님의 꿈이 담겨 있습니다. 하나님 나라의 부흥과 세계 선교 완성은 하나님의 꿈임과 동시에 우리의 지상과제입니다. 이 책은 1년 365일 하루도 거르지 않고 열방을 품고 기도할 수 있도록 구성되었습니다. 더 나아가 만화로 짜인 이 책은 어린이와 청소년, 어른을 비롯하여 누구나 열방의 파수꾼으로 서도록 도울 것입니다.

셋째, 한 사람의 신앙고백이 발현된 열매입니다. 저는 바울처럼 자비량하면서 중국 선교사로 헌신하겠다고 간구했지만, 하나님의 인도하심을 받을 수 없었습니다. 그 후, 국내에 남아 학생 복음사역을 하면서도 항상 선교에 대한 빚진 자의 마음이 남아 있었습니다. 뒤늦게 깨달은 사실은 하나님께서 만화를 통해 선교에 동참하게 하셨다는 것입니다. 이 책은 일선에 선교사로 나가지 못한 한 사람의 신앙고백입니다.

모쪼록 이 책이 하나의 밀알이 되어 풍성한 열매 맺기를 주님의 이름으로 소망합니다.

2008년 12월
김종두

차례

추천의 말 1 _ 패트릭 존스톤 • 6
　　　　 2 _ 김용의 선교사 • 8
　　　　 3 _ 유기성 목사 • 9
일러두기 • 10
머리말 • 11
기도 달력 • 14

아랍에미리트 • 18 | 아루바 • 20 | 아르메니아 • 22 | 아르헨티나 • 24 | 아이슬란드 • 27 | 아이티 • 29 | 아일랜드 • 32 | 아제르바이잔 • 35 | 아프가니스탄 • 37 | 안도라 • 41 | 안티구아 바부다 • 43 | 알바니아 • 45 | 알제리 • 49 | 앙골라 • 52 | 앙귈라 • 54 | 에리트레아 • 56 | 에스토니아 • 58 | 에콰도르 • 60 | 에티오피아 • 64 | 엘살바도르 • 68 | 영국 • 71 | 영국령 버진 아일랜드 • 76 | 예멘 • 78 | 오만 • 82 | 오스트리아 • 84 | 온두라스 • 87 | 요르단 • 89 | 우간다 • 91 | 우루과이 • 95 | 우즈베키스탄 • 97 | 우크라이나 • 101 | 월리스 푸투나 • 104 | 유고슬라비아(구)-몬테네그로 • 106 | 유고슬라비아(구)-세르비아 • 108 | 이라크 • 110 | 이란 • 113 | 이스라엘 • 118 | 이집트 • 122 | 이탈리아 • 127 | 인도 • 132 | 인도네시아 • 148 | 일본 • 158

자메이카 • 164 | 잠비아 • 166 | 적도 기니 • 169 | 중국 • 171 | 중국 마카오 • 186 | 중국 홍콩 • 188 | 중앙아프리카 공화국 • 190 | 지부티 • 192 | 지브롤터 • 194 | 짐바브웨 • 196

차드 • 199 | 체코 • 201 | 칠레 • 203

카메룬 • 206 | 카자흐스탄 • 209 | 카타르 • 212 | 캄보디아 • 214 | 캐나다 • 217 | 케냐 • 220 | 케이맨 제도 • 224 | 케이프 베르데 제도 • 226 | 코모로 제도 • 228 | 코스타리카 • 230 | 코트디부아르 • 232 | 콜롬비아 • 234 | 콩고 • 238 | 콩고 민주 공화국(구 자이르) • 240 | 쿠바 • 244 | 쿠웨이트 • 246 | 쿡 제도 • 248 | 크로아티아 • 250 | 키르기스스탄 • 252 | 키리바시 • 254 | 키프로스 • 256

타지키스탄 • 258 | 탄자니아 • 260 | 태국 • 263 | 터키 • 267 | 토고 • 272 | 통가 • 274 | 투르크메니스탄 • 276 | 투르크스 카이코스 제도 • 278 | 튀니지 • 280 | 트리니다드 토바고 • 282 | 티모르 로로사에(동티모르) • 284

파나마 • 286 | 파라과이 • 288 | 파키스탄 • 290 | 파푸아 뉴기니 • 296 | 팔레스타인 • 299 | 페루 • 301 | 포르투갈 • 305 | 폴란드 • 307 | 푸에르토리코 • 311 | 프랑스 • 313 | 프랑스령 기아나 • 318 | 피지 • 320 | 핀란드 • 322 | 필리핀 • 324

한국 • 329 | 헝가리 • 334 | 호주 • 337

사역

오디오 카세트테이프 사역 • 341 | 기독교 라디오 • 344 | 기독교 TV • 346 | 영화 〈예수〉 • 348 | 인터넷 • 350 | 성서공회와 성경 번역 • 352 | 기독교 문서 • 354 | 신학 연장 교육 • 356 | 성경 통신 과정 • 358 | 구호와 개발 • 360 | 의료 선교 • 362 | 비행 선교 • 364 | 해양 선교 • 366 | 전문인 선교사 • 368 | 단기 선교사 • 370 | 학생 사역 • 372 | 어린이 사역 • 374 | 이단 종파에 대한 복음 전도 • 376 | 도시 복음화 • 378 | 세계 복음화를 위한 국제 협력 • 380 | 세계기도정보 • 382 | 주의 재림 • 384

감사의 말 • 387
부록 로잔 언약 • 388

지역 세계 • 18 | 아메리카 • 43 | 아시아 • 57 | 아프리카 • 75 | 유럽 • 96 | 태평양 • 110

나라 가나 • 116 | 가봉 • 120 | 가이아나 • 123 | 감비아 • 125 | 과들루프 • 127 | 과테말라 • 129 | 괌 • 132 | 그레나다 • 133 | 그루지야 • 135 | 그리스 • 137 | 그린란드 • 138 | 기니 • 140 | 기니비사우 • 142

나미비아 • 144 | 나우루 • 145 | 나이지리아 • 147 | 남아프리카 공화국 • 152 | 네덜란드 • 157 | 네덜란드령 앤틸리스 • 158 | 네팔 • 160 | 노르웨이 • 162 | 뉴질랜드 • 164 | 뉴칼레도니아 • 166 | 니제르 • 168 | 니카라과 • 170

대만 • 172 | 덴마크 • 175 | 도미니카 • 177 | 도미니카 공화국 • 178 | 독일 • 180

라오스 • 185 | 라이베리아 • 188 | 라트비아 • 191 | 러시아 • 193 | 레바논 • 200 | 레소토 • 202 | 레위니옹 • 204 | 루마니아 • 206 | 룩셈부르크 • 210 | 르완다 • 212 | 리비아 • 215 | 리투아니아 • 217 | 리히텐슈타인 • 219

마다가스카르 • 221 | 마르티니크 • 223 | 마케도니아 • 225 | 말라위 • 227 | 말레이시아 • 229 | 말리 • 234 | 멕시코 • 236 | 모나코 • 239 | 모로코 • 241 | 모리셔스 • 244 | 모리타니 • 246 | 모잠비크 • 248 | 몬트세랫 • 251 | 몰도바 • 252 | 몰디브 • 254 | 몰타 • 256 | 몽골 • 258 | 미국 • 261 | 미국령 버진 아일랜드 • 270 | 미국령 사모아 • 272 | 미얀마 • 274 | 미크로네시아 • 278

바누아투 • 280 | 바레인 • 282 | 바베이도스 • 284 | 바티칸 시국 • 285 | 바하마 • 287 | 방글라데시 • 289 | 버뮤다 • 293 | 베네수엘라 • 295 | 베냉 • 298 | 베트남 • 300 | 벨기에 • 304 | 벨로루시 • 306 | 벨리즈 • 308 | 보스니아 • 310 | 보츠와나 • 312 | 볼리비아 • 315 | 부룬디 • 319 | 부르키나파소 • 322 | 부탄 • 325 | 북한 • 328 | 불가리아 • 331 | 브라질 • 334 | 브루나이 • 339

사모아 • 342 | 사우디아라비아 • 344 | 산마리노 • 347 | 상투메 프린시페 • 349 | 생피에르미클롱 • 351 | 세네갈 • 353 | 세이셸 • 356 | 세인트루시아 • 358 | 세인트빈센트 그레나딘, 세인트키츠네비스 • 359 | 세인트헬레나 • 360 | 소말리아 • 362 | 솔로몬 제도 • 365 | 수단 • 367 | 수리남 • 371 | 스리랑카 • 373 | 스와질란드 • 377 | 스웨덴 • 379 | 스위스 • 382 | 스페인 • 384 | 슬로바키아 • 388 | 슬로베니아 • 390 | 시리아 • 392 | 시에라리온 • 395 | 싱가포르 • 397

기도 달력

월/일	세계기도	No.	월/일	세계기도	No.	월/일	세계기도	No.
/	세계 1	1	/	유럽 4	33	/	대만 1	64
/	세계 2	2	/	유럽 5	34	/	대만 2	65
/	세계 3	3	/	태평양 1	35	/	덴마크	66
/	세계 4	4	/	태평양 2	36	/	도미니카	67
/	세계 5	5	/	태평양 3	37	/	도미니카 공화국	
/	세계 6	6	/	가나 1	38	/	독일 1	68
/	세계 7	7	/	가나 2	39	/	독일 2	69
/	세계 8	8	/	가봉	40	/	독일 3	70
/	세계 9	9	/	가이아나	41	/	라오스	71
/	아메리카 1	10	/	감비아	42	/	라이베리아	72
/	아메리카 2	11	/	과들루프	43	/	라트비아	73
/	아메리카 3	12	/	과테말라	44	/	러시아 1	74
/	아메리카 4	13	/	괌, 그레나다	45	/	러시아 2	75
/	아메리카 5	14	/	그루지야	46	/	러시아 3	76
/	아메리카 6	15	/	그리스, 그린란드	47	/	러시아 4	77
/	아메리카 7	16	/	기니	48	/	러시아 5	78
/	아시아 1	17	/	기니비사우	49	/	레바논	79
/	아시아 2	18	/	나미비아, 나우루	50	/	레소토	80
/	아시아 3	19	/	나이지리아 1	51	/	레위니옹	81
/	아시아 4	20	/	나이지리아 2	52	/	루마니아 1	82
/	아시아 5	21	/	나이지리아 3	53	/	루마니아 2	83
/	아시아 6	22	/	남아프리카 공화국 1	54	/	룩셈부르크	84
/	아프리카 1	23	/	남아프리카 공화국 2	55	/	르완다	85
/	아프리카 2	24	/	남아프리카 공화국 3	56	/	리비아	86
/	아프리카 3	25	/	네덜란드	57	/	리투아니아	87
/	아프리카 4	26	/	네덜란드령 앤틸리스		/	리히텐슈타인	
/	아프리카 5	27	/	네팔	58	/	마다가스카르	88
/	아프리카 6	28	/	노르웨이	59	/	마르티니크	
/	아프리카 7	29	/	뉴질랜드	60	/	마케도니아	89
/	유럽 1	30	/	뉴칼레도니아	61	/	말라위	90
/	유럽 2	31	/	니제르	62	/	말레이시아 1	91
/	유럽 3	32	/	니카라과	63	/	말레이시아 2	92

월/일	세계기도	No.	월/일	세계기도	No.	월/일	세계기도	No.
/	말레이시아 3	93	/	방글라데시 3, 버뮤다	123	/	소말리아	150
/	말리	94	/	베네수엘라 1	124	/	솔로몬 제도	151
/	멕시코 1	95	/	베네수엘라 2, 베냉	125	/	수단 1	152
/	멕시코 2, 모나코	96	/	베트남 1	126	/	수단 2	153
/	모로코 1	97	/	베트남 2	127	/	수리남	154
/	모로코 2	98	/	벨기에	128	/	스리랑카 1	155
/	모리셔스	99	/	벨로루시	129	/	스리랑카 2	156
/	모리타니	100	/	벨리즈	130	/	스와질란드	157
/	모잠비크 1	101	/	보스니아	131	/	스웨덴	158
/	모잠비크 2	102	/	보츠와나	132	/	스위스	159
/	몬트세랫, 몰도바	103	/	볼리비아 1	133	/	스페인 1	160
/	몰디브	104	/	볼리비아 2	134	/	스페인 2	161
/	몰타	105	/	부룬디	135	/	슬로바키아, 슬로베니아	162
/	몽골	106	/	부르키나파소	136	/	시리아	163
/	미국 1	107	/	부탄	137	/	시에라리온	164
/	미국 2	108	/	북한	138	/	싱가포르	165
/	미국 3	109	/	불가리아	139	/	아랍에미리트	166
/	미국 4	110	/	브라질 1	140	/	아루바	167
/	미국 5	111	/	브라질 2	141	/	아르메니아	168
/	미국 6	112	/	브라질 3, 브루나이	142	/	아르헨티나	169
/	미국령 버진 아일랜드	113	/	사모아	143	/	아이슬란드	170
	미국령 사모아		/	사우디아라비아 1	144	/	아이티	171
/	미얀마 1	114	/	사우디아라비아 2	145	/	아일랜드	172
/	미얀마 2	115	/	산마리노		/	아제르바이잔	173
/	미크로네시아	116	/	상투메 프린시페	146	/	아프가니스탄 1	174
/	바누아투	117	/	생피에르미클롱		/	아프가니스탄 2	175
/	바레인	118	/	세네갈	147	/	안도라, 안티구아 바부다	176
/	바베이도스	119	/	세이셸	148	/	알바니아 1	177
	바티칸 시국		/	세인트루시아	149	/	알바니아 2	178
/	바하마	120		세인트빈센트 그레나딘		/	알제리 1	179
/	방글라데시 1	121		세인트키츠네비스		/	알제리 2	180
/	방글라데시 2	122		세인트헬레나		/	앙골라, 앙귈라	181

월/일	세계기도	No.	월/일	세계기도	No.	월/일	세계기도	No.
/	에리트레아	182	/	이란 1	211	/	인도네시아 8	243
/	에스토니아	183	/	이란 2	212	/	일본 1	244
/	에콰도르 1	184	/	이란 3	213	/	일본 2	245
/	에콰도르 2	185	/	이스라엘 1	214	/	일본 3	246
/	에티오피아 1	186	/	이스라엘 2	215	/	일본 4	247
/	에티오피아 2	187	/	이집트 1	216	/	자메이카	248
/	엘살바도르	188	/	이집트 2	217	/	잠비아 1	249
/	영국 1	189	/	이집트 3	218	/	잠비아 2	250
/	영국 2	190	/	이탈리아 1	219	/	적도 기니	251
/	영국 3	191	/	이탈리아 2	220	/	중국 1	252
/	영국령 버진 아일랜드	192	/	이탈리아 3	221	/	중국 2	253
/	예멘 1	193	/	인도 1	222	/	중국 3	254
/	예멘 2	194	/	인도 2	223	/	중국 4	255
/	오만	195	/	인도 3	224	/	중국 5	256
/	오스트리아 1	196	/	인도 4	225	/	중국 6	257
/	오스트리아 2	197	/	인도 5	226	/	중국 7	258
/	온두라스	198	/	인도 6	227	/	중국 8	259
/	요르단	199	/	인도 7	228	/	중국 9	260
/	우간다 1	200	/	인도 8	229	/	중국 10	261
/	우간다 2	201	/	인도 9	230	/	중국 11	262
/	우루과이	202	/	인도 10	231	/	중국 12	263
/	우즈베키스탄 1	203	/	인도 11	232	/	중국 13	264
/	우즈베키스탄 2	204	/	인도 12	233	/	중국 마카오	265
/	우크라이나 1	205	/	인도 13	234	/	중국 홍콩	266
/	우크라이나 2	206	/	인도 14	235	/	중앙아프리카 공화국	267
	월리스 푸투나 제도		/	인도네시아 1	236	/	지부티	268
/	유고슬라비아(구)	207	/	인도네시아 2	237	/	지브롤터	269
	─ 몬테네그로		/	인도네시아 3	238	/	짐바브웨 1	270
/	유고슬라비아(구)	208	/	인도네시아 4	239	/	짐바브웨 2	271
	─ 세르비아		/	인도네시아 5	240	/	차드	272
/	이라크 1	209	/	인도네시아 6	241	/	체코	273
/	이라크 2	210	/	인도네시아 7	242	/	칠레	274

월/일	세계기도	No.	월/일	세계기도	No.	월/일	세계기도	No.
/	카메룬	275	/	터키 2	305	/	핀란드	334
/	카자흐스탄 1	276	/	터키 3	306	/	필리핀 1	335
/	카자흐스탄 2	277	/	토고	307	/	필리핀 2	336
/	카타르	278	/	통가	308	/	필리핀 3	337
/	캄보디아	279	/	투르크메니스탄	309	/	한국 1	338
/	캐나다 1	280	/	투르크스 카이코스 제도	310	/	한국 2	339
/	캐나다 2	281		투발루		/	헝가리 1	340
/	케냐 1	282	/	튀니지	311	/	헝가리 2	341
/	케냐 2	283	/	트리니다드 토바고	312	/	호주 1	342
/	케이멘 제도	284	/	티모르 로로사에	313	/	호주 2	343
	케이프 베르데 제도		/	파나마	314	/	오디오 카세트테이프 사역	344
/	코모로 제도	285	/	파라과이	315	/	기독교 라디오	345
/	코스타리카	286	/	파키스탄 1	316	/	기독교 TV	346
/	코트디부아르	287	/	파키스탄 2	317	/	영화 〈예수〉	347
/	콜롬비아 1	288	/	파키스탄 3	318	/	인터넷	348
/	콜롬비아 2	289	/	파키스탄 4	319	/	성서공회와 성경 번역	349
/	콩고	290	/	파푸아 뉴기니 1	320	/	기독교 문서	350
/	콩고 민주 공화국 1	291	/	파푸아 뉴기니 2	321	/	신학 연장 교육	351
/	콩고 민주 공화국 2	292	/	팔레스타인	322	/	성경 통신 과정	352
/	쿠바	293	/	페로 제도		/	구호와 개발	353
/	쿠웨이트	294	/	페루 1	323	/	의료 선교	354
/	쿡 제도	295	/	페루 2	324	/	비행 선교	355
/	크로아티아	296	/	포르투갈, 포클랜드 제도	325	/	해양 선교	356
/	키르기스스탄	297	/	폴란드 1	326	/	전문인 선교사	357
	키리바시		/	폴란드 2	327	/	단기 선교사	358
/	키프로스	298	/	푸에르토리코	328	/	학생 사역	359
/	타지키스탄	299	/	프랑스 1	329	/	어린이 사역	360
/	탄자니아 1	300	/	프랑스 2	330	/	이단 종파에 대한 복음 전도	361
/	탄자니아 2	301	/	프랑스 3	331	/	도시 복음화	362
/	태국 1	302	/	프랑스령 기아나	332	/	세계 복음화를 위한 국제 협력	363
/	태국 2	303		프랑스령 폴리네시아		/	세계기도정보	364
/	터키 1	304	/	피지	333	/	주의 재림	365

6월 15일 　　　　　　　　　　　　　　　아랍에미리트

두바이의 신화를
꿈꾸는 나라

면적 77,700㎢ (한반도의 35.1%)
인구 2,441,400명
수도 아부다비
도시화 87%
GNP $42,930
종족 아랍 32%, 남아시아 59%, 기타 9%
공용어 아랍어　**문자해독률** 79.2%
종교 이슬람교 65.5%, 힌두교 17%, 기독교 9.3%, 불교 4%

United Arab Emirates

아라비아 만과 오만 만에 위치한 사막과 산악 국가로서 7개 토후국으로 이루어져 있다.

한 세대 만에 빈국에서 엄청난 부자 나라로 발전했다. 막대한 석유 매장량을 갖고 있기 때문이다.

두바이는 지금 세계의 주목을 받으며 21세기 첨단 도시로 탈바꿈하고 있다.

이슬람교가 국교이며 외국인에게는 예배와 전도의 자유가 있으나 현지인의 전도 활동은 금지되어 있다.

발견되면 즉시 추방합니다.

✚ 기도 제목

1. 외국인들과 접촉하면서 기독교인이 된 사람들이 있다. 하지만 터놓고 이야기하다가 체포당하는 일이 많기 때문에 침묵하고 있다. 이들에게 용기와 지혜를 주셔서 복음을 담대하게 전파할 수 있도록 기도하자.

2. 아랍에미리트에 거주하는 외국인들은 복음 증거와 예배에 대하여 상대적으로 자유롭다. 이들이 자신들의 믿음만을 지키는 것으로 만족하지 않고 현지인에게도 복음을 전할 수 있도록 기도하자.

3. 토착 아랍인 중에 믿는 사람들이 존재한다. 믿음을 드러내면 심한 경우 죽음을 당할 수도 있다. 이들이 용기를 가지고 끝까지 믿음을 굳건히 세워가도록 기도하자. 특별히 여성들의 비밀 모임을 하나님께서 지켜주시도록 기도하자.

4. 아랍에미리트 사람들은 알라와 석유를 의존하고 살고 있다. 이들이 진정 의지할 것은 삼위 하나님이심을 알아가도록 기도하자.

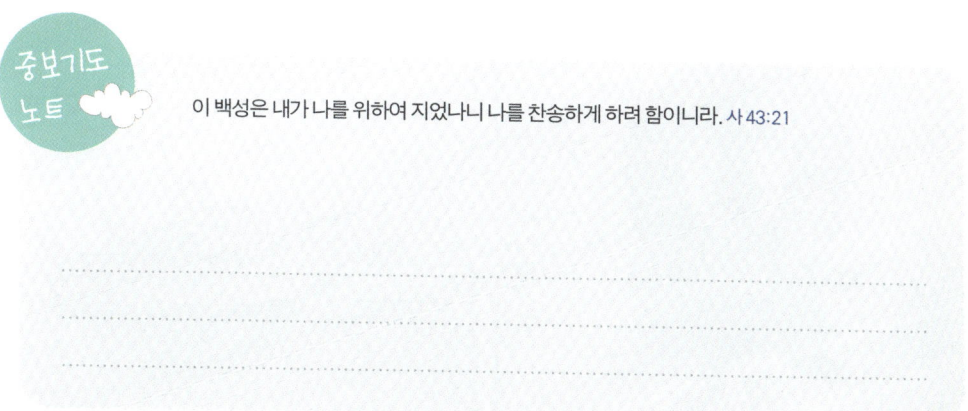

이 백성은 내가 나를 위하여 지었나니 나를 찬송하게 하려 함이니라. 사 43:21

기도로 시작하지 않는 사람은 평안을 맛보지 못할 것이다. _존 플라벨_

6월 16일   아루바

네덜란드의 자치 회원국

면적 193㎢ (한반도의 0.08%)
인구 102,700명
수도 오란제스타드
도시화 70%
GNP $21,000 (2000년)
종족 네덜란드 시민 84.9%, 기타 15.1%
공용어 네덜란드어 **문자해독률** 95%
종교 기독교 96.5%, 무종교·기타 2.8%

카리브 해 베네수엘라 북부에서 28km 떨어진 섬으로 신선한 물이 없고 천연자원이 적으며 건조하다.

아루바는 1986년 네덜란드령 앤틸리스에서 탈퇴했으며 네덜란드의 자치 회원국으로 남아 있다.

종교의 자유가 있고 가톨릭이 82%에 이른다.

토착화된 가톨릭이라고 할까요.

상당히 많은 사람들이 남미와 카리브 해에서 이주해왔다.

아시아에서도 옵니다.

✚ 기도 제목

1. 최근에 상당히 많은 사람들이 남미와 카리브 해, 아시아에서 이주해왔다. 이주민들이 교회 안에 잘 담길 수 있도록 기도하자.
2. 교회 간의 경쟁심이 복음 전도를 방해하고 있다. 경쟁보다는 지체 의식을 가지고 하나 되도록 기도하자.
3. 아루바 라디오 방송국에서 앤틸리스 제도와 카리브 연안 전 지역에 방송을 보내고 있다. 사역에 필요한 모든 것이 공급되도록 기도하자.

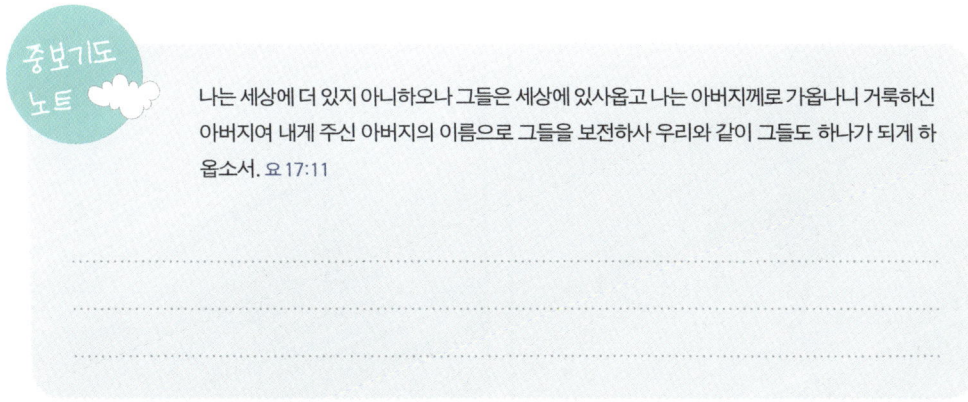

나는 세상에 더 있지 아니하오나 그들은 세상에 있사옵고 나는 아버지께로 가옵나니 거룩하신 아버지여 내게 주신 아버지의 이름으로 그들을 보전하사 우리와 같이 그들도 하나가 되게 하옵소서. 요 17:11

하나님이 살아계심을 자신 있게 말할 수 있는 이유는 매일 아침마다 그분과 이야기하기 때문이다. _빌리 그레이엄

6월 17일

노아의 방주가 머문 곳

아르메니아

면적 29,800 ㎢ (한반도의 13.5%)
인구 3,519,600명
수도 예레반
도시화 68%
GNP $2,300
종족 아르메니아 96.6%, 기타 3.4%
공용어 아르메니아어 문자해독률 99%
종교 기독교 85%, 무종교·기타 13.7%, 이슬람교 1.2%

✙ 기도 제목

1. 1915년에 투르크족은 기독교인이라는 이유로 150만 명의 아르메니아 사람들을 학살했다. 자신들을 학살한 투르크인들을 예수님의 이름으로 용서할 수 있도록 기도하자.

2. 투르크인들의 핍박과 70년간의 공산 정권으로 아르메니아인은 고통과 상처를 받았다. 그들 안에 남아 있는 고통, 분노, 억울함, 원한이 예수의 보혈로 씻기도록 기도하자.

3. 아르메니아 교회는 분열과 타협이 있었다. 서로 용서와 하나 됨을 이끌 수 있는 경건한 지도자가 일어나도록 기도하자. 또한 아르메니아의 작은 교단들 간의 교제와 존중이 일어나도록 기도하자.

4. 지진과 공산주의 붕괴 이후 각종 복음주의 교회들이 성장하고 있다. 모든 교단이 지속적으로 성장하고 성숙하도록 기도하자.

악인이 나를 해하려고 올무를 놓았사오나 나는 주의 법도들에서 떠나지 아니하였나이다 주의 증거들로 내가 영원히 나의 기업을 삼았사오니 이는 내 마음의 즐거움이 됨이니이다.
시 119:110~111

하늘을 향한 한줄기의 고마움이 곧 완전한 기도를 이룬다. _레싱

6월 18일

아르헨티나

풍요의 땅
가능성의 땅

면적 2,780,092 ㎢ (한반도의 1,255.5%)
인구 37,027,300명
수도 부에노스아이레스
도시화 88%
GNP $6,600
종족 유럽 81.4%, 메스티소 10%, 아메리카 인디언 3.7%, 중동 4.7%
공용어 스페인어 **문자해독률** 95%
종교 기독교 92.9%, 무종교 3.7%, 이슬람교 1.4%, 유대교 1.3%

남아메리카 남부, 대서양 연안에 있는 공화국으로, 남미에서 두 번째로 큰 나라이며 브라질과 함께 축구로도 유명하다.

풍부한 천연자원과 드넓은 옥토는 이 나라가 얼마나 좋은 환경을 가졌는지 보여준다.

로마 가톨릭이 국가의 지지를 받고 있다.

요즘은 복음주의자들도 존중받아요.

포클랜드 전쟁 이후 최악의 경제 위기를 경험했다.

정말 어려운 시기를 지냈습니다.

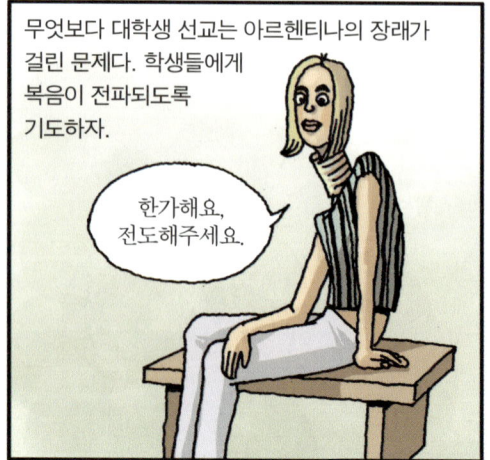

➕ 기도 제목

1. 교도소 사역은 아르헨티나의 복음 사역에 혁명을 일으켰다. 올모스 교도소에서 부흥이 시작되었으며, 이런 흐름이 다른 2백 개 교도소까지 퍼져 1996년까지 3천 명의 수감자들 중 절반이 신자가 되었다. 20만 명 이상의 수감자들 중에 10%가 거듭난 것으로 추정된다. 이들이 주 안에서 잘 양육되어 사회로 복귀되도록 기도하자.

2. 1980년에 복음주의자는 1백만 명 미만이었지만, 2000년에는 3백만 명으로 늘었다. 성령께서 아르헨티나를 긍휼히 여기고 계신다. 지속적으로 교회가 성장해가도록 기도하자.

3. 거의 모든 교단에 갱신이 일어났지만 높은 윤리의식을 가진 지도자들이 부족하다. 바른 진리와 건전한 윤리의식을 가진 지도자들이 나올 수 있도록 기도하자.

4. 신자들의 연합은 성장과 부흥의 필수다. 교만과 두려움이 연합을 방해할 수 있다. 겸손과 믿음으로 오늘날 성령께서 교회에 말씀하시는 것을 듣도록 기도하자.

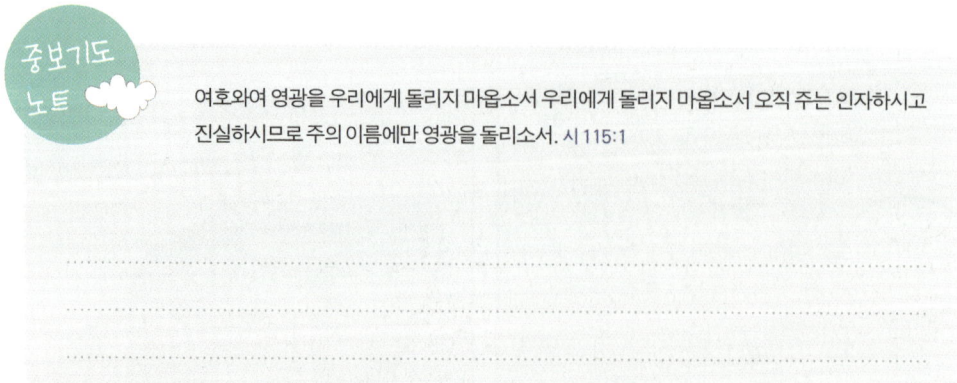

중보기도 노트

여호와여 영광을 우리에게 돌리지 마옵소서 우리에게 돌리지 마옵소서 오직 주는 인자하시고 진실하시므로 주의 이름에만 영광을 돌리소서. 시 115:1

완전한 기도란 기도하는 자신이 기도하고 있음을 전혀 의식하지 못하며 행해지는 것이다. _E. M. 바운즈

6월 19일　　　　　　　　　　　　　　　　　　　아이슬란드

얼어붙은 기독교

면적 103,000㎢(한반도의 46.5%)
인구 281,00명
수도 레이캬비크
도시화 92%
GNP $63,800
종족 아이슬란드 95.9%, 기타 4.1%
공용어 아이슬란드어　**문자해독률** 100%
종교 기독교 95.6%, 무종교 2.1%, 기타 1.8%

북대서양의 유럽과 그린란드의 가운데 있는 공화국으로, 화산섬이며 산이 많고 대규모 빙하로 덮인 불모지다.

루터 교회가 여전히 국교로 인식되고 있지만 자유주의 신학과 연결되어 있다.

"자유주의 신학 그것이 문제로다."

아이슬란드인의 다수가 명목상으로만 기독교인들이다.

"전통적으로 기독교를 믿어왔지요."

자살률, 약물 남용, 범죄가 증가하고 있으며 뉴에이지와 신비술이 만연해 있다. 최근에는 경제적으로도 위기를 겪고 있다.

✚ 기도 제목

1. 아이슬란드인의 다수가 명목상으로만 기독교인이다. 좀 외진 지역으로 가면 사역자들은 전무하다. 주께서 이런 영적 추락을 막으시고, 아이슬란드인들을 영적으로 깨우시도록 기도하자.

2. 루터 교회와 자유교회는 자유주의 신학과 타협해왔다. 신학교가 거듭나서 바른 진리를 가르치고 참된 복음을 전하도록 목회자들과 신학교를 위해서 기도하자.

3. 아이슬란드 내에 있는 복음주의자들이 단합하여, 마음의 문이 닫힌 사람들에게 도전하도록 기도하자.

4. 3천 명의 대학생 가운데 KSF(IFES) 사역이 열매 맺고 있으며, 복음주의 청년운동에서 고무적인 징조들이 많이 보인다. 무관심이 팽배한 곳에 주님을 사랑하는 사람들이 열정적으로 복음을 증거하도록 기도하자.

하나님이여 내 속에 정한 마음을 창조하시고 내 안에 정직한 영을 새롭게 하소서 나를 주 앞에서 쫓아내지 마시며 주의 성령을 내게서 거두지 마소서 주의 구원의 즐거움을 내게 회복시켜 주시고 자원하는 심령을 주사 나를 붙드소서. 시 51:10~12

나는 의인의 기도보다는 악인의 법을 거스르는 자가 되겠다. _토마스 리에

6월 20일   아이티

사탄에게 바쳤던 나라

면적 27,400㎢(한반도의 12.4%)
인구 8,222,000명
수도 포르토프랭스
도시화 37%
GNP $630
종족 아프리카계 카리브 90%, 물라토 9.9%, 유럽계 아메리카 0.1%
공용어 프랑스어   **문자해독률** 48%
종교 기독교 95.5%, 심령술·부두교 2.5%, 무종교·기타 1.8%

카리브 해 히스파니올라 섬의 서쪽에 있는 세 번째 섬으로, 도미니카 공화국과 땅을 공유하고 있다.

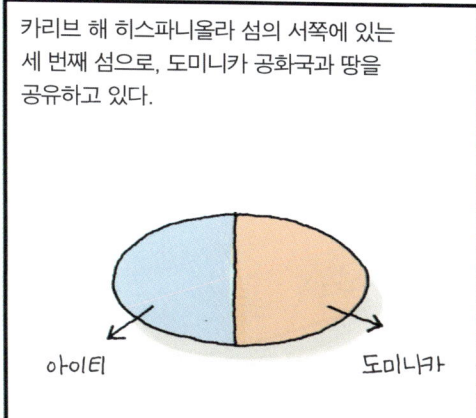

인구 과잉, 토양 침식, 오염, 가뭄, 기근의 악화로 서반구에서 가장 가난한 국가다.

진흙 쿠키 먹는 거 아시죠?

토착인의 대량 학살과 잔인한 노예제도로 이어지는 비극적인 역사 배경을 가지고 있다.

과거를 생각하면 눈물만 납니다.

또한 군사 정권의 압제와 잦은 쿠데타로 국민들의 고통은 끝이 없어 보였다.

고난의 끝은 언제인가?

윽!

✚ 기도 제목

1. 과거의 속박에 매여 있는 아이티에 복음의 능력이 들어가 그 속박에서 자유로워지고 교회가 새로워지도록 기도하자.

2. 현재 아이티는 자포자기 상태다. 애국심과 신앙심을 겸비한 지도자들이 나와서 이 나라를 살려내도록 기도하자.

3. 자유주의 신학과 카리스마틱 신학에 관한 문제로 교단이 심하게 분열되어 있다. 십자가의 복음 안에서 서로 연합되도록 기도하자.

4. 선교단체들은 아이티 교회를 세우는 데 큰 역할을 해왔다. 앞으로도 교회를 세우고 성숙시키는 일에 기여할 수 있도록 기도하자.

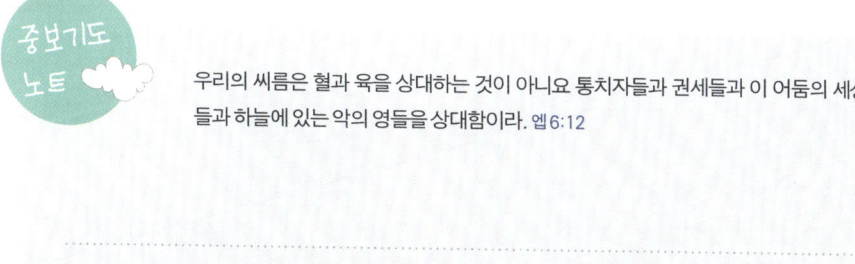

우리의 씨름은 혈과 육을 상대하는 것이 아니요 통치자들과 권세들과 이 어둠의 세상 주관자들과 하늘에 있는 악의 영들을 상대함이라. 엡 6:12

나에게 천 번의 생명이 있다면, 나는 그 천 번의 삶 모두 한국을 위해 바치겠다. _루비 켄드릭의 묘비 글

6월 21일　　　　　　　　　　　　　　　　　　　　　　　아일랜드

고대 유럽 문명의 산실

면적 70,285㎢ (한반도의 31.7%)
인구 3,730,200명
수도 더블린
도시화 58%
GNP $59,920
종족 아일랜드 95%, 기타 5%
공용어 아일랜드어, 영어　**문자해독률** 99%
종교 기독교 95.4%, 무종교·기타 4.6%

대서양의 아일랜드 섬 동북부를 제외한 지역을 차지하는 공화국으로, 대기근 때 수백만 명이 아일랜드를 떠났다.

"고국이여, 안녕~"

그런데 지금은 IT 산업으로 세계적인 신흥 부국으로 탈바꿈했다.

북아일랜드에서 30년간 있었던 폭력이 종식된 덕분이기도 하다.

"평화의 힘이 느껴집니다."

고대 아일랜드는 위대한 영적인 유산을 가지고 있다. 켈트 선교사들은 1,500년 전 유럽의 많은 나라에 복음을 들고 나갔다.

✚ 기도 제목

1. 1,500년 전 유럽 복음화에 기여했던 아일랜드가 그 후 바이킹과 영국 제국에 의해 고통과 압제를 당했다. 아일랜드 사회는 깊은 상처를 가지고 있다. 기독교인들이 나서서 상처를 치유하고 서로 화해하도록 기도하자.
2. 수세기 동안 아일랜드를 보호해온 가톨릭교회는 급속도로 줄어들고 있다. 가톨릭교회가 죽은 정통을 주장하기보다 살아 있는 하나님의 말씀으로 돌아오고 사회적 필요에 민감하게 반응하도록 기도하자.
3. 교회의 출석률이 1900년 10%였는데, 2000년에는 3.4%로 감소했다. 기독교인들이 세속주의와 물질주의에 물들지 않고 성령의 인도하심을 받을 수 있도록 기도하자.
4. 아일랜드는 인구의 절반이 28세 이하인 나라다. 기독교 캠프와 캠퍼스 선교단체들의 사역을 통하여 청년들이 그리스도께 나오도록 기도하자.

중보기도 노트

내가 복음을 부끄러워하지 아니하노니 이 복음은 모든 믿는 자에게 구원을 주시는 하나님의 능력이 됨이라 먼저는 유대인에게요 그리고 헬라인에게로다. _롬 1:16_

기도로 하늘 창고를 열 수 있는 자는 결코 가난한 자라 말할 수 없다. _미상

6월 22일 　　　　　　　　　　　　　　　　　　　　아제르바이잔

카스피 해의 보석

Azerbaidzhan

면적 86,600㎢(한반도의 39.1%)
인구 7,734,000명
수도 바쿠
도시화 53%
GNP $3,660
종족 투르크 89%, 인도계 유럽 6.6%, 카프카스 종족 3.4%, 인도계 이란 1%
공용어 아제르바이잔어　**문자해독률** 97%
종교 이슬람교 83.7%, 무종교 11.3%, 기독교 4.6%

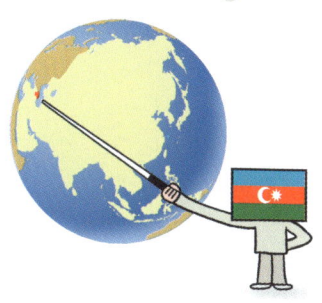

서남아시아 카프카스 산맥 남부, 카스피 해 서쪽 연안에 있는 공화국으로, 카스피 해에 대량의 유전을 보유하고 있다.

그러나 관료들의 부패와, 아르메니아와의 전쟁으로 인해 시장경제로의 전환은 실패했다.

"어려움은 한꺼번에 몰려 오더군요."

인구의 대다수는 가난에 허덕이며, 생활 수준은 계속 낮아지고 있다.

"옛날보다 더 못사니 이거~ 원~"

과거 아랍, 몽골, 페르시아, 투르크, 러시아의 지배를 받은, 오랜 종속의 역사를 가지고 있다.

✚ 기도 제목

1. 아제르바이잔의 정치 상황은 복잡하며, 잠재적으로 위험 요소를 안고 있다. 아르메니아와의 영토 분쟁이 올바르게 해결되어 평화가 찾아오도록 기도하자.
2. 독립 이후 복음에 대해 개방적이었으나 민족주의의 성장과 이슬람교의 포교 활동으로 폐쇄적으로 변하고 있다. 복음의 문이 이런 장애를 극복하고 더 많이 열리도록 기도하자.
3. 아제르바이잔 신자들은 계속해서 그 수가 늘고 있다. 아제르바이잔의 영적 지도자들이 성숙하고 서로 친밀한 교제가 있도록 기도하자.
4. 기독교인은 다수가 러시아어를 사용한다. 그래서 예배처에 대한 공식 인증과 허가를 받기가 어려웠다. 기독교들이 무슬림에게 다가갈 때 겸손과 섬김의 모습으로 다가가도록 기도하자.

우리의 싸우는 무기는 육신에 속한 것이 아니요 오직 어떤 견고한 진도 무너뜨리는 하나님의 능력이라 모든 이론을 무너뜨리며 하나님 아는 것을 대적하여 높아진 것을 다 무너뜨리고 모든 생각을 사로잡아 그리스도에게 복종하게 하니. 고후 10:4~5

하나님께는 무한한 자원이 있다. 한계는 우리에게 있을 따름이다. _심프슨

6월 23일

아프가니스탄 1

종교 억압으로
신음하는 나라

면적 652,225㎢(한반도의 294.5%)
인구 22,720,000명
수도 카불
도시화 22%
GNP $320
종족 인도계 이란인 86.8%, 터키어 사용 10.7%, 기타 2.5%
공용어 파슈툰어, 다리어 **문자해독률** 10~31%
종교 이슬람교 97.9%, 파시교 1.5%

아시아 서남부 이란 고원의 동북부에 있는 나라이며, 주로 건조한 산악지대이나 간혹 비옥한 골짜기도 있다.

이 땅은 전략적으로 중요한 위치에 있어서, 외부 세력들이 손에 넣기 위해 거의 3천여 년 동안 경쟁하며 전쟁을 해왔다.

22년 동안의 전쟁으로 국가는 파경 지경이며 나라 전체가 지뢰밭이 되어가고 있다.

아편을 재배한 돈으로 전쟁 무기를 구입한다.

악순환의 연속입니다.

✚ 기도 제목

1. 파키스탄의 군대 지원과 사우디아라비아의 자금 지원으로 힘을 얻은 탈레반은 이슬람교에서 개종하거나 다른 사람을 이슬람교에서 개종시키려고 했던 사람들에게 사형선고를 내렸다. 이러한 거룩한 순교의 피가 복음의 추수로 이어지도록 기도하자.

2. 20년간 계속된 전쟁으로 대부분의 국민이 지치고 피폐해졌다. 마르크스주의나 이슬람교가 그 땅을 고칠 수 없음을 인식하도록 기도하자.

3. 아프가니스탄은 세계에서 복음 전도가 가장 미미한 나라 가운데 하나이다. 모스크가 4만 8천 개나 있지만, 교회 건물은 단 하나도 없다. 파슈툰족, 우즈베크족과 투르크멘족, 동북부의 타지크족, 구치 유목민 에리막족, 빌루치족, 브라후이족, 시크족, 힌두족, 파시족을 위해 기도하자.

4. 교회가 눈에 띄지는 않지만 신자의 수가 증가하고 있다. 탈레반 경찰 때문에 많은 신자들이 함께 모임을 갖는 것이 어렵다. 이들의 믿음이 흔들리지 않도록 기도하자.

좋은 소식을 전하고 평화를 공포하며 복된 좋은 소식을 가져오며 구원을 공포하며 시온을 향하여 이르기를 네 하나님이 통치하신다 하는 자의 산을 넘는 발이 어찌 그리 아름다운가.
사 52:7

기도를 게을리한 자는 결코 승자가 될 수 없다. _로버트

6월 24일

아프가니스탄 2

종교 억압으로
신음하는 나라

✚ 기도 제목

1. 많은 기독교 구호 및 개발 단체가 예수님의 이름과 정신으로 시각 장애인, 지체 장애인, 병자, 가난한 자, 문맹자를 위해 사역해왔다. 엄격한 제한이나 끊임없는 고난에 직면할 때, 용기를 갖고 자신의 삶을 복음에 맡길 수 있도록 기도하자.

2. 아프가니스탄은 방치되어 있는 곪은 상처와 같이 전 세계를 오염시키고 있다. 탈레반 주둔지이며 아편 생산 세계 1위국인 이 땅에 공의롭고, 명예로운 정부가 세워지도록 기도하자.

3. 이란 페르시아어로 된 성경은 있지만 아프간 페르시아어(다리어) 성경은 없다. 토착언어로 된 성경이 빨리 완성되도록 기도하자.

4. 기독교 라디오는 현재 복음을 전하는 가장 전략적인 방법이며, 상당한 반응이 있었다. 재정적인 필요와 다른 언어로도 방송할 수 있도록 기도하자.

중보기도 노트

그러므로 믿음은 들음에서 나며 들음은 그리스도의 말씀으로 말미암았느니라 그러나 내가 말하노니 그들이 듣지 아니하였느냐 그렇지 아니하니 그 소리가 온 땅에 퍼졌고 그 말씀이 땅 끝까지 이르렀도다 하였느니라. 롬 10:17~18

기도는 하나님의 자녀를 위한 일종의 심리요법이다._시몬

6월 25일 안도라

신비술에 취한 작은 나라

면적 468㎢(한반도의 0.21%)
인구 78,000명
수도 안도라라베야
도시화 63%
GNP $18,790(2000년)
종족 유럽 97.5%, 기타 2.5%
공용어 카탈루냐어 **문자해독률** 100%
종교 기독교 93.4%, 무종교 5%

프랑스와 스페인의 국경, 피레네 산맥의 심장부에 위치한 작은 내륙국이다.

EU 국가들에 둘러싸여 있으나, EU 가입국은 아니며, 뛰어난 자연경관과 스키장을 바탕으로 관광업이 크게 발달하였다.

공식적으로 종교의 자유가 허용되면서도 가톨릭 교회는 국교로 남아 있다.

물질주의가 강력하게 지배하고 있다. 한때 밀수업자들의 은신처였다.

✚ 기도 제목

1. 물질주의가 강력하게 지배하고 있는 가운데 부유한 관광객과 국제 자본이 넘쳐나고 있다. 물질로 모든 것을 성취할 수 있다는 통념이 거짓임이 드러나도록 기도하자.
2. 대부분의 사람이 무당, 예언자, 점성술사를 찾고 있다. 하나님께서 이 신비술의 강력한 진을 부수고, 복음의 능력이 이 땅에도 나타나도록 기도하자.
3. 토착 안도라인 신자가 생겨났다. 안도라에서 추수한 첫 열매로 인해 하나님을 찬양하고, 그 열매들이 든든하게 자라도록 기도하자.

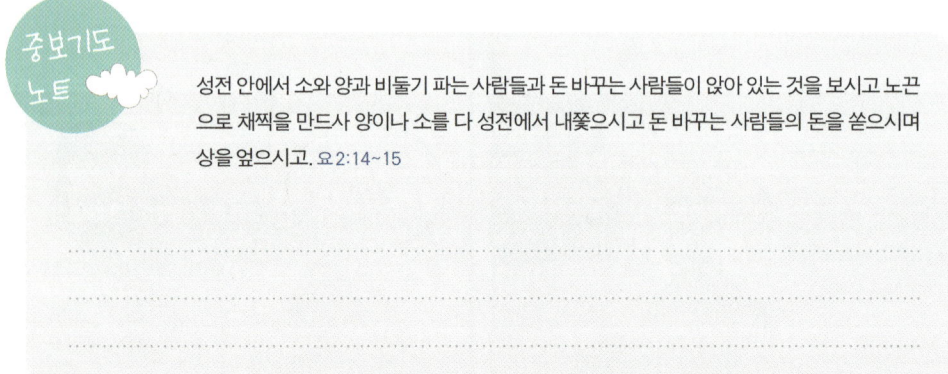

성전 안에서 소와 양과 비둘기 파는 사람들과 돈 바꾸는 사람들이 앉아 있는 것을 보시고 노끈으로 채찍을 만드사 양이나 소를 다 성전에서 내쫓으시고 돈 바꾸는 사람들의 돈을 쏟으시며 상을 엎으시고. 요2:14~15

하나님은 뜻이 애매한 기도로부터 의미를 찾아내실 수 있다. _리처드 깁스

6월 25일

죄의 굴레를 벗어라

안티구아 바부다

Antigua and Barbuda

면적 442㎢(한반도의 0.19%)
인구 67,600명
수도 세인트존스
도시화 37%
GNP $7,330(2000년)
종족 아프리카계 카리브 95%, 기타 5%
공용어 영어, 크리올   **문자해독률** 90%
종교 기독교 93.9%, 심령술·라스타파리안 3.3%, 무종교 1.4%

카리브 해 동부의 소앤틸리스 제도에 있는 나라로, 3개의 섬으로 구성되었다. 안티구아는 화산섬이며, 바부다는 산호섬이다.

휴가 때 오세요.

공식적으로 관광과 경공업으로 경제를 지탱한다.

생태 관광을 더 키워 볼래요.

돈 세탁, 무기 거래, 마약 판매와 같은 돈벌이 수단은 단속에도 불구하고 성행한다.

내 몸값 얼마야?

안티구아인들은 대부분 명목상 기독교인이며 심각한 도덕적·영적 퇴락을 경험하고 있다.

✚ 기도 제목

1. 안티구아인들은 대부분 이름뿐인 기독교인이다. 심각한 도덕적, 영적 타락이 심각한데도 무감각하다. 기독교인들이 영적으로 소생하여 병든 사회를 깨우도록 기도하자.
2. 마약 매매, 폭력, 도박, 매춘, 어린이 납치는 강력한 죄의 진이다. 이러한 것들이 깨지도록 기도하자.
3. 하나 됨과 하나님의 꿈이 매우 필요하다. 연합 복음주의 협회의 교회들과 선교단체들 간의 효과적인 협력을 위해 기도하자.

낮에와 같이 단정히 행하고 방탕과 술 취하지 말며 음란과 호색하지 말며 다투거나 시기하지 말고 오직 주 예수 그리스도로 옷 입고 정욕을 위하여 육신의 일을 도모하지 말라. 롬 13:13~14

기도를 쉽게 정의한다면 하나님께로 향한 원함이다. _부르크

6월 26일

역전의 명수, 하나님!

알바니아 1

면적 28,748㎢ (한반도의 13%)
인구 3,113,400명
수도 티라나
도시화 48%
GNP $3,350
종족 알바니아 91.5%, 기타 8.5%   **문자해독률** 92%
공용어 알바니아어
종교 기독교 41.9%, 이슬람교 38.8%, 무종교·기타 19.5%

✚ 기도 제목

1. 알바니아는 공산주의 정권을 겪으면서 경제적, 도덕적, 영적으로 황폐해졌다. 오랜 기간 동안, 가혹한 핍박으로 70만 명이 죽거나 투옥되었고, 많은 사람들이 이웃을 감시하도록 강요받았다. 알바니아의 평안과 발전을 위해서, 공정한 정부가 생겨나도록 기도하자.

2. 무슬림, 정교회, 가톨릭은 복음주의의 활동을 저지시키려 하고 있다. 공산 정권의 붕괴로 얻어진 종교의 자유가 훼손되지 않도록 기도하자.

3. 정부는 비밀리에 이슬람 선교단체에 가입하였다. 알바니아가 극단적인 이슬람주의로 돌아서지 않도록 지도자들을 위해 기도하자.

4. 1990년 이후, 복음주의 선교단체가 증가하였다. 이 선교단체들이 국가 회복에 긍정적인 역할을 담당하도록 기도하자. 또한 선교사들이 알바니아 사람들에게 그리스도를 효과적으로 전하도록 기도하자.

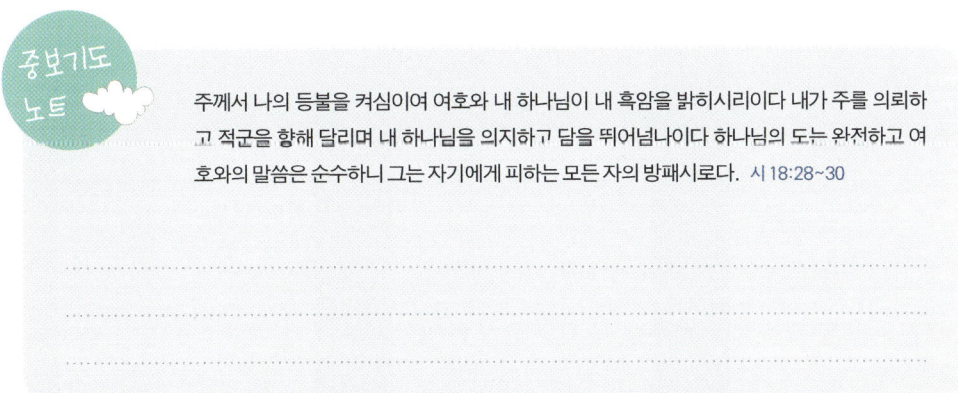

주께서 나의 등불을 켜심이여 여호와 내 하나님이 내 흑암을 밝히시리이다 내가 주를 의뢰하고 적군을 향해 달리며 내 하나님을 의지하고 담을 뛰어넘나이다 하나님의 도는 완전하고 여호와의 말씀은 순수하니 그는 자기에게 피하는 모든 자의 방패시로다. 시 18:28~30

우리가 날마다 기도하는 주님 나라는 반드시 올 것이다. _선교한국

6월 27일 알바니아 2

역전의 명수, 하나님!

✚ 기도 제목

1. 복음주의 선교단체는 1990년 이후로 배가되었다. 70개 이상의 선교단체가 '알바니아 격려 프로젝트'에 참여하여 원조 계획, 문서 출판, 복음 전도, 교회 개척 등을 위해 네트워크를 형성하였다. 알바니아에 있는 선교 사역이 연합되고 열매를 많이 맺도록 기도하자.

2. 민속 종교와 신비술에 영향을 받은 베크타시족, 정교회에 속한 블라치족, 마케도니아인, 그리스인 외에 고라니족, 파타리 마케도니아인, 로마인에게 복음이 전해지고, 이들을 위하여 사역하는 선교단체들을 위해 기도하자.

3. 알바니아인의 절반 이상이 외국에 거주하고 있다. 이들은 거의 대부분이 무슬림이며, 이들을 전도하는 기독교인이 거의 없다. 이들에게도 복음이 전해지도록 기도하자.

4. 기독교, 이슬람교, 사이비 종교 문서가 1990년대 이래 알바니아에 넘치고 있다. 알바니아인들이 분별력을 가지고 올바른 문서를 읽도록 기도하자.

> 하나님이 그들로 하여금 이 비밀의 영광이 이방인 가운데 얼마나 풍성한지를 알게 하려 하심이라 이 비밀은 너희 안에 계신 그리스도시니 곧 영광의 소망이니라. 골 1:27

기도란 갓 태어난 영혼의 숨결과 같으며 그것이 없이 그리스도인의 생애는 존재할 수 없다._윌

6월 28일 — 알제리 1

이슬람화로 가는 알제리

면적 2,381,741 ㎢ (한반도의 1,075.6%)
인구 31,471,200명
수도 알제
도시화 56%
GNP $3,290
종족 아랍어 사용 77.1%, 베르베르 22%
공용어 아랍어, 베르베르어, 프랑스어 **문자해독률** 61.6%
종교 이슬람교 96.7%, 무종교 3%

아프리카 대륙 서북부에 있는 공화국으로, 국토의 80%가 사막이지만 오아시스 지역에서는 농업이 가능하다.

1992년 발생한 내전으로 10만 명이 죽었다.

저는 가족과 친척을 잃었습니다.

독립 이후 정부는 나라를 아랍 사회주의 국가로 발전시키려 하고 있다.

우리는 알라의 나라다! 알겠어?

개종은 절대로 허락되지 않는다. 선교사들이 160년 이상 수많은 난관을 겪으면서 뿌린 씨가 이제야 열매 맺고 있다.

✚ 기도 제목

1. 북부 아프리카 사람들은 기독교인에 대해 편견을 갖고 있다. 많은 오해와 편견이 벗겨져서 복음에 마음이 열리도록 기도하자.
2. 수년 동안 지속된 일당 독재가 끝난 이후 많은 사람들이 이슬람교에서 희망을 찾으려 한다. 알제리 사람들이 이슬람교가 아닌 예수님에게서 희망을 찾도록 기도하자.
3. 서구에 대해서 새로운 개방 정책을 추진하려는 움직임이 있다. 이러한 과정이 선교의 기회가 되도록 기도하자.
4. 알제리는 씨족에 대한 배타성과 분열로 오랫동안 병들었다. 이러한 문제는 조그만 교회 안에서도 문제가 되고 있다. 신자들의 연합과 성숙을 위해 기도하자.

눈물을 흘리며 씨를 뿌리는 자는 기쁨으로 거두리로다 울며 씨를 뿌리러 나가는 자는 반드시 기쁨으로 그 곡식 단을 가지고 돌아오리로다. 시 126:5~6

기도는 우리 연약한 믿음의 배를 만들어 띄워, 하나님의 주권이라는 깊고 넓은 바다로 이끌어준다. _알렉산더 화이트

6월 29일

알제리 2

이슬람화로 가는 알제리

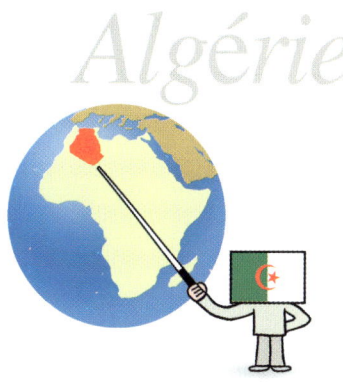

기도 제목

1. 사실상 베르베르족, 투아레그족, 므자브족은 미전도 종족이다. 이들이 복음화될 수 있도록 기도하자.
2. 지역교회가 뿌리내리기 위해서는 현지인 지도자들이 바로 서야 한다. 하나님께서 더 많은 일꾼들을 일으키시도록 기도하자.
3. 성경 번역은 많은 재정과 인내가 필요하다. 성경 번역이 원활하게 이루어져서 보급되도록 기도하자.
4. 프랑스어로 된 기독교 문서가 필요하지만 공급하기 어렵다. 자료를 수입하고 인쇄하여 배포하는 일이 허가되도록 기도하자. 우편물 감시도 심해서 압류까지 이어지기도 하는데, 복음 관련 우편물이 잘 전달되도록 기도하자.

이 생명이 나타내신 바 된지라 이 영원한 생명을 우리가 보았고 증언하여 너희에게 전하노니 이는 아버지와 함께 계시다가 우리에게 나타내신 바 된 이시니라 우리가 보고 들은 바를 너희에게도 전함은 너희로 우리와 사귐이 있게 하려 함이니 우리의 사귐은 아버지와 그의 아들 예수 그리스도와 더불어 누림이라. 요일 1:1~3

하나님의 사랑 안에서 강건해지라. 두려움 가운데 빠져들지 마라. _오스월드 체임버스

6월 30일 　　　　　　　　　　　　　　　　앙골라

환난과 핍박 중에도
믿음 지킨 교회

면적 1,246,700 ㎢ (한반도의 563%)
인구 12,878,200명
수도 루안다
도시화 32%
GNP $3,750
종족 반투 97.9%, 코이산 0.6%, 기타 1.5%
공용어 포르투갈어   **문자해독률** 42%
종교 기독교 94.1%, 전통 종족종교 5%, 무종교·기타 1%

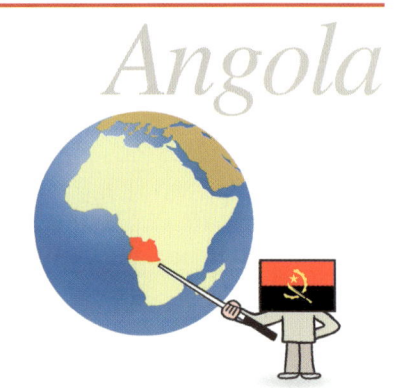

아프리카 서남부에 있는 콩고 민주공화국과 잠비아 사이에 있다. 40년간 지속된 전쟁으로 정확한 인구 조사가 이루어지지 못했다.

다이아몬드와 석유로 얻은 부는 내전 자금으로 낭비되었다.

탱크 사느라고 그랬지.

마르크스주의자인 아고스티노 네토 초대 대통령은 20년 내에 기독교를 말살시키기로 하고, 기독교인을 공공연하게 핍박했다.

기독교는 아편이야. 아편쟁이들을 뿌리뽑아버릴 거야.

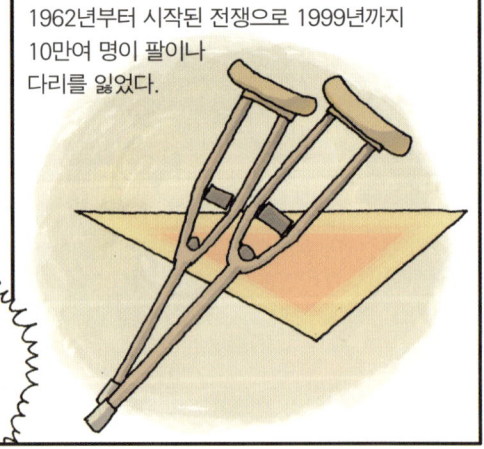

1962년부터 시작된 전쟁으로 1999년까지 10만여 명이 팔이나 다리를 잃었다.

✚ 기도 제목

1. 1962년 이후부터 지속된 전쟁으로 나라는 황폐해졌다. 전쟁의 상처를 딛고 정부와 국민이 하나 되어 나라를 재건하도록 기도하자.
2. 나라 곳곳이 지뢰밭인 형국이다. 지뢰를 제거하고, 그 자리에 사회 기반 시설을 복구하며, 무엇보다 교회가 재건되도록 기도하자.
3. 기독교인들은 수십 년간 추방, 비난, 차별대우, 핍박을 당했다. 그럼에도 불구하고 교회는 배가되었다. 이러한 성장이 전국적으로 확산될 수 있도록 기도하자.
4. 교회 지도자들이 그리스도를 닮아가서 생활의 본이 되도록 기도하자.

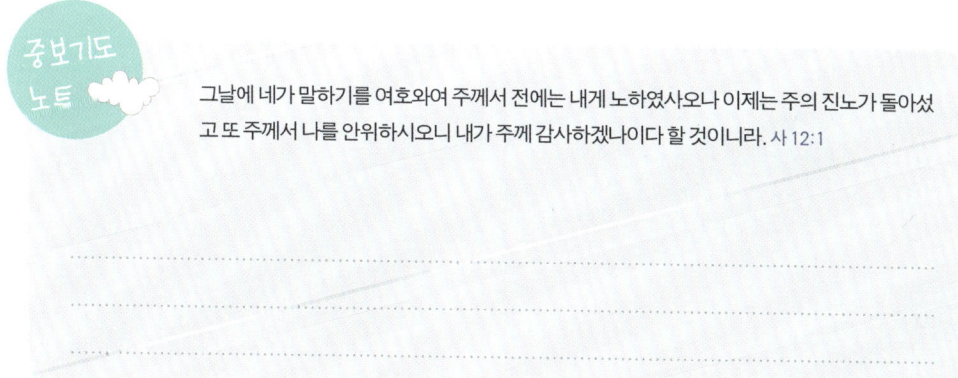

그날에 네가 말하기를 여호와여 주께서 전에는 내게 노하였사오나 이제는 주의 진노가 돌아섰고 또 주께서 나를 안위하시오니 내가 주께 감사하겠나이다 할 것이니라. 사 12:1

당신은 전능하신 하나님을 소유하고 있다. _찰스 스펄전_

6월 30일　　　　　　　　　　　　　　　　　　　　　앙궐라

하나님의 긍휼이
필요한 나라

면적 91㎢ (한반도의 0.04%)
인구 8,300명
수도 더밸리
GNP $3,890
종족 아프리카계 카리브 95.5%, 유럽계 아메리카 3.6%, 동인도 0.8%
공용어 영어, 영어계 크리올어
문자해독률 95%
종교 기독교 91.5%, 심령술 5.5%, 무종교·기타 1.2%, 바하이교 1%

서인도 제도 동부에 있는 리워드 제도의 최북단에 위치한 섬으로, 사실상 관광업이 유일한 산업이다.

영국 자치령으로 내부를 대표하는 자치 정부가 있다. 완전한 종교의 자유가 있다.

이 작은 섬을 성령이 지나치지 않도록 기도하자.

신앙생활을 하지만 복음을 다른 지역으로 전하고자 하는 전도에 대한 비전이 거의 없다.

✚ 기도 제목

1. 앙귈라 교회는 복음을 다른 지역으로 전하고자 하는 전도 비전이 거의 없다. 성령이 이 작은 섬을 지나치지 않도록 기도하자.
2. 교단 간의 협력이 잘 이루어지도록 기도하며 또한 복음 전파의 열정을 덧입도록 기도하자.

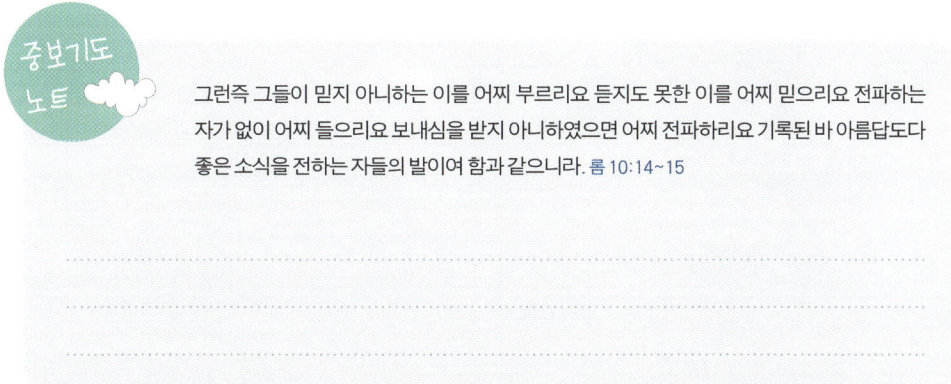

그런즉 그들이 믿지 아니하는 이를 어찌 부르리요 듣지도 못한 이를 어찌 믿으리요 전파하는 자가 없이 어찌 들으리요 보내심을 받지 아니하였으면 어찌 전파하리요 기록된 바 아름답도다 좋은 소식을 전하는 자들의 발이여 함과 같으니라. 롬 10:14~15

하늘이 무너질 때 두 손을 모으라. _스페인 격언

7월 1일   에리트레아

기독교와 이슬람이 절반씩인 나라

면적 121,100㎢ (한반도의 54.7%)
인구 3,850,390명
수도 아스마라
도시화 16%
GNP $280
종족 셈족 78.2%, 쿠쉬트 16.9%, 수단 4.9%
공용어 없음. 티그리냐어, 아랍어, 영어를 사용   **문자해독률** 20%
종교 이슬람교 48%, 기독교 47.4%, 무종교·기타 4%

✚ 기도 제목

1. 에리트레아는 주변국과 전쟁을 치른 후 그들과 불화상태에 있다. 지도자들이 겸손한 마음을 가지고 자발적으로 화해하여 평화가 정착되도록 기도하자.

2. 이슬람 극단주의자들에 의해 종교의 자유가 제한받고 있다. 외국인 사역자들의 입국마저 제한하고 있다. 이런 제한이 사라지고, 종교의 자유가 보전되도록 기도하자.

3. 비록 복음주의는 소수이지만 위축되지 않고 열심을 내어, 나라와 지역에 선한 영향력을 끼칠 수 있도록 기도하자.

4. 복음주의 교회가 성장하고 있지만, 훈련과 전도를 위한 자료가 부족하다. 모든 교파에 경건한 지도자를 훈련시키는 일이 잘 이루어지도록 기도하자.

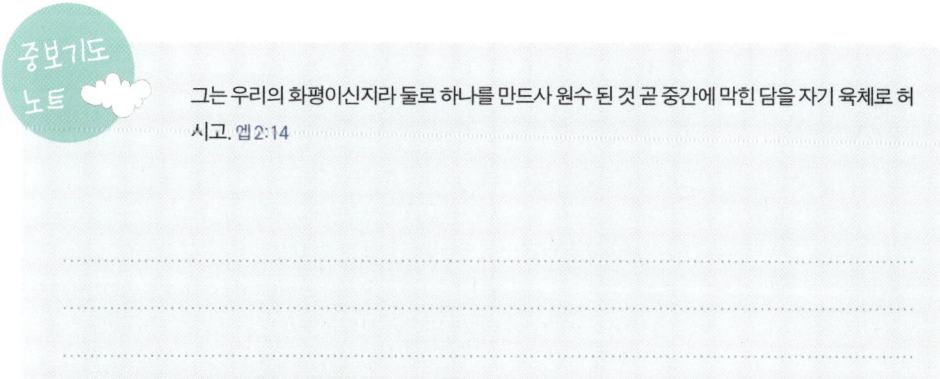

그는 우리의 화평이신지라 둘로 하나를 만드사 원수 된 것 곧 중간에 막힌 담을 자기 육체로 허시고. 엡 2:14

능력 있는 기도는 매우 구체적이다. 간구하는 사람의 행함으로 실현되는 것이다. _ W. J. 하니

7월 2일

작은 국토, 큰 분노!

에스토니아

- **면적** 45,215㎢ (한반도의 20.4%)
- **인구** 1,396,200명
- **수도** 탈린
- **도시화** 69%
- **GNP** $15,850
- **종족** 핀 우그릭 65%, 슬라브 33.3%, 기타 1.7%
- **공용어** 에스토니아어, 러시아어 **문자해독률** 99%
- **종교** 무종교·기타 60.4%, 기독교 38.6%, 이슬람교 0.7%

라트비아와 러시아에 접해 있고 발트 해, 핀란드 만에 면한 국가로, 발트 3국 중 가장 북쪽에 위치해 있다.

오랫동안 주변 국가의 지배를 받아왔다. 아직도 러시아에 깊은 적대감을 가지고 있다.

한국이 일본에게 가진 감정과 같다고나 할까?

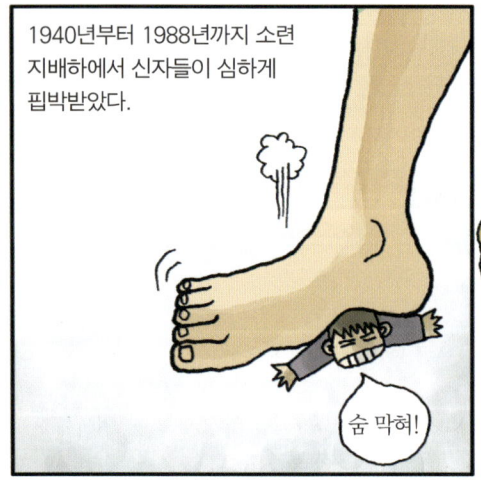

1940년부터 1988년까지 소련 지배하에서 신자들이 심하게 핍박받았다.

숨 막혀!

자본주의 도입이 부를 가져왔지만 도덕성의 붕괴도 함께 이어져 이혼율이 1991년 이후 폭발적으로 증가하고 있다.

✚ 기도 제목

1. 종교의 자유와 함께 모든 교파의 교회들이 급속히 성장하고 있다. 교회가 체계적인 시스템을 갖추어 복음으로 양육되도록 기도하자.

2. 자본주의 도입이 부와 경제 성장을 가져왔지만, 동시에 범죄와 이혼이 급증하고 있다. 자본주의에 희망을 걸지 않고 예수 안에서 참된 희망이 발견되도록 기도하자.

3. 에스토니아 정부는 국가 주체성을 세운다는 명목으로 많은 러시아인들을 소외시키고 있다. 에스토니아 안에 있는 러시아인들이 복음화되도록 기도하자.

4. 대부분의 사람들은 기독교를 이론적으로만 알고 헌신에 대해서는 무지하다. 교회 안에 헌신자들이 많이 나오도록 기도하자.

이기는 자와 끝까지 내 일을 지키는 그에게 만국을 다스리는 권세를 주리니 그가 철장을 가지고 그들을 다스려 질그릇 깨뜨리는 것과 같이 하리라 나도 내 아버지께 받은 것이 그러하니라.
계 2:26~27

기도 가운데 바라던 복을 실제로 얻은 경우를 살펴보면, 분명한 목적이 있었던 기도임을 알 수 있다. _찰스 피니

7월 3일

찰스 다윈이 다녀간 이구아나의 나라

에콰도르 1

면적 283,560㎢ (한반도의 121.6%)
인구 12,646,100명
수도 키토
도시화 62%
GNP $3,220
종족 스페인어 사용 59%, 아메리카 인디언 40%, 기타 1%
공용어 스페인어   **문자해독률** 90%
종교 기독교 97.4%, 무종교·기타 1.9%

남아메리카 대륙의 서북부에 있는 공화국으로 화산과 지진이 많은 나라이다. 동부는 아마존 밀림, 중부는 안데스 고원, 해안은 비옥한 평야지대이다.

갈라파고스 섬도 포함!

'에콰도르'는 '적도'를 의미하는 스페인어로, 실제로 적도가 국토의 북부를 지나간다.

석유, 커피가 주요 생산물이고, 특히 바나나 수출은 세계적으로 유명하다.

바나나로 다이어트 하세요.

한편, 석유 수출로 인해 소수는 부자가 되었지만 가난한 자는 더욱 가난하게 되었고, 생태계와 아마존 밀림은 파괴되었다.

내 설 곳은 어딘가!

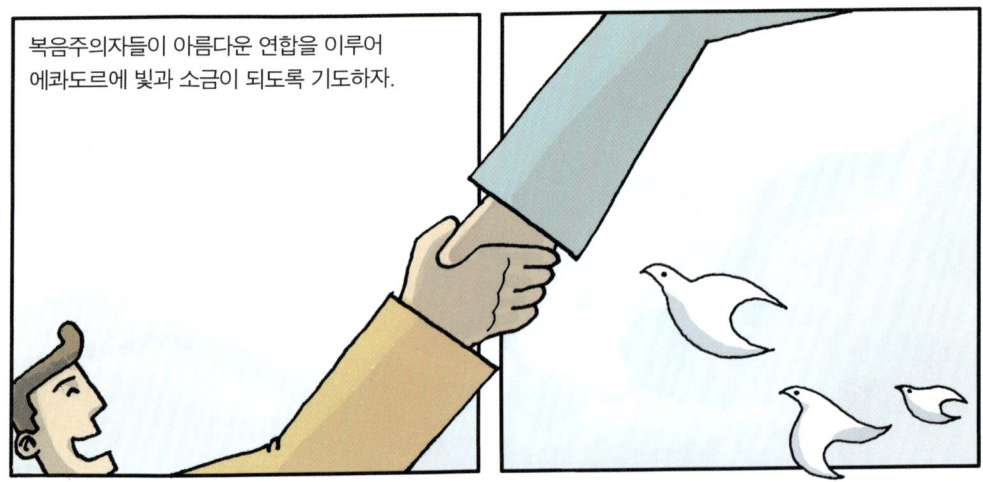

🞧 기도 제목

1. 정부가 환경을 파괴하면서까지 모든 이권을 독식하려는 특권 계층과 맞서서 바른 나라를 세울 수 있도록 기도하자.

2. 가톨릭교회는 그들의 특수한 위치가 무너지면서 복음주의 교회를 탄압하기 시작했다. 이런 탄압에도 불구하고 교단들이 단합하여 교회가 살아 움직이도록 기도하자.

3. 지난 20년간의 정치 불안과 전쟁으로 에콰도르 사람들이 복음에 더 깊이 반응하게 되었다. 이렇게 열린 마음이 국가 전반과 사회 각층에 거대한 영적 추수로 이어지도록 기도하자.

4. 복음주의자의 성장은 주로 신도시 및 퀘추아에서 일어났다. 계급, 문화, 인물, 교단을 초월한 연합운동이 정부 당국까지 미칠 수 있도록 기도하자.

중보기도 노트

그러므로 내가 첫째로 권하노니 모든 사람을 위하여 간구와 기도와 도고와 감사를 하되 임금들과 높은 지위에 있는 모든 사람을 위하여 하라 이는 우리가 모든 경건과 단정함으로 고요하고 평안한 생활을 하려 함이라. 딤전 2:1~2

인간은 하나님 앞에 무릎으로 서 있는 존재이다. _로버트 머리 맥체인

7월 4일 — 에콰도르 2

찰스 다윈이 다녀간 이구아나의 나라

기도 제목

1. 인디언 교회들이 석유 채취로 인한 자연 파괴와 타락한 현대 문명의 도전에 맞서서 승리하도록 기도하자.
2. 진행 중인 성경 번역 프로그램이 완성되어 성경 출판과 배포가 효과적으로 이루어지도록 기도하자.
3. 토착교회와 외국 선교단체가 대립하는 것이 아니라 서로 협력하면서 더 많은 지역에 교회들을 세워가도록 기도하자.
4. 복음 전도가 미미한 퀴토와 구아야킬에 사는 빈민 지역 거주자들과 22만 명의 대학생들이 십자가의 복음을 듣고 회개하고 돌아올 수 있도록 기도하자.

중보기도 노트

내가 진실로 진실로 너희에게 이르노니 한 알의 밀이 땅에 떨어져 죽지 아니하면 한 알 그대로 있고 죽으면 많은 열매를 맺느니라 자기의 생명을 사랑하는 자는 잃어버릴 것이요 이 세상에서 자기 생명을 미워하는 자는 영생하도록 보전하리라. 요 12:24~25

순종하려는 의지가 있는가? 그렇다면 당신은 주님의 능력의 손 가운데 있는 것이다. _한나 휘틀 스미스

7월 5일   에티오피아 1

기독교 역사가 깊은 나라

면적 1,106,000 ㎢ (한반도의 499.5%)
인구 62,564,900명
수도 아디스아바바
도시화 12%
GNP $250
종족 셈족 계통 45%, 쿠쉬트 42.2%, 오모트 11.3%, 닐로 수단 1.2%
공용어 암하르어   **문자해독률** 36%
종교 기독교 65%, 이슬람교 31%, 전통 종족종교 3%, 무종교·기타 1%

아프리카 동부에 있는 국가로 홍해, 소말리아, 케냐, 수단과 면해 있다. 홍해 연안의 사막과 가뭄이 잘 드는 저지대에 둘러싸인 비옥한 산악 고원지대다.

주요 수출품은 커피이며, 커피의 기원이 에티오피아라고 믿고 있다.

원조 커피 맛 아시는가?

주기적인 가뭄과 1998~2000년에 일어난 에리트레아와의 전쟁으로 경제 발전이 늦어지고 있다.

에티오피아의 가난은 세계적으로 유명하죠.

북부 에티오피아는 4세기부터 최초의 기독교 국가 가운데 하나였다.

✚ 기도 제목

1. 정치 지도자들이 지도력을 발휘하여 평화가 정착되도록 기도하자.
2. 에티오피아 정교회는 역사가 깊다. 이 전통적인 교회에 성령이 역사하셔서 믿음의 유산을 지키고 동시에 교회가 되살아나도록 기도하자.
3. 최근 성령운동으로 셀 교회가 배가되고 있다. 이런 성장이 지도자들의 세력 다툼으로 잘못 흐르지 않고 성령의 역사가 계속되도록 기도하자.
4. 교회 지도자들의 협력과 연합이 필요하다. 과거의 깨어진 관계를 치유하고 하나 되어, 교회가 한목소리를 낼 수 있도록 기도하자.

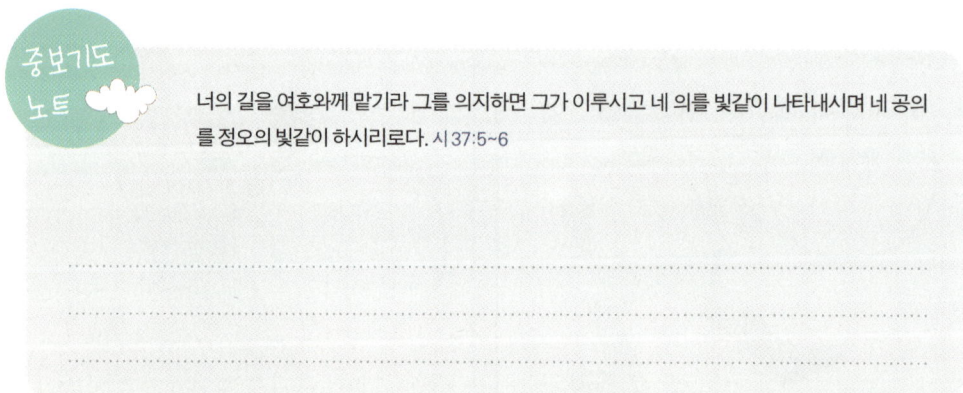

너의 길을 여호와께 맡기라 그를 의지하면 그가 이루시고 네 의를 빛같이 나타내시며 네 공의를 정오의 빛같이 하시리로다. 시 37:5~6

기도하는 것은 바라는 것이다. 하나님께서 우리로 하여금 바라게 하시는 그 일을 바라는 것이다. _프랑수아 페늘롱

7월 6일　　　　　　　　　　　　　　　　　　　　　　　　　　　　　　에티오피아 2

기독교 역사가
깊은 나라

✚ 기도 제목

1. 이슬람교에서 기독교로 개종하는 사람은 단지 몇백 명에 머물고 있다. 더 많은 사람이 진리의 빛을 찾아 돌아오도록 기도하자.

2. 오로미아의 여러 지역과 남서부의 수단 국경지역에 있는 많은 종족과, 전쟁을 피해온 수단 난민들이 주께 돌아오도록 기도하자.

3. 청년들은 삶의 목적과 희망이 필요하다. 청년을 대상으로 하는 단체의 사역이 10대까지 확장되도록 기도하자. 그리고 대학 선교단체를 위해서도 기도하자.

4. 외국인 선교사들의 현재 중요한 사역은 지도자 훈련, 성경 번역, 원조 사역이다. 선교사들이 지혜를 발휘하여, 토착교회를 잘 돕도록 기도하자.

중보기도 노트

볼지어다 내가 네 앞에 열린 문을 두었으되 능히 닫을 사람이 없으리라 내가 네 행위를 아노니 네가 작은 능력을 가지고서도 내 말을 지키며 내 이름을 배반하지 아니하였도다. 계 3:8

하나님이 말씀하시는 입이 없는 곳에서, 사람들은 구하는 혀를 가져서는 안 된다. _크리스토퍼 네스

7월 7일　　　　　　　　　　　　　　　　　　　　　　　　　　엘살바도르

'구원자'라는 뜻을 가진 엘살바도르

면적 21,041㎢ (한반도의 9.5%)
인구 6,276,000명
수도 산살바도르
도시화 55%
GNP $2,860
종족 스페인어 사용 99.4%, 아메리카 인디언어 사용 0.2%, 기타 0.4%
공용어 스페인어　　**문자해독률** 74%
종교 기독교 97.3%, 무종교·기타 2%, 바하이교 0.6%

중앙아메리카의 태평양 연안에 있는 공화국으로, 아메리카에서 면적이 가장 좁고 인구밀도가 높은 나라다.

다수의 국민은 수세기 동안 착취당하다가 12년간의 내전까지 치렀다.

1990년대에 다소 호전됐지만, 아직도 80%가 절대 빈곤 선상에 있다.

2000년과 2001년에 큰 지진이 일어나 더욱 퇴보하게 되었다.

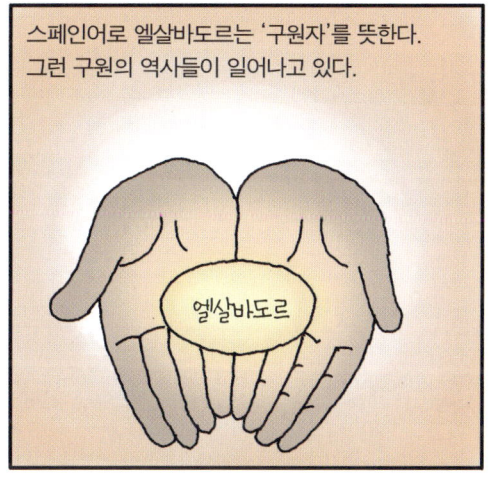

✚ 기도 제목

1. 수세기에 걸친 압제와 12년간의 내전에서 받은 아픔을 씻어내도록 기도하자. 인간의 기본권이 존중되는 공정한 사회가 되도록 기도하자.
2. 복음주의자 비율이 1960년에는 2.3%이었으나, 2000년에는 22% 이상 되었다. 지속적인 성장을 위해 기도하자.
3. 경제적으로 어려움에 처해 있는 신학생들에게 필요한 모든 재정과 도서들이 공급되도록 기도하자.
4. 엘살바도르 출신의 선교사들이 다른 문화지역에서 섬기고 있다. 이들의 사역이 커지고 풍성한 열매를 맺도록 기도하자.

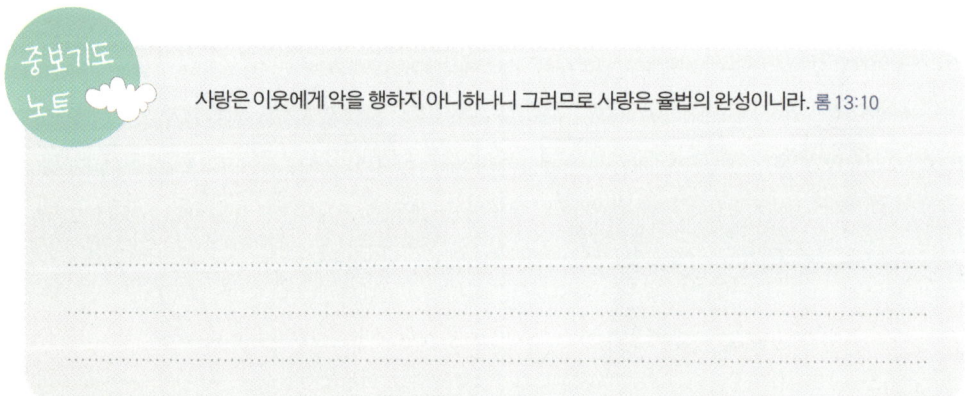

사랑은 이웃에게 악을 행하지 아니하나니 그러므로 사랑은 율법의 완성이니라. 롬 13:10

하루 중 최상의 시간을 하나님과의 교제를 위해 할애하라. _테일러

7월 8일

해가 지는 나라

영국 1

United Kingdom

면적 244,000㎢ (한반도의 110.2%)
인구 58,830,200명
수도 런던 도시화 90%
GNP $45,580
종족 앵글로색슨·켈트 92.1%, 아시아 4%, 유럽 2.1%, 아프리카계 카리브 1.7%
공용어 영어, 웨일스어 문자해독률 98%
종교 기독교 67.6%, 무종교·기타 28%, 이슬람교 2%

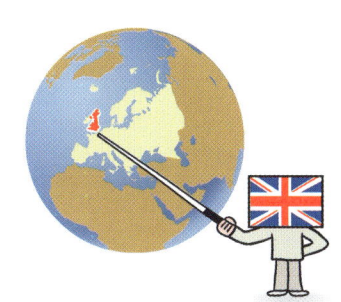

유럽 서부 대서양 가운데 있는 입헌 군주국으로, 해가 지지 않는 나라로 불렸다. 한때 세계 4분의 1의 땅을 지배했다.

우리도 지배당했지.

간디

경제가 심각한 지경에 이르다가 최근에 다시 살아나는 분위기다.

내공이 쌓인 나라입니다. 쉽게 안 무너져요.

그러나 교회의 쇠퇴는 계속되고 있다.

교회 가본 지가 어언 10년!

큰 교회에 나이 많은 신자들 몇십 명이 모여서 예배드리는 광경은 교회 침체의 예화로 통용되곤 한다.

비참하도다!

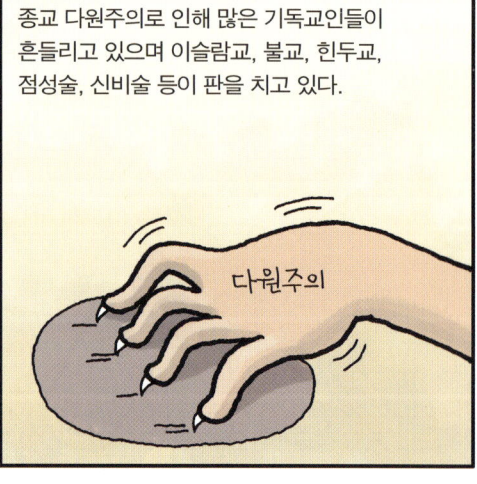

✚ 기도 제목

1. 태양이 지지 않는 나라였던 영국이 어둠 속에 묻히고 있다. 기독교를 멀리하는 젊은이들이 주께 돌아오도록 기도하자. 범국가적 회개를 통해 영국의 기독교가 회복되도록 기도하자.

2. 기독교인들은 공공 생활, 사법, 교육과정에서 주변인으로 전락되고 있다. 기독교인들이 사회 전역에서 중심인으로 활동할 수 있도록 기도하자. 다원주의적 가치관이 깨어지도록 기도하자.

3. 선교사 파송국이던 영국이 이제는 선교 대상지가 되어버렸다. 이슬람교 및 신비주의자들은 자신들에게 유리한 법 제정까지 요구하고 있다. 영국 기독교인들이 깨어 있도록 기도하자.

4. 영국 국교회인 성공회는 동성애에 대해 애매한 태도를 가지고 있다. 성공회가 도덕적, 영적으로 표류하는 국가에 대한 책임감을 가지고 각성하도록 기도하자.

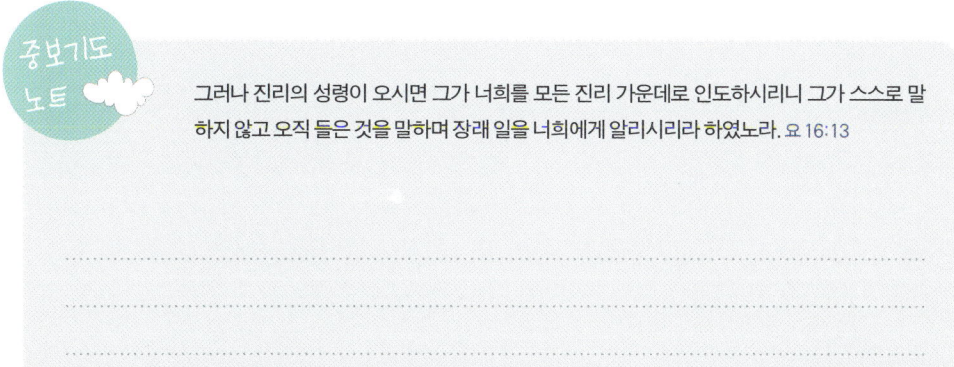

기도에 관해서는 누구든 독창적이지 않을 수 없다. 참된 기도는 모방할 수 없기 때문이다. _A. W. 토저

7월 9일　　　　　　　　　　　　　　　　　　　　　　　　　영국 2

해가 지는 나라

United Kingdom

✚ 기도 제목

1. 지난 2백 년 동안 영국은 세계 복음화에 크게 기여했다. 그러나 지금 영국 교회는 선교에 대한 관심이 사라졌고, 선교사 파송도 줄어들고 있다. 다시 한 번 지역 교회들이 헌신하여 선교사 파송 및 후원과 기도에 관심을 갖도록 기도하자.
2. 영국인에게 차별당해온 영국 거주 외국인들은 기독교에 대해 반감을 가지고 있다. 영국인들이 마음을 열고 외국인에게 복음을 전하도록 기도하자.
3. 잉글랜드, 스코틀랜드, 웨일스, 북아일랜드의 네 지역 중 잉글랜드는 가장 세속적인 곳이다. 세속에 물든 잉글랜드가 영적으로 다시 일어나 세계 복음화에 쓰임받도록 기도하자.
4. 런던은 세계의 중심 도시 가운데 하나이다. 복음 도시였던 런던은 마약과 범죄투성이의 도시로 변했다. 영국의 심장부 런던이 영적으로 살아나도록 기도하자.

우리가 그들의 맨 것을 끊고 그의 결박을 벗어버리자 하는도다 여호와를 경외함으로 섬기고 떨며 즐거워할지어다. 시 2:3,11

주님께서는 고통의 전장을 통해 그의 군사를 모으신다. _찰스 스펄전_

7월 10일   영국 3

해가 지는 나라

✚ 기도 제목

북아일랜드

1. 켈트 아일랜드인과 스코트계 잉글랜드인 사이의 오랜 긴장이 분쟁으로 이어졌다. 북아일랜드에 다시 평화가 도래했으나, 아직도 과거에 대한 불신과 분노가 남아 있다. 과거 역사를 청산하고 서로 용서하고 회개하는 마음의 변화가 있도록 기도하자.
2. 북아일랜드인들은 대부분 믿음 안에서 복음주의 신앙을 가지고 있다. 이들이 전도와 선교에 헌신하도록 기도하자.

스코틀랜드

3. 스코틀랜드는 데이비드 리빙스턴, 로버트 모펫, 메리 슬레서와 에릭 리델 같은 위대한 선교사들을 배출했다. 이러한 믿음의 증인들이 계속해서 일어나도록 기도하자.
4. 스코틀랜드 교회는 구조상으로 장로교회이지만 자유주의 신학이 지배적이다. 이들 교회가 초기 순교자들의 믿음과 성경의 뿌리로 되돌아가도록 기도하자.

웨일스

5. 웨일스는 부흥의 땅으로 유명하다. 18세기 초기부터 웨일스는 연쇄적으로 부흥이 있었으나 1904년의 부흥이 마지막이었다. 다시 부흥이 일어나도록 기도하자.

주의 권능의 날에 주의 백성이 거룩한 옷을 입고 즐거이 헌신하니 새벽이슬 같은 주의 청년들이 주께 나오는도다. 시 110:3

많은 벙어리 거지들이 단지 한숨만 쉼으로써 그리스도의 문에서 구원을 받았다. _윌리엄 세커

7월 11일

아름답지만
슬픈 나라

면적 153㎢(한반도의 0.07%)
인구 21,400명
수도 로드타운
GNP $15,000(2000년)
종족 아프리카계 카리브 87.5%, 유럽계 아메리카 10%, 기타 2.5%
공용어 영어
문자해독률 98%
종교 기독교 86%, 심령술 8.6%, 무종교·기타 3.8%

영국령 버진 아일랜드

British Virgin Islands

서인도 제도의 버진 제도에 속하는, 영국의 해외 영토로, 60여 개의 산호초와 화산섬으로 된 군도이며, 그중 15개의 섬에 사람이 산다.

관광업은 경제 활동에 가장 중요한 요소이다.

향락을 찾는 수많은 방문객들로 인해 도덕적 타락이 가속화되고 있다.

세계에서 가장 아름다운 천국이라고 불리지만, 신생아의 75%가 사생아다.

이름도 몰라요. 아버지도 몰라요.

✚ 기도 제목

1. 향락을 찾는 수많은 관광객들이 버진 아일랜드를 찾고 있다. 이들은 섬의 도덕적 생활에 악영향을 미치고 있다. 기독교인들이 관광객들에게 복음을 전할 수 있도록 기도하자.

2. 세계에서 가장 아름다운 천국이라고 불리지만, 사실은 죄악의 천국이다. 신생아의 75%가 사생아다. 기독교인들이 기독교인답게 살도록 기도하자.

내 공의가 가깝고 내 구원이 나갔은즉 내 팔이 만민을 심판하리니 섬들이 나를 앙망하여 내 팔에 의지하리라. 사 51:5

하나님께서 백성에게 큰 자비를 베푸실 때에 무엇보다 먼저 하시는 일은, 그들을 기도하게 하시는 것이다. _매슈 헨리

7월 12일   예멘 1

유황과 몰약의 나라

면적 531,896㎢ (한반도의 240.2%)
인구 18,112,100명
수도 사나
도시화 24%
GNP $970
종족 아랍 95%, 이주민 및 난민 공동체 4.3%, 기타 0.7%
공용어 아랍어   문자해독률 43%
종교 이슬람교 99.9%, 기독교 0.05%, 유대교 0.01%

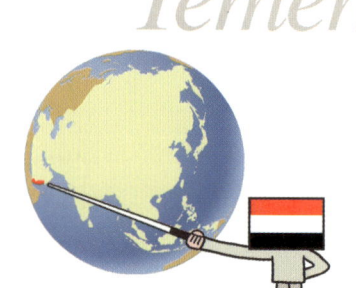

아라비아 반도 남쪽 끝에 있는 공화국으로, 산악지대에 위치하고 있다.

아라비아 반도에서 유일하게 강우량이 많은 지역이며, 석유 수출이 외화 수입의 95%를 차지한다.

역시 석유가 최고야!

1990년 걸프전 당시 사우디아라비아에서 1백만 명 이상의 예멘인이 추방된 것이 경제에 큰 타격을 주었다.

그것 땜시 중동에서 가장 가난한 나라가 됐다우.

이슬람교가 공식적인 종교이며, 법체제가 이슬람교의 샤리아 법에 기초하고 있다.

샤리아법

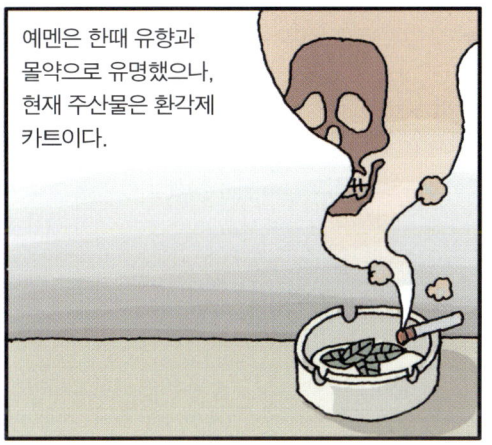

➕ 기도 제목

1. 지난 40여 년 동안 예멘은 세 차례의 내전과 전쟁이 있었다. 또한, 사회 전반에 범죄가 만연해 있다. 정부가 공의를 실현하며 국론이 통일되도록 기도하자.

2. 지금 예멘의 시골지역의 주산물은 환각제 카트다. 성인 인구의 80% 이상이 카트를 씹고 있고 국가 경제의 40% 정도가 카트와 연관된 형편이다. 환각제가 사회에 끼치는 악영향이 매우 크다. 예멘 땅에 환각제가 사라지도록 기도하자.

3. 예멘인은 3천 년 전 시바 여왕의 후손들이다. 시바 여왕이 솔로몬에게 지혜를 구했듯이 예멘인들이 하나님께 지혜를 구하도록 기도하자.

4. 비무슬림들이 무슬림을 개종시키는 것과 무슬림들이 기독교로 개종하는 것은 불법이다. 이런 억압적인 사회적 압력이 줄어들어서 예멘인들이 지금보다 자유롭게 그리스도께 나아오도록 기도하자.

내가 그 땅에 평화를 줄 것인즉 너희가 누울 때 너희를 두렵게 할 자가 없을 것이며 내가 사나운 짐승을 그 땅에서 제할 것이요 칼이 너희의 땅에 두루 행하지 아니할 것이며. 레 26:6

기도를 쉽게 정의한다면 하나님께로 향한 원함이다. _부르크

7월 13일 　　　　　　　　　　　　　　　　　　　　　　　　　　　　　　　　　　　예멘 2

유황과 몰약의 나라

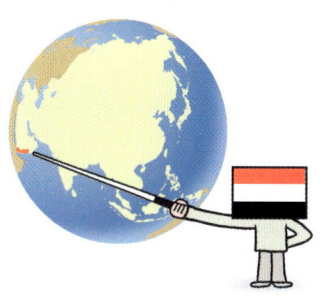

✚ 기도 제목

1. 기독교인은 대부분 에티오피아 난민, 서구인들과 동·남아시아인들 같은 외국인들이다. 외국인 기독교인 들이 영적으로 계속해서 성장하도록 기도하자.

2. 외국인들이 사업, 교육, 보건, 개발 프로그램에서 주님을 섬길 수 있는 기회가 늘어나고 있다. 기독교인들이 이 나라를 향한 하나님의 부르심에 응답하여 그리스도를 증거하는 기회를 갖도록 기도하자.

3. 예멘은 세계에서 복음화가 가장 낮은 국가에 속한다. 아직 복음화되지 못한 미종족들의 구원을 위해 기도하자.

4. 성경 번역과 문서 배포, 〈예수〉 영화나 라디오 등의 기독교 매체를 통하여 그리스도를 발견하도록 기도하자.

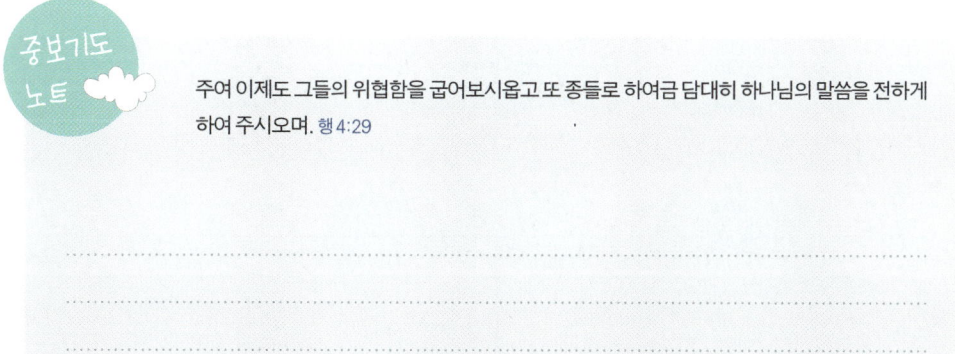

주여 이제도 그들의 위협함을 굽어보시옵고 또 종들로 하여금 담대히 하나님의 말씀을 전하게 하여 주시오며. 행 4:29

우리가 날마다 기도하는 주님 나라는 반드시 올 것이다. _선교한국

7월 14일　　　　　　　　　　　　　　　　　　　　　　　　오만

중동에서 가장 진보적인 나라

- **면적** 300,000㎢ (135.5%)
- **인구** 2,541,700명
- **수도** 무스카트
- **도시화** 72%
- **GNP** $15,580
- **종족** 아랍 67.1%, 남아시아 21%, 마라 5.1%, 이란 2.8%, 기타 4%
- **공용어** 아랍어　**문자해독률** 67%
- **종교** 이슬람교 92.7%, 힌두교 3%, 기독교 2.5%, 불교 1.2%

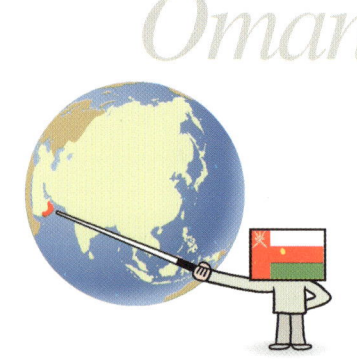

아라비아 반도 남서해안의 사막지대에 위치하며, 아라비아와 페르시아 만의 입구를 관장하는 전략적 요충지다.

중동지역의 후발 산유국이지만 석유로 인한 부가 잘 분배되어 국민들의 생활 수준이 향상되었다.

"노년에 호강하네. 헤헤헤…."

정당은 허용되지 않지만, 개인의 자유는 상당히 많이 주어지고 정치적으로 안정되어 있다.

"가장 진보적인 국가들 중 하나죠."

외국인을 위한 교회는 허용되지만, 무슬림을 개종시키는 것은 허용되지 않는다.

"개종시키려면 속히 떠나시오."

기독교 전문인 사역자들이 자신들의 모범적인 삶을 통해서 복음을 전할 수밖에 없다. *삶으로 복음을 전한다는 것은 힘든 일인데…*	성서공회가 성경 보급을 잘하고 있다. 아랍어 기독교 문서들이 보다 효과적으로 배포되도록 기도하자.

✚ 기도 제목

1. 1970년 이후 오만 사회는 급속하게 변화했다. 석유로 인해 생긴 부유함이 오만인들의 마음을 개방시켰다. 특히, 젊은 세대가 새로운 사상에 대해 수용적이다. 많은 사람들이 영적 변화를 수용하도록 기도하자.

2. 공개적으로 그리스도를 믿는 신앙을 고백하지는 않지만, 토착민 신자들이 소수 존재하고 있다. 이들이 다른 신자들과 만남을 통해 교제가 열리도록 기도하자.

3. 기독교 인구의 거의 대부분이 외국인이고, 그들에게 복음을 전하는 데는 아무런 제한이 없다. 외국인들이 오만인들에게 그리스도를 전하도록 기도하자.

4. 기독교 사역자들이 전도의 한계에 부딪혔을 때 좌절하지 말고, 자신들의 모범적인 삶을 통해서라도 복음을 전하도록 기도하자.

너희는 이 세대를 본받지 말고 오직 마음을 새롭게 함으로 변화를 받아 하나님의 선하시고 기뻐하시고 온전하신 뜻이 무엇인지 분별하도록 하라. 롬 12:2

기도란 갓 태어난 영혼의 숨결과 같다. 기도 없는 그리스도인의 생애는 존재할 수 없다. _휠

7월 15일　　　　　　　　　　　　　　　　　　　　　　오스트리아 1

서양 음악의 고향

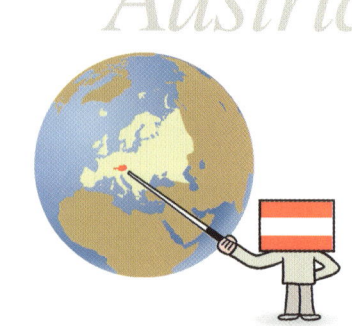

- **면적** 93,855㎢ (한반도의 42.4%)
- **인구** 8,210,500명
- **수도** 비엔나
- **도시화** 65%
- **GNP** $43,310
- **종족** 토착민 93%, 이민자·난민 7%
- **공용어** 독어　**문자해독률** 100%
- **종교** 기독교 89.8%, 무종교·기타 7.7%, 이슬람교 2.2%

유럽 중부에 있는 공화국으로, 서양 음악과 문학의 고향이다.

오스트리아의 국민은 대부분 기독교인이지만 예수님이 누구신지 아는 신자는 거의 없다.

"요즘 와인에 푹 빠져 있습니다."

대부분 교회와 아무 관련이 없이 살고 있으며, 인구의 80%가 신비술에 빠져 있다.

"난 요즘 점성술을 배우고 있지."

경치가 아름답고 부유한 나라이지만 자살률과 인공 유산, 알코올 중독자들이 많다.

"돈으로도 인생문제는 해결 안 되던데."

✚ 기도 제목

1. 오스트리아인 중에 그리스도를 개인적으로 영접한 사람이 드물다. 인구의 75%가 교회와 아무 관련이 없이 살아가고 있다. 이들이 개인적으로 예수님이 누구신지 알아가도록 기도하자.

2. 12년간 실시되는 종교교육이 그리스도에 대한 개인 신앙을 방해하는 결과를 가져왔다. 복음이 지식이 아니라 전인적인 경험이 되도록 기도하자.

3. 복음을 제한하는 법들이 남아 있다. 복음에 대한 법적, 사회적 장애물이 사라지도록 기도하자.

4. 교회 지도자들이 피상성을 벗어나 더 깊은 성경 공부와 영성을 추구하도록 기도하자. 교회 지도자들이 바로 서도록 기도하자.

중보기도 노트

이로써 너희가 하나님의 영을 알지니 곧 예수 그리스도께서 육체로 오신 것을 시인하는 영마다 하나님께 속한 것이요. 요일 4:2

당신은 전능하신 하나님을 소유하고 있다. _찰스 스펄전_

7월 16일

오스트리아 2

서양 음악의 고향

➕ 기도 제목

1. 교회에 목회자가 필요하다. 극히 소수만이 전임 사역자로 섬기고 있으며, 선교사로 나가는 사람들은 매우 드물다. 많은 교회가 외국인에게 의존하고 있다. 하나님의 나라, 거룩함, 영혼 구원에 열정적인 사람들을 일으키시도록 기도하자.
2. 복음 전도가 미미한 지방과 도시, 그리고 사이비 종교 영역에도 복음의 빛이 임하여 어두움을 밝힐 수 있도록 기도하자.
3. 오스트리아 기독교인들이 그들 가운데 있는 낯선 이방인에게도 복음을 전할 수 있도록 기도하자.
4. 외국인 선교사가 인원 감축과 비자 제한으로 줄어들고 있다. 선교사들이 인내하고 울며 씨를 뿌리도록 기도하자.

중보기도 노트

> 베드로와 요한이 대답하여 이르되 하나님 앞에서 너희의 말을 듣는 것이 하나님의 말씀을 듣는 것보다 옳은가 판단하라 우리는 보고 들은 것을 말하지 아니할 수 없다 하니. 행 4:19~20

> 반드시 하나님께서 이 땅에서 그의 백성을 부르실 것이다. _허드슨 테일러

7월 17일 온두라스

자연재해가 많은 나라

면적 112,088㎢(한반도의 50.6%)
인구 6,485,400명
수도 테구시갈파 **도시화** 43%
GNP $1,640
종족 스페인 문화권 89.7%, 아메리카 인디언 8.1%, 영어 사용 1.2%, 기타 1%
공용어 스페인어 **문자해독률** 73%
종교 기독교 96.7%, 무종교·기타 1.7%, 심령술 1%

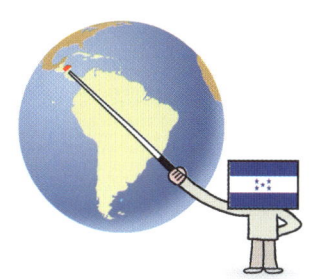

중앙아메리카 중부에 있는 공화국으로, 열대우림과 비옥한 해안 평야를 가진 나라다.

다국적 기업들의 심한 착취가 온두라스를 계속 가난하게 만들었다.

사실은 지도자들의 부정부패가 더 큰 문제다.

1998년 대형 허리케인이 국가 시설의 60%를 파괴했고 이때 1만 명 이상이 죽었다.

으아악~

종교는 가톨릭이지만 각종 이단의 온상지이며 특히 한국에서 온 이단들이 판을 치고 있다.

우리 교주를 믿으면 돈다발 푼다. 어서 믿어!

✚ 기도 제목

1. 범죄와 부패한 정부 관료 때문에 나라가 바로 서지 못하고 있다. 이 나라에 하나님을 두려워하는 도덕적인 지도자가 일어나도록 기도하자.
2. 허리케인 때문에 1만 1천 명이 사망했고 수백만 명이 가난해졌으며, 많은 마을과 교회가 황폐화되었다. 장기적인 회복을 위한 프로젝트가 잘 이루어지도록 기도하자.
3. 복음주의자의 양적 성장과 그 영향력에 대해서는 감사드릴 일이지만, 교단 간의 분열과 질투심, 고립주의는 심각한 수준에 놓여 있다. 현재 교회의 수를 감안할 때 지도자가 절대적으로 부족하다. 지도자 훈련을 위해 기도하자.
4. 거리의 아이들, 소수의 아랍인과 중국인을 대상으로 하는 복음 전도 활동을 위해 기도하자.

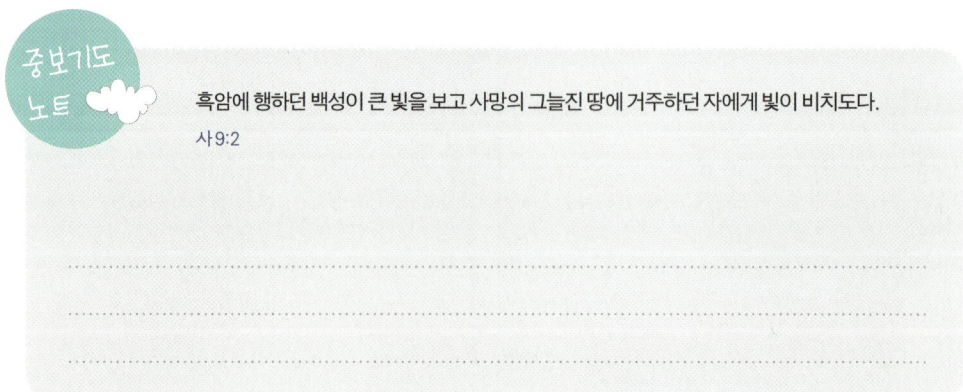

중보기도 노트

흑암에 행하던 백성이 큰 빛을 보고 사망의 그늘진 땅에 거주하던 자에게 빛이 비치도다.
사 9:2

그저 감사한 생각을 하늘로 올려 보내는 것이야말로 가장 완벽한 기도이다. _갓필드 레싱

7월 18일   요르단

중동의 완충지대

면적 89,206㎢(한반도의 40.3%)
인구 6,669,300명
수도 암만
도시화 79%
GNP $2,800
종족 아랍 97.1%, 요르단 소수 종족 1%, 비요르단인 1.9%
공용어 아랍어   **문자해독률** 86%
종교 이슬람교 96.2%, 기독교 2.8%, 무종교·기타 1%

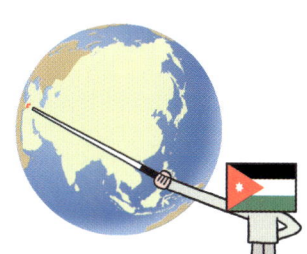

아라비아 반도 서북부에 있는 이슬람교 왕국으로, 요단강 동부지역에 농업 인구가 집중되어 있고 국토의 대부분이 사막이다.

지난 몇 년 동안 중동지역의 갈등을 완화시키는 데 중추적인 역할을 해왔다.

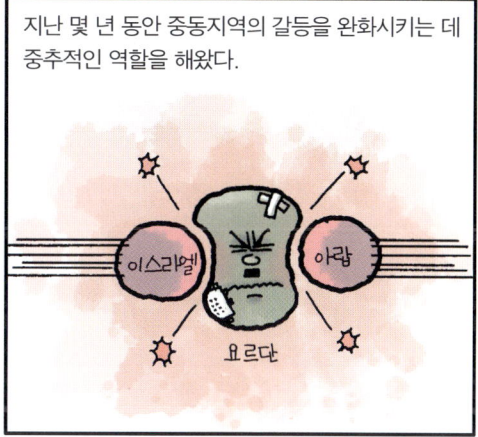

요르단은 기독교, 유대교, 이슬람교의 성지로 가는 길목이어서 전략상 중요한 곳이다.

이슬람교 세력이 급상승하고 있어서 상대적으로 그리스도인들의 수가 급속히 줄어들었다.

🞤 기도 제목

1. 무슬림들이 하나님께 돌아오고 있다. 요르단의 모든 신자가 세상에서 빛과 소금이 되어 예수 그리스도를 나타내도록 기도하자.
2. 신자들이 이주로 인해 빠져나가, 교회가 사역자들을 잃어버리고 있다. 더 많은 요르단 신자들이 전임 사역자로 부르심을 받도록 기도하자.
3. 외국 선교사들에게는 사역의 기회가 제한되고 있다. 예수 그리스도를 소개하고, 복음을 전할 기회를 가질 수 있도록 기도하자.
4. 미전도 종족이 인구의 절대 다수이다. 무슬림, 수백만 명의 팔레스타인 사람들, 이라크 난민, 20만 명의 베두인, 다국적인 모두가 복음을 들을 수 있는 기회를 가지도록 기도하자.

주의 성령이 내게 임하셨으니 이는 가난한 자에게 복음을 전하게 하시려고 내게 기름을 부으시고 나를 보내사 포로 된 자에게 자유를, 눈 먼 자에게 다시 보게 함을 전파하며 눌린 자를 자유롭게 하고. 눅 4:18

기도는 하지 않을수록 더 어려워지고 할수록 더 잘되는 법이다. _마르틴 루터

7월 19일 우간다 1

아프리카의 진주라고 불린 나라

면적 241,040㎢(한반도의 108.9%)
인구 21,778,500명
수도 캄팔라
도시화 13%
GNP $360
종족 반투 64.8%, 닐로틱 27.9%, 수단 5.4%, 기타 1.9%
공용어 영어 **문자해독률** 62%
종교 기독교 88.7%, 이슬람교 6%, 전통 종족종교 4.2%

아프리카 동부 내륙에 있는 공화국으로, 땅이 비옥하고 관개 시설이 잘되어 있다. 고지대 기후는 온화하며, 오랫동안 '아프리카의 진주'로 알려졌다.

고릴라가 살기 좋은 나라죠. 우가우가!

3년작을 하고, 주요 수출 작물은 커피이다.

소도 키웁니다.

1960년대까지 경제가 건강했으나, 1972년 아시아 기업의 추방과 이어진 독재와 전쟁으로 국가가 도산 위기에 처했다.

독재도 아무나 하는 거 아니야.

마오쩌둥

1992년 이후 북부와 서부에서 계속되는 전쟁과 에이즈 및 여러 질병은 국민 다수를 심각한 곤경에 빠뜨렸다.

우리를 이 죽음의 질병에서 건져주세요.

에이즈

1986년 다시 부흥 운동이 시작되었다. 상처받은 이 나라에 성령의 위로하심이 가득하도록 기도하자.

우간다의 청년들에게 말씀에 기초한 복음이 전해져 우간다의 미래를 건설해가도록 기도하자.

✚ 기도 제목

1. 동아프리카의 부흥은 1936년 시작된 이후 30년간 우간다의 교회에 새로운 생명과 열정을 불어넣었다. 그러나 내부 분열과 박해로 부흥의 불이 꺼졌다. 다시 한 번 이 땅에 부흥을 주시도록 기도하자.

2. 아민과 오보테 집권 당시 살인과 전쟁, 부정부패는 이 나라의 모든 경제적, 사회적 조직을 파괴했으며, 에이즈 확산을 촉진시켰다. 에이즈에 멍든 이 나라 국민에게 도덕적 순결과 믿음을 주시도록 기도하자.

3. 우간다 정부가 정직하고 공명정대한 정치를 할 수 있도록 기도하자.

4. 교회는 부분적이지만 회복되고 성장하고 있다. 영성 있고 성경적 지식이 있는 차세대 지도자들이 세워지도록 기도하자.

이는 주께서 심판하는 영과 소멸하는 영으로 시온의 딸들의 더러움을 씻기시며 예루살렘의 피를 그중에서 청결하게 하실 때가 됨이라. 사 4:4

....
....
....

네 영혼아, 너는 무엇을 하려고 이곳에 물러와 있는 것이냐. _존 번연

7월 20일   우간다 2

아프리카의 진주라고 불린 나라

➕ 기도 제목

1. 에이즈와 관련해서 많은 지원 사역을 하고 있는 단체들을 위해 기도하자.

2. 우간다 교회의 선교에 대한 비전을 키워나가도록 기도하자.

3. 외국 선교사들과 우간다 신자들 사이에 긴밀한 교제가 있도록 기도하자. 국가 재건과 성경 훈련, 기타 사역에 봉사할 열정적인 일꾼들이 일어서도록 기도하자.

4. 아직 남아 있는 미전도 종족에게 여전히 개척 사역자들이 필요하다. 소수이지만 여러 종족에 퍼져 있는 무슬림들과 부분적으로만 전도된 유목민인 북동부의 종족들이 주께로 돌아올 수 있도록 기도하자.

5. 성경 번역과 기독교 문서 사역, 항공 사역, 영화, 라디오, TV 프로그램을 통해 효과적으로 복음이 전파되고 지속적으로 열매 맺을 수 있도록 기도하자.

중보기도 노트

가난한 자와 궁핍한 자를 구원하여 악인들의 손에서 건질지니라 하시는도다. 시 82:4

기도를 안 하는 자는 하나님을 속이는 자가 아니다. 이는 자신을 기만하는 것이다. _휄링

7월 21일   우루과이

남미에서
잘 나가는 나라

면적 176,215 ㎢ (한반도의 79.6%)
인구 3,337,100명
수도 몬테비데오
도시화 90%
GNP $7,170
종족 스페인어 사용 93.1%, 기타 6.9%
공용어 스페인어   **문자해독률** 98%
종교 기독교 60.2%, 무종교 24.6%, 심령술 12.9%, 유대교 1.8%

남아메리카 동부에 있는 공화국으로, 농업에서 공업, 서비스업, 관광업으로 전환하여 남미에서 높은 생활수준을 유지하고 있다.

1918년 교회와 국가가 분리되면서 법적으로 특정 종교에 대한 우대가 사라졌다.

그게 다 가톨릭에 물 먹이는 거지 뭐야.

우루과이 사회는 1백 년 이상 인본주의적인 소망과 세속주의로 점철되어 왔다.

인본주의

로마 가톨릭이 인구의 50%를 차지한다고 하지만 실제로는 무종교이다.

어떻게 아셨어요? 우리는 아무것도 믿지 않아요.

✚ 기도 제목

1. 이 나라에서 활동하고 있는 심령술사들은 현재 그 수가 1백만 명에 이르고 있다. 이단과 뉴에이지 사상이 파고들고 있다. 거짓 사상들이 파괴되고 하나님의 진리가 바로 서도록 기도하자.

2. 복음주의 교회는 지난 한 세기 동안 많은 노력을 기울였지만 회심자는 적었다. 그러나 1986년 이후 교회가 성장하고 있다. 이러한 각성이 계속되고, 모든 교회가 함께 성장해가도록 기도하자.

3. 연합은 최근 일어난 영적 각성의 한 열매이다. 연합이 기도로 이어져 이 땅 위에 하나님의 진정한 부흥이 일어나길 기도하자.

4. 우루과이 교회를 섬기는 외국인 선교사들이 아직도 많이 필요하다. 우루과이 선교사로 많은 사역자들이 부름받도록 기도하자.

또 주의 선한 영을 주사 그들을 가르치시며 주의 만나가 그들의 입에서 끊어지지 않게 하시고 그들의 목마름을 인하여 그들에게 물을 주어. 느 9:20

주님께서는 고통의 전장을 통해 그의 군사를 모으신다. 찰스 스펄전

7월 22일

우즈베키스탄 1

중앙아시아의
전진 기지

면적 447,400 ㎢ (한반도의 202%)
인구 24,317,900명
수도 타슈켄트
도시화 39%
GNP $820
종족 터키·알타이 88.6%, 인도계 유럽 9%, 기타 2.4%
공용어 우즈베크어   **문자해독률** 97%
종교 이슬람교 83.5%, 무종교 14.5%, 기독교 1.3%

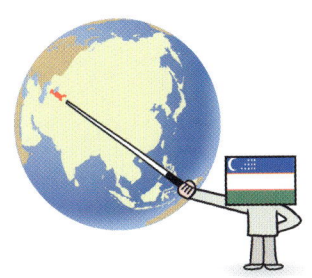

중앙아시아 아랄 해에서 파미르 고원에 이르는 지역을 차지하는 공화국으로, 중앙아시아의 보물과 같은 곳이다.

석유·천연가스 보유량이 많아 수출하고 있으며, 광물 매장량도 상당하다.

우즈베키스탄은 어느 곳에서 가더라도, 중앙아시아로 갈 수 있다.

모든 길은
우즈베크로 통한다.

그래서인지 아프가니스탄에서 러시아와 유럽으로 이루어지는 대규모 마약 거래의 중간 지점이 되어버렸다.

조용히 하세요. 마약 운반 중이니까.

검문

✚ 기도 제목

1. '우즈베크'의 의미는 '진정한 주인'이라는 뜻이지만 이슬람 급진주의자, 신비술 추종자, 기타 이교 집단 등 많은 이들이 자신의 이념을 가지고 우즈베크 종족을 점령하려고 한다. 우즈베크 자신들의 창조주이며 진정한 주인을 찾을 수 있도록 기도하자.

2. 우즈베키스탄은 중앙아시아 정세에서 중요한 위치에 있다. 그러나 부패한 정권은 변화와 개혁을 거부하고 있다. 국가 위정자들이 올바른 정치를 하고 나라가 안정되도록 기도하자.

3. 공산주의가 남겨놓은 생태학적 재난이 환경에 치명적인 영향을 주어 아랄 해가 급속히 고갈되는 위기에 놓여 있다. 임박해오는 위기가 오히려 많은 사람들이 하나님을 찾는 기회가 되도록 기도하자.

4. 중앙아시아 중심지인 수도 타슈켄트를 완전히 이슬람화하려는 세력이 존재한다. 이들의 계획이 무산되고 대신에 복음의 씨앗이 지속적으로 뿌려지도록 기도하자.

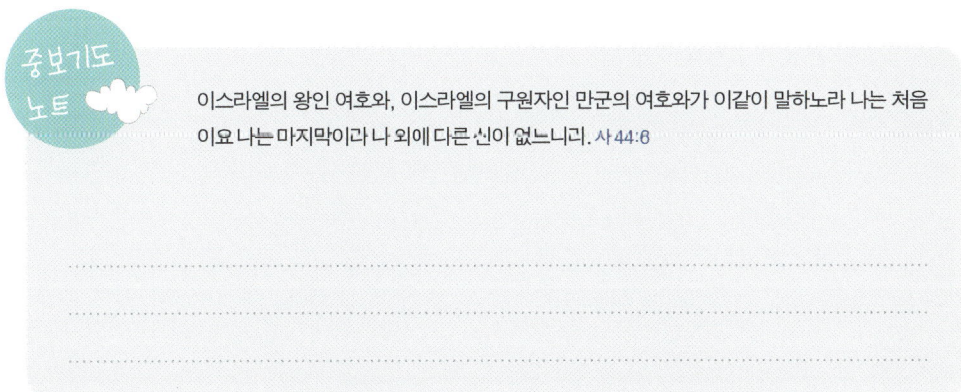

반드시 하나님께서 이 땅에서 그의 백성을 부르실 것이다. _허드슨 테일러

중앙아시아의 전진 기지

7월 23일 | 우즈베키스탄 2

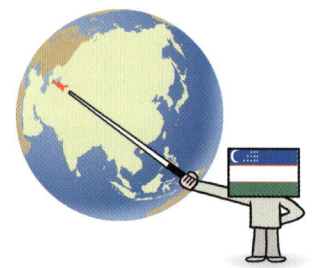

✚ 기도 제목

1. 우즈베크인 신자들은 현재 많은 비등록 모임에 연결되어 있고, 수천 명의 미등록 신자들이 있다. 이들이 혹독한 시련 앞에 믿음을 잃어버리지 않게 말씀과 기도로 양육되도록 기도하자.
2. 우즈베크 교회는 공식적으로 정부의 등록 허가를 받지 못하여 교회들이 박해의 대상이 되고 있다. 정부의 승인이 이루어져 복음 전도와 교회 개척의 자유가 주어지도록 기도하자. 또한 핍박받는 기독교인들에게 힘과 담대함을 주시도록 기도하자.
3. 우즈베크에서 주를 섬기는 외국인 기독교인이 점점 증가하고 있다. 하나님께서 이들의 영적인 눈을 뜨게 하셔서 복음 전파의 통로가 될 수 있도록 기도하자.
4. 많은 무슬림 가운데 일부만이 복음을 듣고 믿을 수 있는 기회가 주어졌다. 환경 파괴로 고통받는 아랄 해 근처에 카라칼파족, 타지크인, 기타 중앙아시아 종족을 위해서 기도하자.

중보기도 노트

> 이것을 너희에게 이르는 것은 너희로 내 안에서 평안을 누리게 하려 함이라 세상에서는 너희가 환난을 당하나 담대하라 내가 세상을 이기었노라. 요 16:33

기도하지 않는 자는 하나님을 속이는 자가 아니다. 이는 자신을 기만하는 것이다. _휠링

7월 24일

축복받은 풍요의 땅

우크라이나 1

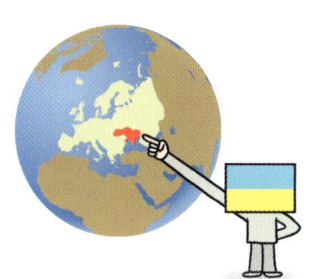

면적   603,700 ㎢ (한반도의 272.6%)
인구   50,456,000명
수도   키예프
도시화 68%
GNP $3,050
종족   인도계 유럽인 97.7%, 기타 1.1%
공용어 우크라이나어, 러시아어   문자해독률 99%
종교   기독교 88.1%, 무종교 10.6%, 유대교 0.8%

동유럽의 흑해 북쪽에 있는 공화국으로 석탄, 철광석, 석유, 천연가스가 풍부하고 농업 생산량이 세계에서 가장 높다.

그런데도 생활수준이 낙후되고 세계은행에 진 빚도 엄청나다.

독립의 여파와 체르노빌 참사가 아직도 우크라이나인들에게 비극적인 영향을 주고 있다.

우리가 얻은 것은 풍요가 아니라 빈곤뿐.

사회에 만연한 부패와, 공산당 이후의 공백이 폭력 범죄, 가정 파탄, 성적 문란으로 채워지고 있다.

인생 뭐 있어? 즐겨보자구.

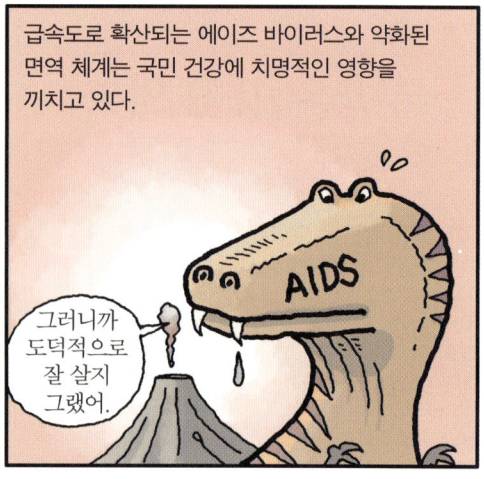

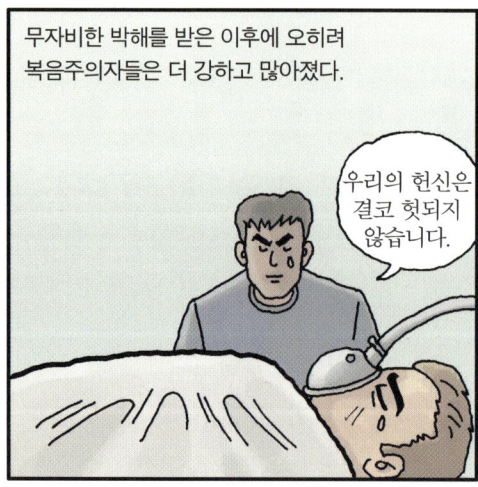

✚ 기도 제목

1. 우크라이나의 풍부한 기독교 유산과 많은 선교단체의 출현에 대해 하나님을 찬양하자. 독립 이후 어려운 상황에서도 복음주의 교회가 거의 두 배로 늘어났다. 이들 교회가 지속적으로 배가되고 성숙되도록 기도하자.

2. 독립의 여파와 체르노빌 참사가 아직도 우크라이나인들에게 비극적인 영향을 주고 있다. 체르노빌의 방사능 오염이 아직도 이 나라 전역에 영향을 미치고 있다. 이 어둠의 세력이 물러가고 많은 이들이 빛을 찾아오도록 기도하자.

3. 대부분의 우크라이나인들이 우크라이나 정교회에 속해 있다. 이들 중에는 소수가 성경에 애정을 갖고 있다. 이들이 한 알의 밀알이 되어 이 땅에도 영적 개혁이 일어나도록 기도하자.

4. 공산주의 박해시대는 끝났지만, 그 상처는 아직 완전히 아물지 않았다. 상처가 치유되고 교회가 회복되도록 기도하자.

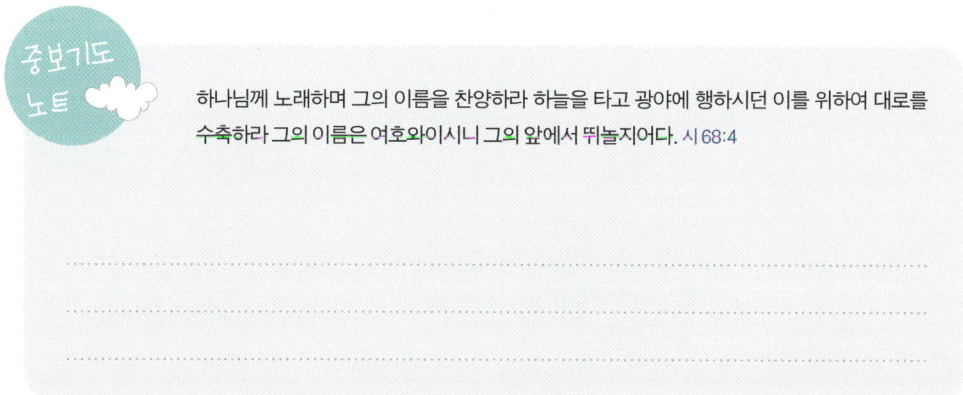

성경을 기도로 환원하라. _로버트 머리 맥체인

7월 25일

체험적 신앙이 필요한 섬나라

월리스 푸투나 제도 / 우크라이나 2

Wallis & Futuna

면적 274㎢ (한반도의 0.12%)
인구 14,500명
수도 마타우투
종족 폴리네시아 96.7%, 기타 3.3%
공용어 프랑스어
문자해독률 95%
종교 기독교 97.8%, 무종교·기타 1.5%, 바하이교 0.7%

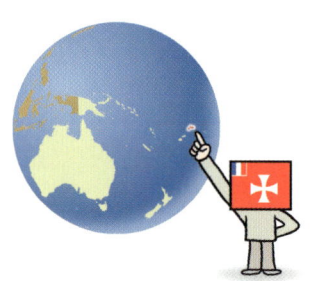

남태평양에 있는 월리스, 푸투나, 알로피의 세 섬과 20여 개의 작은 섬을 포함한 산호섬 집단이다.

코코넛 수출에 기반을 둔 프랑스 해외령이다.

코코넛의 참맛을 보여 드립니다.

사실상 가톨릭에 의한 신정 정치체제이다.

전 국민이 교회에 출석한다고 보면 됩니다.

가톨릭교회와 폴리네시아 문화가 매우 긴밀하게 연결된 탓에 기독교 신자들은 명목상 신자일 뿐이다.

개인 신앙이란 말은 처음 들어봐요.

✚ 기도 제목

우크라이나 2

1. 현재 우크라이나에서 수백 개의 외국 선교단체가 활발한 사역을 하고 있으며 구소련 국가에 선교사를 보내고 있다. 우크라이나에서 일어나는 선교운동이 지속적으로 성장하도록 기도하자.
2. 이 땅의 대학생들과 크리미아 타타르인, 유대인과 사이비 교도에게도 복음이 전해지도록 기도하자.
3. 성경과 기독교 문서, 라디오와 TV, 〈예수〉 영화를 통해서 말씀이 전파되도록 기도하자.

월리스 푸투나 제도

4. 가톨릭교회와 폴리네시아 문화 및 사회적 구조가 너무 긴밀하게 연결된 탓에 기독교 신자의 대부분이 명목상의 신앙인이다. 월리스푸투나 제도 사람들이 그리스도를 인격적으로 만나는 체험적인 신앙을 갖도록 기도하자.
5. 1985년까지만 해도 복음주의 신자가 없었다. 현재 푸투나 제도에 소규모 복음주의 모임과 아주 작은 하나님의 성회가 한 곳 있다. 그리스도의 십자가 복음으로 이 땅에 생명의 부흥이 일어나기를 기도하자.

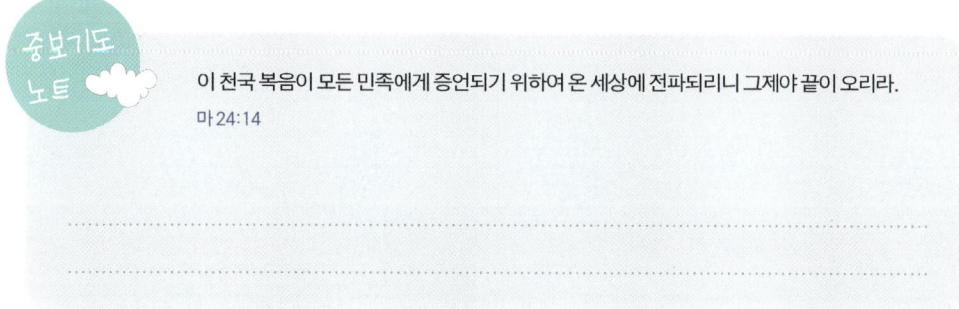

중보기도 노트

이 천국 복음이 모든 민족에게 증언되기 위하여 온 세상에 전파되리니 그제야 끝이 오리라.
마 24:14

위대한 그리스도인들의 업적은 한결같이 응답받은 기도의 역사이다. _E. M. 바운즈_

7월 26일　　　　　　　　　　　　　　　유고슬라비아(구) ― 몬테네그로

정교회의 영향력이
강력한 나라

면적 13,812㎢(한반도의 6.2%)
인구 658,000명
수도 포드고리차
GNP $5,500
종족 몬테네그로 43%, 세르비아 32%, 보스니아 8%,
　　　알바니아 5%
공용어 세르비아-슈토바키안 표준어
종교 동방 정교회 74%, 이슬람교 17.7%

발칸 반도의 남서부에 위치한 국가로, 인종 청소라는 무서운 전쟁이 일어났다.

1946년 구 유고슬라비아 연방을 구성하는 공화국이었다가, 1992년 유고 해체 당시 세르비아와 신유고 연방을 결성하였고,

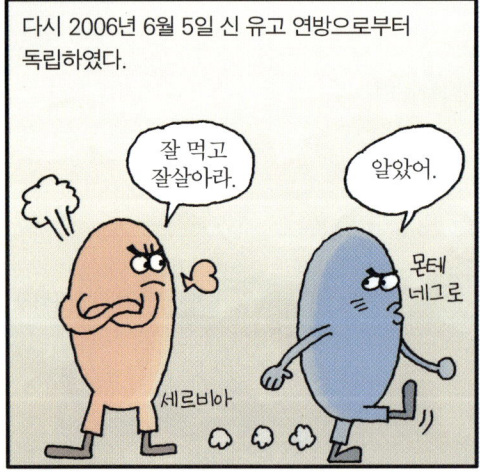

다시 2006년 6월 5일 신 유고 연방으로부터 독립하였다.

발칸 반도에서 벌어진 전쟁의 상처는 아직도 남아 있다.

종교 자유는 있으나 몬테그로 정교회의 영향력이 갈수록 커지고 있어서, 이것이 민주주의의 발전이나 종교 자유에 방해가 될 수 있다.

대부분 명목상 정교회 신자이며 복음주의자가 극소수 존재한다. 이들을 위해 사역하는 몇몇 선교사들을 위해 기도하자.

✚ 기도 제목

1. 수세기 동안의 분쟁과 전쟁으로 분노와 증오가 쌓여 있다. 어둠 가운데 있는 발칸 반도의 나라들이 깊이 회개하고 서로 용서하도록 기도하자.

2. 발칸 전쟁 이후 인종과 종교로 인한 분열, 난민문제 등은 아직 해결되지 못하고 있다. 유엔이나 나토의 중재도 한계가 있다. 소규모의 복음주의 공동체가 선한 일을 위한 통로가 되도록 기도하자.

3. 복음이 효과적으로 전파되기 위해서 교단이나 단체를 넘어 연합하는 일이 일어나도록 기도하자.

4. 2006년 몬테네그로가 독립하였다. 이제 막 신생 독립국으로 자리한 몬테네그로는 독립 찬반 투표에서 첨예하게 대립했던 국론 분열의 위기부터 극복해야 한다. 국가가 안정되도록 기도하자.

5. 몬테네그로의 대부분이 명목상 정교회 신자이고 복음주의자는 극소수이다. 영적 갱신이 일어나도록 기도하자.

그의 십자가의 피로 화평을 이루사 만물 곧 땅에 있는 것들이나 하늘에 있는 것들이 그로 말미암아 자기와 화목하게 되기를 기뻐하심이라. 골 1:20

기도 시간은 무한한 존재, 곧 신에 대한 자신의 마음 자세를 점검하는 시간이다. _톨스토이

7월 27일

유고슬라비아(구) — 세르비아

상처를 치유하고 미래로!

- **면적** 88,361㎢ (한반도의 40%)
- **인구** 10,150,000명
- **수도** 베오그라드
- **GNP** $5,260
- **종족** 세르비아 82.9%, 헝가리 3.9%
- **공용어** 세르비아어   **문자해독률** 93%
- **종교** 세르비아 정교 85%, 이슬람교 3.2%, 천주교 5.5%, 기독교 1%

남동부 유럽의 발칸 반도 중앙부에 위치하고 있는 나라다.

1992년 구 유고슬라비아 연방 해체 당시 몬테네그로와 신 유고 연방을 결성하였고,

또다시 2006년 몬테네그로가 분리되어 연방이 해체되면서 세르비아라는 이름으로 오늘에 이르게 되었다.

세르비아, 만세!

45년간의 공산주의 체제와 뒤이은 13년간의 독재 체제로 인해 가난하고 헐벗은 국가다.

그때 생각만 하면 혈압 올라서. 으윽~

| 세르비아 대부분의 국민은 정교회 신자이다. 인종과 종교 문제로 발칸 반도는 피로 얼룩졌다. | 인종 청소라는 과거의 멍에를 벗어버리고 새로운 국가를 건설하며 참된 복음이 증거되도록 기도하자. |

아픈 과거는 말하지 마시오.

✚ 기도 제목

1. 세르비아는 복음주의자 비율이 유럽에서 가장 낮은 지역이다. 기독교 신자가 거의 없는 중부와 남부, 대학생과 청년, 발칸 반도에 흩어져 있는 전쟁 난민들에게 복음이 전해지도록 기도하자.

2. 2008년 '발칸의 화약고' 코소보가 마침내 독립을 선언했다. 국방과 치안, 행정에서 유럽 연합과 나토에 의존하는 게 불가피해 완전 독립을 말하기는 이르다. 주님의 주권으로 이 나라가 통치되기를 기도하자.

3. 코소보는 이슬람을 믿는 알바니아계 사람들이 90% 차지하고 있으며 기독교를 믿는 세르비아인은 겨우 5%에 불과하다. 이 같은 인구 구성으로 갈등이 계속되고 있다. 코소보의 교회가 이 땅에 빛이 되어 일어서도록 기도하자.

4. 민족 간의 분열과 전쟁으로 성경 및 기독교 문서 사역을 하기가 곤란했다. 평화가 회복되면서 문서 사역이 활발해지도록 기도하자.

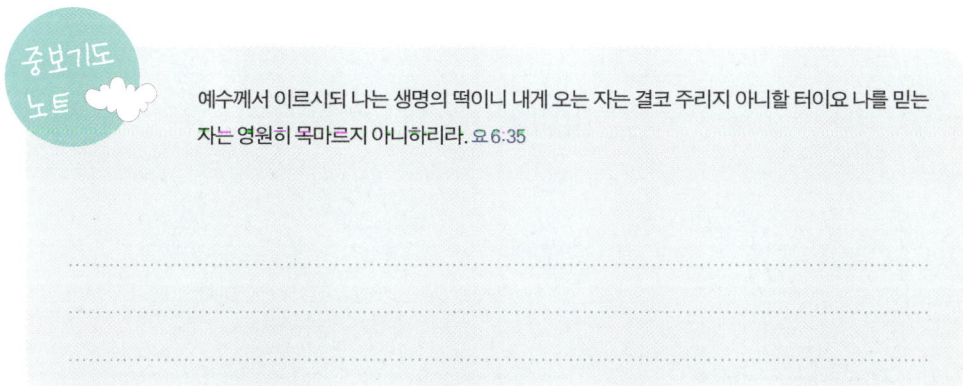

중보기도 노트

예수께서 이르시되 나는 생명의 떡이니 내게 오는 자는 결코 주리지 아니할 터이요 나를 믿는 자는 영원히 목마르지 아니하리라. _요 6:35

무릎 꿇고 있는 사람은 절대로 넘어지지 않는다. _미상

7월 28일

아픔과 상처의 땅

이라크 1

Iraq

면적 438,317㎢(한반도의 197.9%)
인구 23,114,900명
수도 바그다드
GNP $540(2000년)
종족 아랍 70.2%, 쿠르드 19%, 투르크 6.1%, 기독교인 소수 종족 2.5%, 기타 2.2%
공용어 아랍어, 쿠르드어 **문자해독률** 58%
종교 이슬람교 96.9%, 기독교 1.6%, 기타 1.1%

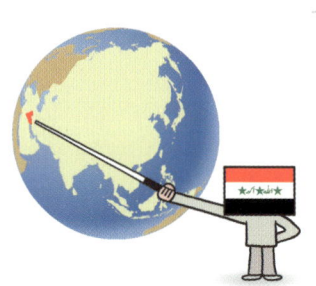

서아시아 서남부에 있는 공화국으로, 우리에게는 너무 먼 곳에 있지만 신문방송을 통해 아주 익숙한 나라다.

바벨탑 장소로도 유명하죠.

9·11 테러를 일으킨 이후 2003년 미국 등 다국적군의 공격을 받는다.

대량 살상무기 제거 명분으로!

후세인은 처형당했고 이라크는 미국의 지원 아래 임시정부가 들어섰으나 거의 날마다 크고 작은 테러가 발생하고 있다.

아직도 1백만 명의 어린이가 만성 영양실조 상태이며,

밥 먹었니?

아니.

✚ 기도 제목

1. 극단적이고 잔인한 독재 정권과 이라크 전쟁 때문에 사회는 분열되고 깨어졌으며, 테러가 빈발하고 있다. 증오와 분열의 땅에 평화의 기운이 찾아오도록 기도하자.

2. 미국에 의해 정부가 세워졌다. 토착 정부가 바로 세워져서 흩어진 나라를 결속하고 재건하며 난민들을 위해 적절한 조치를 취하도록 기도하자.

3. 기독교 공동체는 대부분이 아시리아인이고, 소수의 아르메니아인도 있다. 아시리아인은 역사적으로 가장 큰 선교 교단 가운데 하나인 네스토리우스교도 혹은 고대 동방교회의 후손이다. 이들의 성경적 유산이 회복되고, 복음 전도에 대한 비전을 가지도록 기도하자.

4. 아시리아인들의 교회의 부흥과 성장을 위해서 기도하자. 최근 쿠르드족 안에서 믿는 사람 수가 증가하고 있다. 가장 큰 병폐는 기독교인들이 타지로 이주해가는 것이다. 이들이 기꺼이 남아서 어두운 세계에 빛이 되도록 기도하자.

중보기도 노트

주 여호와 앞에서 잠잠할지어다 이는 여호와의 날이 가까웠으므로 여호와께서 희생을 준비하고 그가 청할 자들을 구별하셨음이니라. 습 1:7

믿음이란 근육과 같고 기도는 이를 강하게 하는 운동이다. _미상

7월 29일

아픔과 상처의 땅

이라크 2

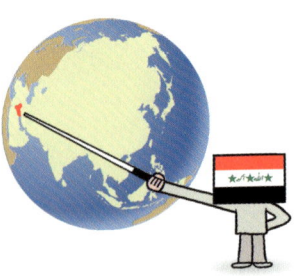

✚ 기도 제목

1. 교회의 지도자가 절실하게 필요하다. 몇몇 이라크인 교회 지도자는 요르단과 레바논 및 그 외의 지역에서 훈련받는 중이다. 많은 사람들이 이라크로 돌아가도록 기도하자.

2. 아시리아와 아르메니아를 제외한 모든 종족은 미전도 종족으로 바스라와 남부에 있는 시아파 아랍인, 마단 아랍인 혹은 마르시 아랍인들이다. 복음을 전하는 자들이 없는 이들을 위해 기도하자.

3. 쿠르드족들이 열망하는 나라가 세워지도록 기도하자. 그 나라가 기독교 나라가 되도록 기도하자.

4. 쿠르드족 안의 신자들이 순교를 당했다. 하지만 이것이 씨앗이 되어 작은 교회가 생겨 성장하고 있다. 쿠르드 교회가 자라나 이라크 북부 곳곳에 영향을 끼치도록 기도하자.

5. 〈예수〉 영화가 상영되고, 기독교 라디오 방송국이 아랍어로 방송할 수 있도록 기도하자.

중보기도 노트

네게서 날 자들이 오래 황폐된 곳들을 다시 세울 것이며 너는 역대의 파괴된 기초를 쌓으리니 너를 일컬어 무너진 데를 수보하는 자라 할 것이며 길을 수축하여 거할 곳이 되게 하는 자라 하리라. 사 58:12

기도만으로 하나님을 통하여 사람들의 마음을 움직이는 것이 가능하다. _오스월드 체임버스

7월 30일 이란 1

페르시아의 영광이 서린 곳

Iran

면적 1,648,196 ㎢ (한반도의 744.3%)
인구 67,702,200명
수도 테헤란 **도시화** 61%
GNP $4,150
종족 인도계 이란 71.8%, 터키 22%, 셈 3%, 기독교인 소수 종족 0.2%, 기타 3%
공용어 페르시아어 **문자해독률** 72%
종교 이슬람교 99%, 바하이교 0.5%, 기독교 0.3%, 기타 0.1%

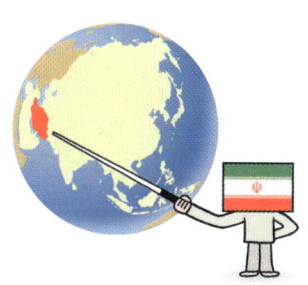

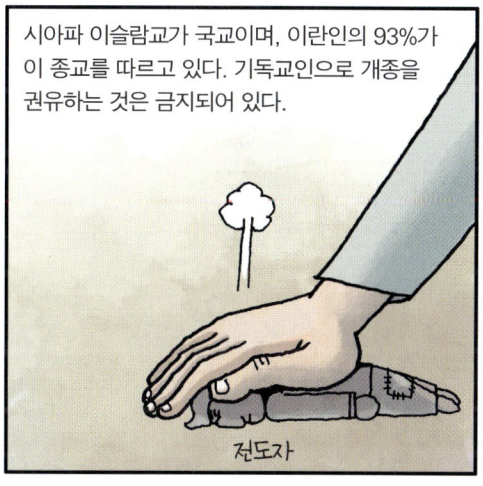

113

✚ 기도 제목

1. 무서운 사회적 분위기에서도 소수 기독교 공동체가 존재한다. 이들이 하나님의 방법대로 바로 서서 열매 맺도록 기도하자.
2. 이슬람교 혁명은 피 흘림과 잔혹함이었다. 엄청나게 많은 사람들의 인권이 유린당했다. 정부가 진정으로 국민들의 인권을 존중하도록 기도하자.
3. 경제 불황과 독재정치의 속박이 끊어져서 이 땅에서도 자유롭게 복음을 선포할 수 있도록 기도하자.

내가 그들에게 한 마음을 주고 그 속에 새 영을 주며 그 몸에서 돌 같은 마음을 제거하고 살처럼 부드러운 마음을 주어 내 율례를 따르며 내 규례를 지켜 행하게 하리니 그들은 내 백성이 되고 나는 그들의 하나님이 되리라. 겔 11:19~20

주님, 우리에게 불가능해 보이는 일일지라도 당신의 은혜로 이루어주옵소서. _에이미 카마이클

7월 31일 이란 2

페르시아의 영광이 서린 곳

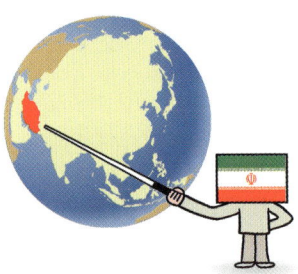

✚ 기도 제목

1. 모든 기독교인이 취업, 주택, 교육에서 차별받고 있다. 기독교인에 대한 차별이 철폐되고 진정한 종교의 자유가 주어지도록 기도하자.

2. 아르메니아와 아시리아 기독교 공동체는 고립된 섬과 같다. 이들 교회에 성령께서 역사하셔서 기독교인들의 삶에 예수의 영광이 비추어지도록 기도하자.

3. 기독교인들은 경제적인 압박 때문에 떠나고 싶은 유혹을 많이 받는다. 이런 유혹을 이기고 한 알의 밀알이 될 수 있도록 기도하자.

4. 70개 이상 되는 이란인 디아스포라(팔레스타인을 떠나 온 세계에 흩어져 사는 유대인) 교회가 존재한다. 복음 전도자가 전혀 없는 이란인 공동체에 사역자를 보내달라고 기도하자.

중보기도 노트

> 그 바라는 것은 피조물도 썩어짐의 종노릇 한 데서 해방되어 하나님의 자녀들의 영광의 자유에 이르는 것이니라. 롬 8:21

기도는 더 위대한 일을 하도록 하는 것이 아니다. 바로 기도 자체가 위대한 일이다. _오스월드 체임버스

8월 1일 | 이란 3

페르시아의 영광이 서린 곳

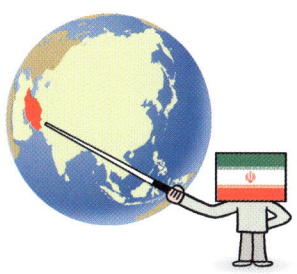

✚ 기도 제목

1. 유럽, 북아메리카, 호주에서 이란인 사역을 하는 그리스도인들을 위해 기도하자. 이란에 복음의 문이 열리고 수백만 명의 미전도 종족들이 다시 한 번 마음의 문을 열도록 기도하자.
2. 완전히 미전도 상태인 조로아스터 교인들에게도 복음이 전해지도록 기도하자. 또한 페르시아어를 사용하는 유대인들을 위해서도 기도하자.
3. 문맹이 많은 일부 유목민들이 복음을 듣는 데 장애가 되는 요소들이 무너지도록 기도하자. 문맹이 사라지고 성경이 번역되고 교회가 개척되도록 기도하자.
4. 매우 부족한 상태인 성경이 효과적으로 배포되고, 아직 성경이 없는 소수 언어들로 성경이 번역되도록 기도하자.

중보기도 노트

> 외치는 자의 소리여 이르되 너희는 광야에서 여호와의 길을 예비하라 사막에서 우리 하나님의 대로를 평탄하게 하라. 사 40:3

이 세계가 가졌던 환상보다 더 많은 것이 기도에 의해 이루어졌다. _테니슨_

8월 2일

중동의 화약고

이스라엘 1

Israel

- **면적** 20,700㎢(한반도의 9.3%)
- **인구** 5,121,700명
- **수도** 예루살렘
- **도시화** 91%
- **GNP** $22,480
- **종족** 유대 80.7%, 아랍 15.6%, 기타 3.7%
- **공용어** 히브리어, 아랍어 **문자해독률** 98%
- **종교** 유대교 80.7%, 이슬람교 14.6%, 기독교 2.3%

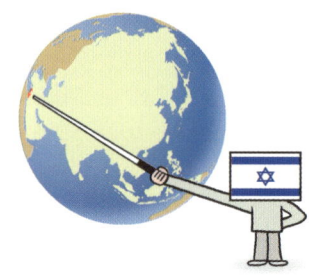

아시아 서부 지중해 연안에 있는 공화국이다. 세계의 용광로이며, 총성이 멈춘 날이 하루도 없다.

1948년 이스라엘이 건국됨으로써 1,900년에 걸친 유대인의 고된 망명생활은 끝났다.

주변 아랍국들과 다섯 번이나 전쟁을 치러 나라를 지켜냈다.

"하나님이 우리를 지키신다."

그러나 지금도 끊임없이 주변국들과 전쟁 중이며 수많은 젊은이들이 희생당하고 있다.

"내 아들이 죽었어요."

➕ 기도 제목

1. 유대인들의 이스라엘 복귀는 공산주의 붕괴 이후에 가속화되었다. 대부분이 불신자인 상태로 조상의 땅으로 돌아오고 있다. 메시아 예수를 통해 이 나라의 영적 회복이 일어나도록 기도하자.

2. 아랍과 이스라엘 간의 반세기에 걸친 치열한 전쟁은 양쪽 모두 이 땅에 대한 권리를 주장하고 있다. 공정하고, 지속적이고, 적절하고, 믿을 만한 해결이 이루어지도록 기도하자.

3. 유대인들은 기독교 국가들이 유대인을 핍박하든(나치의 유대인 대학살 등) 개종시키든 유대 국가를 파괴한다고 인식하고 있다. 종교의 자유를 제한하는 온갖 노력이 무너지고 메시아닉 유대인들이 자신의 정체성을 부인하지 않도록 기도하자.

4. 이스라엘에 있는 기독교 교회들은 분열되어 있고, 신자들이 이주해서 그 수도 감소하고 있다. 신자들이 연합하고, 더 많은 유대인과 무슬림들이 부활하신 주 예수를 진정한 메시아이자 예언자로서 만나도록 기도하자.

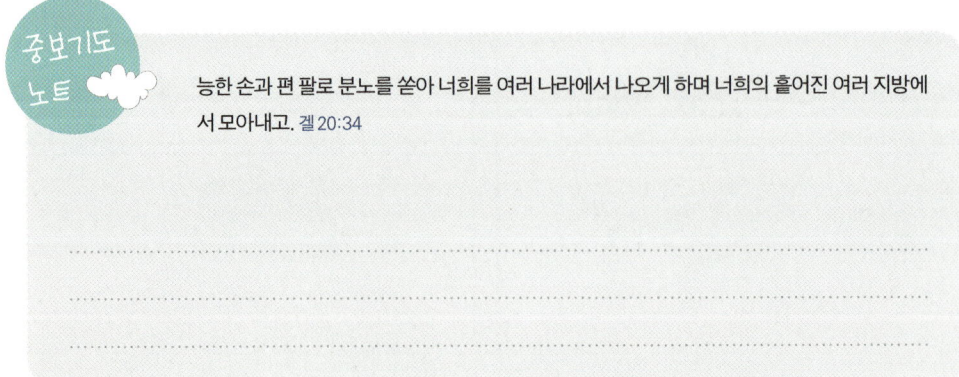

능한 손과 편 팔로 분노를 쏟아 너희를 여러 나라에서 나오게 하며 너희의 흩어진 여러 지방에서 모아내고. 겔 20:34

인간에게 기도는 자연스러운 일이므로 어떠한 것도 막을 수 없다. _클라크

8월 3일　　　　　　　　　　　　　　　　　　　　　　　　　　　　이스라엘 2

중동의 화약고

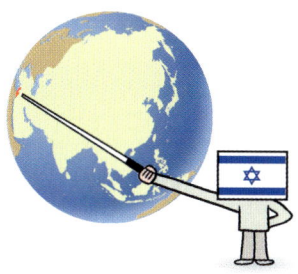

✚ 기도 제목

1. 이스라엘의 권력층인 극단주의 유대인들과 우크라이나와 에티오피아 등지에서 온 디아스포라 유대인들에게 복음이 증거되도록 기도하자.
2. 이스라엘 내에서의 선교 사역은 아직까지 큰 열매를 거두지 못했다. 그럼에도 불구하고 선교사들이 땀과 눈물을 흘리고 있다. 선교사들이 성령의 권능을 덧입어 복음의 씨를 뿌리도록 기도하자.
3. 약 9백만 명의 디아스포라의 수는 계속 감소하고 있다. 미국, 구소련, 프랑스, 캐나다, 영국, 아르헨티나 등지에 살고 있는 이들에게 꾸준한 사랑과 인내심을 가지고 사역하도록 기도하자.
4. 문서는 이스라엘 선교의 중요한 수단이다. 많은 유대인 가정에 신약성경이 보급되었다. 이들이 신약을 읽고 예수를 구주로 발견하도록 기도하자.

중보기도 노트

이스라엘의 구원이 시온에서 나오기를 원하도다 여호와께서 그의 백성을 포로된 곳에서 돌이키실 때에 야곱이 즐거워하고 이스라엘이 기뻐하리로다. 시 14:7

기도야말로 나의 재산 목록 가운데 제1호이다. _미상

8월 4일 이집트 1

나일 강의 기적이 필요한 나라

면적 997,739㎢(한반도의 450.6%)
인구 68,469,700명
수도 카이로
도시화 43%
GNP $1,740
종족 아랍 92%, 누비아 2.4%, 베르베르 2%, 집시 2%
공용어 아랍어   **문자해독률** 61%
종교 이슬람교 86.5%, 기독교 13%, 무종교·기타 0.5%

아프리카 동북부 나일 강 유역 중심부에 있는 공화국으로, 인류 문명 발상지 가운데 하나이며, 성경 이야기의 배경이 된 역사 깊은 나라다.

그러나 화려했던 과거의 영광은 역사 속으로 사라졌고 농지 감소와 높은 인구밀도로 인해 인구의 3분의 1이 절대 빈곤선상에 있다.

나 마른 것 좀 보세요.

이집트는 1천 년 넘게 기독교인이 다수인 나라였다.

금욕주의적 영성 운동의 발상지가 바로 이집트 아닌가?

그런데 지금은 '이슬람교가 모든 것의 답이다'라는 구호로 위정자들이 이집트를 이슬람교 국가로 몰아가고 있다.

이슬람교가 정답인가요?

할 말이 없다.

✚ 기도 제목

1. 이집트는 1천 년 넘게 기독교인이 다수였던 나라였으나 이슬람교에 정복된 후 자취를 감추었다. 과거의 위대한 역사가 21세기에 회복되도록 기도하자.

2. '이슬람교가 모든 것의 답이다'라는 구호가 보편화되면서, 마치 이슬람교가 이집트의 경제·사회적 문제에 대한 해답인 것처럼 만들어, 이집트를 더 이슬람교 국가로 몰아가려고 한다. 이들의 계획이 신뢰를 잃고 무효화되도록 기도하자.

3. 이집트 정부가 극단적 무슬림들에게 치우치지 않고 공정하고 균형 잡힌 행동을 취할 수 있도록 기도하자.

4. 콥틱 교회는 중동에서 가장 큰 기독교 단체이며, 이 지역을 복음화하는 데 전략적 열쇠이다. 가중되는 탄압과 긴장 속에 교회 지도자들에게 지혜와 믿음을 주시도록 기도하자.

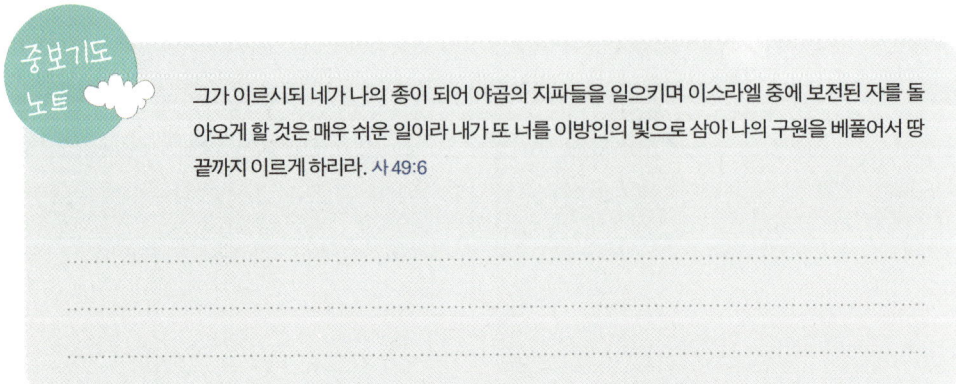

8월 5일 이집트 2

나일 강의 기적이 필요한 나라

🞤 기도 제목

1. 이집트 신자들이 두려움을 극복하고 무슬림에게 복음을 전하도록 기도하자.

2. 1980년대와 90년대에 기독교인에 대한 핍박이 심해졌다. 납치, 폭행, 교회 파괴 등 경찰들이 기독교인들을 잔혹하게 다루고 있다. 이런 상황에서도 기독교인들이 믿음 위에 굳게 서도록 기도하자.

3. 많은 복음주의 교회에 목사가 없다. 목회 및 선교 사역에 자신을 드리기 위해 공부하는 콥틱 복음주의 신학교와 신학생들을 위해 기도하자.

4. 기독교인의 간증을 들어본 무슬림이 이집트에는 거의 없다. 기독교인들이 삶을 통해 복음을 증거할수 있도록 기도하자.

중보기도 노트

너희는 이 세대를 본받지 말고 오직 마음을 새롭게 함으로 변화를 받아 하나님의 선하시고 기뻐하시고 온전하신 뜻이 무엇인지 분별하도록 하라. 롬 12:2

지팡이를 달라고 기도하지 말고 날개를 달라고 기도하라. _필립브룩스

8월 6일 이집트 3

나일 강의 기적이 필요한 나라

🕇 기도 제목

1. 수단에서 탈출해온 난민들에게 복음이 전파되도록 기도하자.

2. 이집트 출신 선교사들이 무슬림 지역에 들어가 선교할 수 있도록 기도하자.

3. 자질을 갖춘 사역자들이 많이 부족하다. 하나님이 주신 기회들 앞에서 능력과 경험이 풍부한 사역자들이 많이 일어나도록 기도하자.

4. 기독교 매체는 이집트인 다수에게 가장 잠재력이 큰 복음 전파 수단이다. 반대 세력에도 불구하고 기독교 문서(마갈라), 위성 TV(SAT-7), 기독교 라디오를 통해 복음에 대한 오해가 깨뜨려지고 강력하게 복음이 전파되도록 기도하자.

그러므로 이제부터 너희는 외인도 아니요 나그네도 아니요 오직 성도들과 동일한 시민이요 하나님의 권속이라. 엡 2:19

지친 세상의 표시는 하나님을 향한 말없는 아우성이다. _뮌처

8월 7일 이탈리아 1

역사적 유물과
장인이 지키는 나라

면적 301,000㎢(한반도의 136%)
인구 57,297,900명
수도 로마
도시화 67%
GNP $35,870
종족 토착민 94.7%, 비토착민 종족 5.3%
공용어 이탈리아어 **문자해독률** 98%
종교 기독교 77.4%, 무종교·기타 20%, 이슬람교 2.4%

유럽 남부의 지중해에 돌출한 반도와 그 부근의 섬으로 이루어진 공화국으로 로마 시대 이래로 그리스와 더불어 서양 문명의 원천이었다.

고도로 산업화되었지만 북부는 아주 부유하고 남부는 아주 가난하다.

이탈리아는 재능을 가진 사람들이 국가의 부를 창출한 보기 드문 나라다.

악명 높은 시칠리아 마피아와 나폴리의 카모라(비밀 결사 조직)는 사회 전반에 잠입해 있다.

이탈리아는 개신교 8백 년의 역사를 가지고 있다. 세계에서 가장 오래된 개신교 교단인 발도파(Waldensian) 교회는 이탈리아 북부에서 시작되었다.

로마 원형경기장에서 많은 신자가 순교했지요.

이탈리아 교회가 죽은 이유는 자유 신학과 인본주의 사상 때문이다. 이탈리아 사회가 이런 속박에서 자유로워지고, 복음의 능력에 의해 변화되도록 기도하자.

기도 제목

1. 로마 가톨릭교회는 유구한 역사에도 불구하고 많은 사람들이 가톨릭의 가르침을 거부하고 있다. 로마 가톨릭교회가 성경으로 돌아가도록 기도하자.

2. 로마 가톨릭교회는 신부 수와 교회 출석률이 감소하는 위기를 맞이하고 있다. 뉴에이지와 신비술에 신도들을 빼앗기고 있다. 갈 바를 알지 못하는 이탈리아 사람들에게 참된 복음이 전파되도록 기도하자.

3. 가톨릭교회는 전반적으로 침체에 들어갔지만 가톨릭 카리스마틱 운동은 계속 성장하고 있다. 신자들이 살아계신 주 예수께 나아올 수 있도록 기도하자.

4. 10만 명의 신비술사가 이탈리아에서 활동하고 있는데 가톨릭 신부 수의 3배에 해당한다. 악을 행하는 이런 무리들이 사라지고 복음이 우뚝 서도록 기도하자.

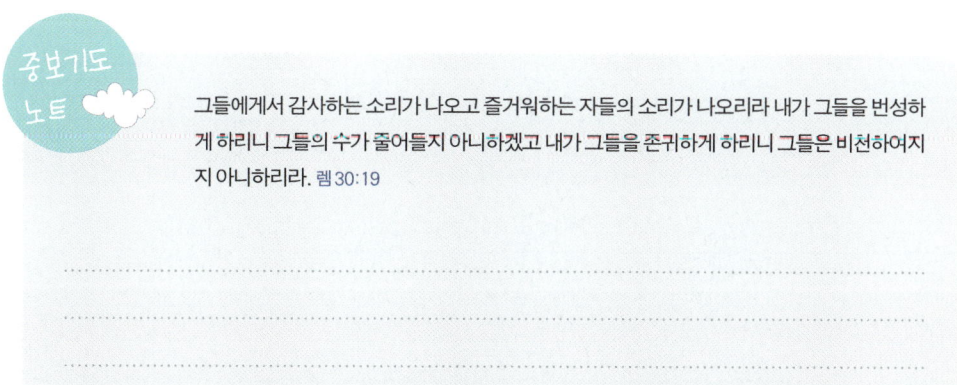

중보기도 노트

그들에게서 감사하는 소리가 나오고 즐거워하는 자들의 소리가 나오리라 내가 그들을 번성하게 하리니 그들의 수가 줄어들지 아니하겠고 내가 그들을 존귀하게 하리니 그들은 비천하여지지 아니하리라. 렘 30:19

기도의 목적은 우리가 하나님과 동행하도록 만드는 것이다. _레오 벡

8월 8일 이탈리아 2

역사적 유물과 장인이 지키는 나라

🞤 기도 제목

1. 세계에서 가장 오래된 개신교 교단이 있지만 자유 신학의 영향으로 심하게 분열되어 있다. 복음 전도와 부흥을 위해 연합되도록 기도하자.
2. 그래도 몇몇 교회들은 밀접하게 연합하고 있으며, 알바니아 선교를 시도하고 있다. 이러한 도전이 성령의 권능을 덧입어 온전히 이루어지도록 기도하자.
3. 마피아와 같은 거대 조직이 이탈리아 사회를 속박시키고 있다. 중보기도운동이 일어나 이런 암흑의 세력을 예수 그리스도의 이름으로 부수고 이 땅에서 그리스도가 승리하도록 기도하자.
4. 개신교 교회 지도자들의 도적적 타락이 복음 전도의 장애가 되고 있다. 지도자들의 각성이 일어나도록 기도하자. 교회들이 잘 보존되도록 기도하자.

중보기도 노트

야곱아 너를 창조하신 여호와께서 지금 말씀하시느니라 이스라엘아 너를 지으신 이가 말씀하시느니라 너는 두려워 말라 내가 너를 구속하였고 내가 너를 지명하여 불렀나니 너는 내 것이라. 사 43:1

하나님이 기도를 들으시는 데는 구속 이외에 다른 어떤 근거도 없다. _오스월드 체임버스_

8월 9일 　　　　　　　　　　　　　　　　　　　　　　　　　이탈리아 3

역사적 유물과
장인이 지키는 나라

✚ 기도 제목

1. 북동부의 소수 종족들인 프리우리안족, 라딘족, 슬로베니아족, 남부 티롤계 게르만족, 남부의 그리스와 크로아티아 소수 종족들에게 복음 전도가 활발하게 진행되도록 기도하자.

2. 법적으로 혹은 불법 이민을 통하여 급속히 성장하고 있는 무슬림은 1백만 명이 넘는 것으로 추정된다. 이들을 도와줄 사역자들이 세워지도록 기도하자.

3. 선교사들이 안식년 이후 다시 이탈리아로 들어가는 경우가 매우 드물다. 척박한 땅이지만 하나님의 마음으로 선교사들이 재헌신하도록 기도하자.

4. 독서를 싫어하는 사람들로 인해 문서 선교가 영향을 끼치지 못하고 있다. 어려운 상황이지만 문서를 배포하는 선교단체가 열매를 맺을 수 있도록 기도하자.

중보기도 노트

한 시내가 있어 나뉘어 흘러 하나님의 성 곧 지존하신 이의 성소를 기쁘게 하도다 하나님이 그 성 중에 계시매 성이 흔들리지 아니할 것이라 새벽에 하나님이 도우시리로다. _시 46:4~5_

기도에 약한 것은 영적으로 병들었다는 표시이다. _앤드루 머레이_

8월 10일   인도 1

땅 끝으로 가기 위해
반드시 건너야 할 땅

면적 3,166,000㎢ (한반도의 1,429.8%)
인구 1,013,661,800명
수도 델리   **도시화** 40%
GNP $980
종족 인도계 아리안 75.3%, 드라비디아 22.5%, 오스트로 아시아 1.1%
공용어 힌디어, 영어   **문자해독률** 62%
종교 힌두교·기타 79.8%, 이슬람교 12.5%, 기독교 2.4%, 시크교 1.9%, 불교 0.8%

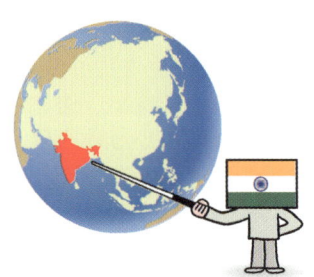

✚ 기도 제목

1. 인도 내에 종교의 자유가 유지되고 각 주 정부의 지도자들이 아동 노동, 여아 살해, 에이즈 확산, 환경오염의 사회 고질병을 고치기 위해 헌신하도록 기도하자.

2. 세계에서 세 번째로 큰 규모의 종교인 힌두교 세력과 신분제도인 카스트 제도가 예수 그리스도의 이름으로 무너지고, 힌두 교인들이 창조주 하나님을 만나도록 기도하자.

3. 힌두교도들로부터 핍박받는 인도 교회가 믿음을 끝까지 지킬 수 있도록 기도하자.

4. 인도 북부 갠지스 평원에 거주하는 수백만의 힌디어 사용자들, 대도시 거주자와 천민 카스트 집단, 반자라족, 빌족, 곤드족, 신디족, 그리고 인구가 1만 이상인 205개 종족이 예수 그리스도께 돌아오도록 기도하자.

5. 인도 땅의 대학생, 청소년, 위기에 처한 어린이, 나병 환자, 시각 장애인, 에이즈 환자 등 이들에게 복음을 전할 일꾼들을 세워주시고 성경이 속히 번역되길 기도하자.

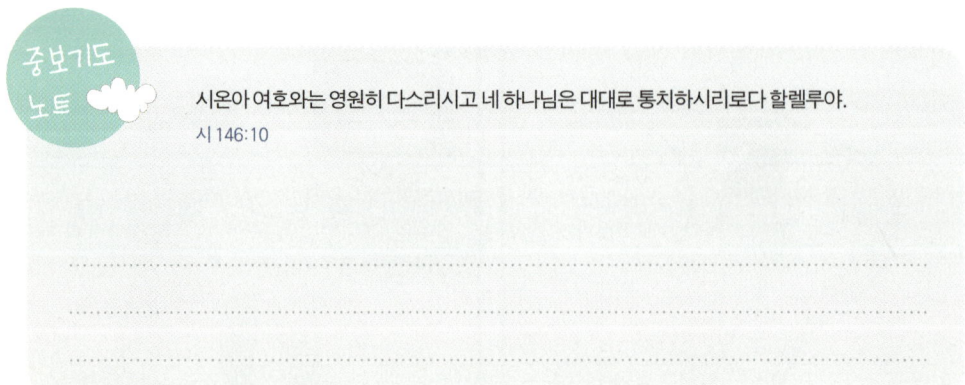

8월 11일   인도 2

땅 끝으로 가기 위해
반드시 건너야 할 땅

✚ 기도 제목

고아

1. 마약 거래와 어린이 매춘 중심지인 이곳에 그리스도의 생명을 부어주시길 기도하자. 콘카니어로 대화할 수 있는 사역자와 콘카니어 기독교 문서를 허락해주시길 기도하자.

구자라트

2. 인도의 기독교 박해의 초점인 구자라트 땅에 종교의 자유가 보장되고, 평화와 관용이 실현되기를 기도하자.
3. 눈에 띄는 교회 성장이 있지만, 영적으로 쇠약해진 기독교인들과 교회 안에 성령께서 역사하시도록 기도하자.
4. 구자라트에 속한 미전도 종족, 즉 사우라사트라, 무슬림, 카스트 집단, 파시인, 자이나교도들이 그리스도께 돌아오도록, 그리고 이들을 대상으로 일하는 자들을 위해 기도하자.
5. 큰 규모의 구자라트 공동체를 위한 기독교인들의 복음 전도가 일어나도록 기도하자.

중보기도 노트

죄를 짓는 자는 마귀에게 속하나니 마귀는 처음부터 범죄함이라 하나님의 아들이 나타나신 것은 마귀의 일을 멸하려 하심이라. _요일 3:8_

이제 기도에 대해 말하는 것을 그만 하고 기도에 전념할 때가 되었다. _먼로_

8월 12일　　　　　　　　　　　　　　　　　　　　　　　　　　　　　　　인도 3

땅 끝으로 가기 위해
반드시 건너야 할 땅

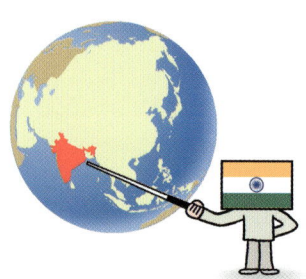

✚ 기도 제목

나갈랜드

1. 침례교인 비율이 세계에서 가장 높은 지역이 나갈랜드 주이다. 이곳의 기독교인들이 영적 생활이나 열정이 손상되지 않도록 기도하자.
2. 오랫동안 지속된 게릴라들의 독립 전쟁, 교단 분열, 명목주의로 기독교인들이 깊은 침체를 경험했다. 이들의 사랑이 회복되고, 예수의 증인된 지도자들이 일어나길 기도하자.
3. 2백만 나갈랜드인이 읽을 수 있는 성경이 번역되도록 기도하자.

델리

4. 환경오염과 질병, 범죄의 물결로 혼란 가운데 있는 사람들이 주 예수그리스도를 찾도록 기도하자.
5. 10만 명가량의 기독교인이 있지만, 2만 명 정도밖에 교회를 출석하지 않는다. 복음 전도가 효과적으로 일어나길 기도하자.
6. 슬럼가와, 교회가 세워지고 있는 종족 사회에 전도 활동이 더욱 활발해지도록 기도하자.

중보기도 노트

내 계명은 곧 내가 너희를 사랑한 것같이 너희도 서로 사랑하라 하는 이것이니라. 요 15:12

부담감은 기도의 비결이다. _워치만 니

8월 13일   인도 4

땅 끝으로 가기 위해
반드시 건너야 할 땅

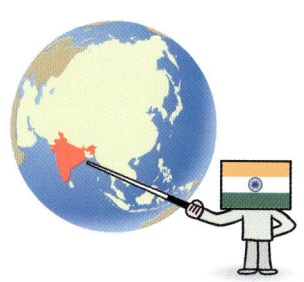

✚ 기도 제목

라자스탄

1. 1991년에 기독교인이 공식적으로 5만 명이었으나 그 후 꾸준히 성장했다. 개종 반대법에도 불구하고 사역자와 교회가 계속 증가하고 있는데, 이런 움직임이 계속되도록 기도하자.

2. 힌두교인이자 정령 숭배자인 빌족, 미나족, 가라시아족과 무슬림인 메오족, 상류 카스트 힌두교인들이 속히 예수께로 돌아오도록 기도하자.

마니푸르

3. 1990년대 나가족, 쿠키족, 파이테족 간에 벌어진 내전으로 인한 교파·종족 갈등은 기독교인이 무슬림과 힌두인에게 복음 전하는 데 크게 방해된다. 그리스도인들 사이에 화해가 이루어지고, 종족 간에도 평화와 협력이 있도록 기도하자.

4. 3백 년 동안 힌두 교인으로 살아온 메이테이족의 마음 안에 있는 적개심이 무너지고 하나님께 더 가까이 나오도록 기도하자.

5. 무슬림과 다른 이주민 집단에 복음이 전파되고 마약과 에이즈의 문제가 사라지도록 기도하자.

중보기도 노트

이르시되 내가 은혜 베풀 때에 너에게 듣고 구원의 날에 너를 도왔다 하셨으니 보라 지금은 은혜받을 만한 때요 보라 지금은 구원의 날이로다. 고후 6:2

밤에 하는 나의 기도는 낮 동안의 원기의 샘물이다. _나이팅게일

8월 14일 　　　　　　　　　　　　　　　　　　　　　　　인도 5

땅 끝으로 가기 위해
반드시 건너야 할 땅

✚ 기도 제목

마디아프라데시 & 차티스가르

1. 1993년 5백 개이던 교회가 집중 교회 개척 네트워크를 통해 2000년에는 3천 개로 증가했다. 교회와 사역자들이 더욱 많이 세워지도록 기도하자.
2. 인도에서 가장 큰 곤드족(1050만 명)과 마디아프라데시 주의 주도인 보팔에 선교단체와 교회가 배가되도록 기도하자.

마하라슈트라

3. 힌두주의자들에 의해 움직여지는 주 정부가 공정해지고, 힌두 세력이 예수 그리스도의 이름으로 무너지며, 기독교인에게 은혜가 부어지도록 기도하자.
4. 교회가 복음을 전하는 데 방해가 되고 있는 분쟁과 법정 시비, 쓴 뿌리가 끊어지고 많은 교회가 부흥하고 성장하여 복음을 전하도록 기도하자.
5. 150개 이상의 인도 선교단체와 교회가 복음이 전해지지 않은 종족, 즉 힌두 카스트 집단, 무슬림, 자이나교도, 파시교도들에게 나아가도록 기도하자.

중보기도 노트

> 영광의 왕이 누구시냐 만군의 여호와께서 곧 영광의 왕이시로다 (셀라). 시 24:10

신은 오직 행동의 기도만을 들으신다. _김상권

8월 15일 인도 6

땅 끝으로 가기 위해
반드시 건너야 할 땅

기도 제목

메갈라야

1. 기독교 주가 된 메갈라야에 40개 교단이 있고, 독립 교회 및 카리스마틱 집단이 성장하고 있는데, 오래된 교단들의 부흥을 위해 기도하자.

2. 마약을 남용하며 표류하는 청소년들과 정령을 숭배하는 부족들, 힌두교도, 무슬림들에게 복음의 빛을 비추셔서 생명을 얻도록 기도하자.

미조람

3. 세계에서 가장 활발한 기독교 주 가운데 하나인 이 지역에 교회들이 최근 몇 년간 부흥으로 인해 역동적으로 바뀌었고 사회도 변화되었다. 부흥이 더욱 일어나도록 기도하자.

4. 교단 내의 분열과 인종 간의 긴장이 사라지고 기독교인들이 연합할 수 있도록, 그리고 청소년 비행과 마약 및 알코올 중독 문제가 해결되도록 기도하자.

비하르와 자르칸드

5. 부패, 법과 질서의 붕괴, 소수 종족의 억압 등으로 무너진 이 땅에 진정한 민주주의가 회복되고 두 주의 운명을 회복시킬 올바른 지도자가 일어나도록 기도하자.

실로 하나님이 사람에게 이 모든 일을 재삼 행하심은 그들의 영혼을 구덩이에서 이끌어 생명의 빛을 그들에게 비추려 하심이니라. 욥 33:29~30

기도하는 법을 배운 사람은 거룩하고 행복한 삶의 가장 큰 비결을 배운 것이다. _윌리엄 로

8월 16일   인도 7

땅 끝으로 가기 위해
반드시 건너야 할 땅

✚ 기도 제목

서벵골

1. 세계에서 가장 큰 규모의 미전도 종족 집단인 벵골인들이 그리스도를 믿는 데 따르는 모든 장애물이 제거되도록 기도하자.
2. 대부분이 명목상 기독교인인 이들에게 복음의 영광과 능력이 발견되기를 기도하자.

시킴

3. 과거의 규제, 핍박에도 불구하고 믿음을 잃지 않은 교회가 지속적으로 성장해가도록 기도하자. 또한 시킴의 북부 지역과 부탄, 티베트 지역으로 복음 전도가 확산되도록 기도하자.
4. 시킴 토착인인 레프차족과 보티아족이 예수를 따름으로써 자신들의 주체성을 발견하도록 기도하자.

중보기도 노트

우리 주 예수 그리스도의 하나님, 영광의 아버지께서 지혜와 계시의 영을 너희에게 주사 하나님을 알게 하시고 너희 마음의 눈을 밝히사 그의 부르심의 소망이 무엇이며 성도 안에서 그 기업의 영광의 풍성함이 무엇이며. 엡 1:17~18

아무 데도 갈 데가 없이 막막할 때 나는 여러 번 무릎을 꿇게 된다. _링컨

8월 17일　　　　　　　　　　　　　　　　　　　　　　　　　　　　　인도 8

땅 끝으로 가기 위해
반드시 건너야 할 땅

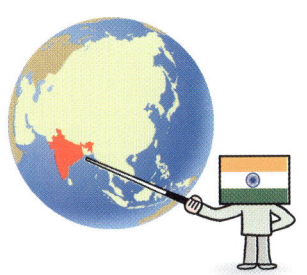

✚ 기도 제목

아루나찰프라데시

1. 극적으로 성장하고 있는 교회들로 인하여 하나님을 찬양하자. 이 교회들이 더욱 긴밀하게 협조하도록 기도하자.
2. 1970~80년대에 기독교인들을 향한 핍박이 심했는데 종교의 자유가 계속 보장되도록 기도하자.
3. 부딘에 인접한 시부 불교도들과 중서부에 있는 정령 숭배자, 새로 정착하는 종족들에게 복음이 전해지도록 기도하자.

아삼

4. 인도 북동부에서 기독교인의 비율이 줄어들고 있는데 교회들이 부흥을 경험해서 다시 회복되도록 기도하자.
5. 대부분이 힌두 종족인 1500만 명의 아삼인과 무슬림인 벵골인, 농장 노동자, 부족 집단에게 복음이 증거되도록 기도하자.

중보기도 노트

> 우리가 항상 예수의 죽음을 몸에 짊어짐은 예수의 생명이 또한 우리 몸에 나타나게 하려 함이라. _고후 4:10

믿음이 없는 기도는 열매도 없다. _토머스 왓슨

8월 18일

인도 9

땅 끝으로 가기 위해
반드시 건너야 할 땅

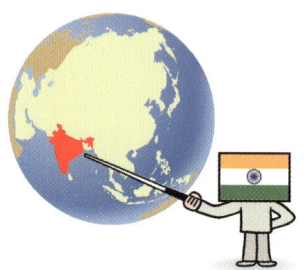

✚ 기도 제목

안드라프라데시

1. 이곳에 교회 성장이 강하게 일어나고 있다. 기독교인들이 여기에 만족하지 말고 더 적극적으로 복음을 전파할 수 있도록 기도하자.
2. 복음주의 교회가 교회 개척운동에 힘써서 생명의 열매를 맺을 수 있도록 기도하자.

오리사

3. 1990년대 기독교에 대한 박해가 증가했고 최근까지 계속되고 있다. 많은 교회가 파괴되고 사역자들과 성도들이 박해받고 살해되었다. 이 시련을 통해 교회가 연단되고 배가될 수 있도록 기도하자.
4. 오리사 부족민들 안에 문맹이 사라져서 성경이 보급되고 성경을 읽는 역사가 일어나도록 기도하자.
5. 힌두교도들로부터 반응을 얻고 있는 라디오 방송 사역이 활발하게 진행되도록 기도하자.

중보기도 노트

> 능히 모든 성도와 함께 지식에 넘치는 그리스도의 사랑을 알고 그 너비와 길이와 높이와 깊이가 어떠함을 깨달아 하나님의 모든 충만하신 것으로 너희에게 충만하게 하시기를 구하노라.
> 엡 3:18~19

하나님의 위대하심이 기도가 위대할 수 있는 근원과 범위이다. _알렉산더 화이트

8월 19일　　　　　　　　　　　　　　　　　　　　　　　　　　　　　인도 10

땅 끝으로 가기 위해
반드시 건너야 할 땅

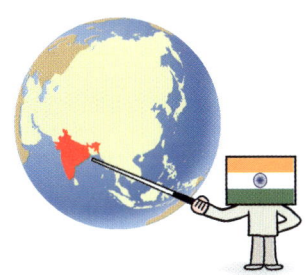

✚ 기도 제목

우타르프라데시 & 우타란찰

1. 힌두교, 불교, 자이나교의 근거지인 우타르프라데시에서 기도운동이 일어나서 사람들의 관심이 하나님께 돌아설 수 있도록 기도하자.

2. 협박과 위협으로 힘을 잃은 명목상의 기독교인에게 새 생명을 주시도록 기도하자.

3. 2900만 명의 무슬림과 기독교를 무시하는 브라만, 이히르 키스트들에게 예수 그리스도가 증거되도록 기도하자.

잠무 & 카시미르

4. 60년간 지속된 전쟁으로 국제적인 비극을 겪은 카시미르에, 정치 지도자들이 지혜와 정치적 수완으로 무슬림 다수와 난민에게 공정함을 보여 평화가 회복되길 기도하자.

5. 영적으로 가난하고 전쟁에 지친 카시미르인들에게 하나님의 위로와 이들을 향한 사역이 일어나도록 기도하자.

중보기도 노트

> 명절 끝 날 곧 큰 날에 예수께서 서서 외쳐 이르시되 누구든지 목마르거든 내게로 와서 마시라 나를 믿는 자는 성경에 이름과 같이 그 배에서 생수의 강이 흘러 나오리라 하시니. _요 7:37~38_

무릎을 꿇은 채 전진하는 성도는 결코 후회하지 않는다. _짐 엘리엇_

8월 20일

인도 11

땅 끝으로 가기 위해
반드시 건너야 할 땅

✚ 기도 제목

카르나타가

1. 인도 남부에 있는 영적으로 가장 가난한 주다. 복음 증거에 방해가 되는 모든 장애물이 무너지도록 기도하자. 벵골로의 특권층 기독교 공동체가 부흥하도록 기도하자.

2. 카르나타가 종족 거의 모두가 미전도 종족인데, 링가야트족, 원주민, 사원에서 매춘을 요구받는 여인들, 반자라족 가운데 그리스도의 복음이 증거되고 구원을 얻도록 기도하자.

케랄라

3. 교회 내에 카스트가 언급되지 않지만 여전히 존재한다. 케랄라 교회에 진정한 생명의 부흥이 일어나도록 기도하자.

4. 1990년대 중반 이후 선교에 대한 관심이 일어나면서 케랄라 젊은이들이 복음에 대한 비전을 품고 있다. 반대 세력을 물리치고 이들의 믿음을 지키기 위해 힘쓰는 사역자들을 위해 기도하자.

5. 기독교 매체는 선교에 대한 관심을 갖게 했다. TV 및 라디오를 통해 더 많은 사람들이 복음에 반응하도록 기도하자.

중보기도 노트

일어나라 빛을 발하라 이는 네 빛이 이르렀고 여호와의 영광이 네 위에 임하였음이니라.
사 60:1

거룩한 생활의 처음 단계와 마지막 단계는 기도로 관이 씌워집니다. _E. M. 바운즈

8월 21일　　　　　　　　　　　　　　　　　　　　　　　　　　　　　**인도 12**

땅 끝으로 가기 위해
반드시 건너야 할 땅

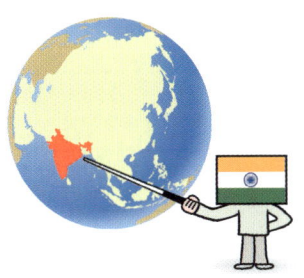

✚ 기도 제목

타밀나두

1. 지난 20년간 기독교는 수적으로 놀라운 성장을 했다. 기도, 복음화, 전도라는 비전이 지속되고 확대되도록 기도하자.

2. 복음 전도가 미미한 종족 가운데 교회와 선교단체들이 복음을 활발히 전할 수 있도록 기도하자. 3,300여 개의 거점지역에 기독교 사역자들을 보내주시고 하나님의 사역이 번성하도록 기도하자.

트리푸라

3. 1970년 이후 모든 토착민들 가운데 대규모의 집단 개종운동이 일어나고 있고, 급속도로 복음화되고 있다. 부흥의 불씨가 끊이지 않길 기도하자.

4. 정령 숭배자들과 힌두교 집단으로부터 박해받는 기독교인들을 굳게 붙들어주시고 폭력에도 불구하고 복음 전도를 그치지 않도록 기도하자.

중보기도 노트

> 예루살렘이여 내가 너의 성벽 위에 파수꾼을 세우고 그들로 하여금 주야로 계속 잠잠하지 않게 하였느니라 너희 여호와로 기억하시게 하는 자들아 너희는 쉬지 말며. 사 62:6

기도는 하나님이 우리를 변화시키는 중앙 진입로에 들어가는 것이다. _포스터_

8월 22일

인도 13

땅 끝으로 가기 위해
반드시 건너야 할 땅

✚ 기도 제목

펀자브

1. 1990년대 많은 선교단체와 신생 교회가 새로운 복음 전도의 물결을 일으키면서 현재 65개 이상의 교단이 있다. 펀자브 지역의 교회들이 더욱 부흥 성장하도록 기도하자.

하리아나

2. 인도에서 가장 복음화되지 않은 지역으로 교회는 매우 허약하며 힌두주의자들로부터 끊임없이 압박받고 있다. 믿음을 견고하게 지킬 수 있도록 기도하자.

3. 복음화되지 않은 무슬림과 자이나 교도를 위해 기도하자. 이 지역 언어인 하리아나어로 성경이 번역되도록 기도하자.

4. 하리아나에서 일하는 기독교 사역자들이 진리로 무장될 수 있도록 기도하자.

내가 그 땅에 평화를 줄 것인즉 너희가 누울 때 너희를 두렵게 할 자가 없을 것이며 내가 사나운 짐승을 그 땅에서 제할 것이요 칼이 너희의 땅에 두루 행하지 아니할 것이며. 레 26:6

자주 기도하라. 왜냐하면 기도는 사탄에게 두통거리가 되기 때문이다. _존 번연_

8월 23일 인도 14

땅 끝으로 가기 위해
반드시 건너야 할 땅

➕ 기도 제목

히마찰프라데시

1. 이곳은 힌두교 순례지의 중심이고 우상 숭배가 많다. 많은 사람들이 이런 속박에서 벗어나고 예수 안에서 자유를 발견하도록 기도하자.

2. 괄목할 만한 교회 성장이 있는 것에 대해 하나님께 찬양드리자. 히마찰의 교회가 단합, 믿음, 비전을 품도록 기도하자.

3. 이곳에 3백 명의 사역자들이 있는데 그들의 안전과 사역의 열매를 위해 기도하자.

4. 쿨루 골짜기, 미전도 행정구, 인도에 있는 10만 명의 티베트 난민들에게 복음이 들어가도록 기도하자.

안다만과 니코바르

5. 안다만과 니코바르 제도는 벵골 만에 있는 38개의 섬으로 구성되며, 35만 명의 섬주민이 살고 있다. 4개의 외딴 지역에 있는 사람들을 위해 나아갈 사역자들이 일어나도록 기도하자.

중보기도 노트

> 너희는 헛된 것들에게로 향하지 말며 너희를 위하여 신상들을 부어 만들지 말라 나는 너희의 하나님 여호와이니라. 레 19:4

하나님과 나 사이에 전화선이 가설된 이후에 전화벨이 한 번도 멈춘 날이 없다. _미상

8월 24일   인도네시아 1

세계 최대
이슬람 국가

면적 1,919,317㎢(한반도의 866.8%)
인구 212,991,900명
수도 자카르타   **도시화** 39%
GNP $1,930
종족 인도 말레이 94%, 중국 4%, 파푸아 종족 1.2%, 기타 0.8%
공용어 인도네시아어   **문자해독률** 84%
종교 이슬람교 80.3%, 기독교 16%, 힌두교 1.9%,
        전통 종족종교 1%

Indonesia

태평양 서남쪽 말레이 제도의 대부분을 차지하는 공화국이다. 7천 개의 섬들로 구성된 세계 최대의 도서 국가이며, 동서 교통의 요지에 위치하기 때문에 문화·민족적인 교류와 이동이 가장 두드러지게 나타나는 지역이다.

광물자원을 다량 보유하고 있으며 석유, 가스, 산림, 농업, 방직 등의 산업으로 경제가 다양화되고 있다.

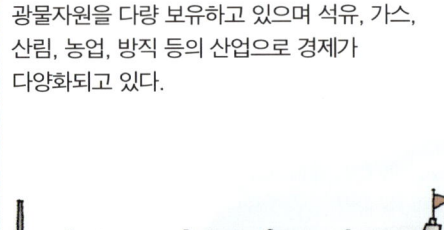

동티모르 같은 강력한 분리주의 운동이 있었으며,

"전쟁 중 아들, 손자까지 죽었소."

10년 동안 처참한 전쟁으로 죽은 인구가 수천만 명에 이른다.

"꼭 이래야만 하나요?"

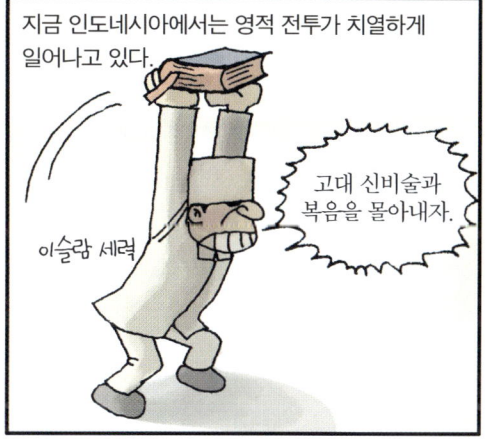

✚ 기도 제목

1. 1965년의 공산주의 쿠데타와 그 후의 유혈 보복으로 50만 명가량의 공산주의 추종자들이 죽었으나, 동시에 그 나머지 세력들은 기독교인이 되었다. 기독교인들이 상처를 보듬고 교회에 안착되도록 기도하자.

2. 공산주의자에 대한 이슬람교도의 격심한 보복은 많은 사람들의 반감을 사게 되었는데, 특히 자바에서 두드러진다. 이슬람에서 돌아온 사람들이 기독교인의 정체성을 확실히 갖도록 기도하자.

3. 정령 숭배에서 개종한 기독교인들이 그리스도의 자유와 순종에 대해 알아가도록 기도하자

4. 정부가 모든 국민에게 5개의 종교(이슬람교, 개신교, 가톨릭, 힌두교, 불교) 중 하나를 신봉하게 함으로써, 많은 정령 숭배자들이 복음에 귀를 기울이게 만들었다. 정부의 정책이 복음의 문을 여는 계기가 되도록 기도하자.

내가 알거니와 여호와는 고난당하는 자를 변호해주시며 궁핍한 자에게 정의를 베푸시리이다 진실로 의인들이 주의 이름에 감사하며 정직한 자들이 주의 앞에서 살리이다. 시 140:12~13

자녀들에게 기도하는 법을 가르치는 부모들보다 더 좋은 부모는 없다. _미상

8월 25일 인도네시아 2

세계 최대
이슬람 국가

➕ **기도 제목**

1. 무슬림 극단주의자들이 국가 분열의 원인을 제공하고 있다. 정부 지도자들이 무슬림 극단주의자들의 압력에 굴복하지 않고 올바른 방향으로 나라를 이끌어가도록 기도하자.

2. 인도네시아에서는 강력한 신비술이 사람들의 마음을 사로잡고 있다. 교회가 담대하게 복음의 능력을 증거함으로써 거짓된 악의 세력의 실체를 드러내도록 기도하자.

3. 인도네시아의 이슬람 극단주의자들은 이 나라에서 기독교를 완전히 제거하는 목표를 선언했다. 이러한 계획이 좌절되도록 기도하자.

4. 인도네시아 기독교인은 무슬림의 핍박과 보복, 복음 전도에 대한 제재 등으로 인해 증오심을 갖고 있다. 기독교인들 가운데 무슬림에 대한 진심 어린 회개가 일어나고, 복음 전도에 대한 두려움이 담대한 확신으로 바뀔 수 있도록 기도하자.

중보기도 노트

악을 행하는 것은 왕들이 미워할 바니 이는 그 보좌가 공의로 말미암아 굳게 섬이니라.
잠 16:12

어려운 때의 기도가 최고 재질의 기도이다. _봅슬레이

8월 26일 인도네시아 3

세계 최대
이슬람 국가

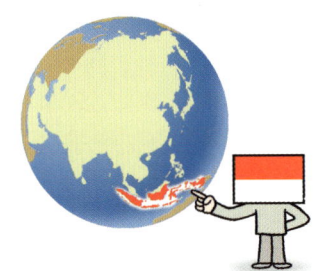

➕ 기도 제목

1. 복음에 대한 반대가 증가하는 만큼 인도네시아 복음화의 비전 또한 성장하고 있다. 이 나라의 모든 종족 집단에게 활발하게 복음이 증거되도록 기도하자.

2. 인도네시아 교회는 충분한 재정적, 인적 자원이 있어서 세계 복음화에 커다란 기여를 할 수 있다. 세계 복음화의 비전을 공유하고 선교사를 파송하도록 기도하자.

3. 복음을 전혀 들어본 적도 없는 수마트라, 술라웨시에서 주님의 빛이 임하도록 기도하자.

4. 청년은 아주 중요한 선교 대상이다. 대학 내에서의 조직적인 전도 활동은 미미한 상태다. 조직적인 전도 활동을 할 수 있도록 기도하고 해외에서 유학하는 인도네시아 학생들이 다른 나라에서 복음을 듣도록 기도하자.

중보기도 노트

하나님이여 민족들이 주를 찬송하게 하시며 모든 민족들이 주를 찬송하게 하소서. 시 67:3

기도는 짊어져야 할 짐이나 성취해야 할 의무가 아니라, 제한이 없는 기쁨과 능력이다. _A. E. 리처드슨

8월 27일 — 인도네시아 4

세계 최대 이슬람 국가

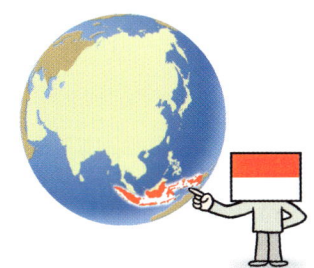

✚ 기도 제목

수마트라

1. 과거 네덜란드 식민지 통치하에서 강하게 정령 숭배를 하던 종족들에게 복음이 전파되어 기독교인이 된 사람들이 많다. 이들이 주변 사람들에게 복음을 전할 수 있도록 기도하자.

2. 바타크족은 인도네시아 전역에서 이주해왔으며 무장 군대와 경찰, 상업에서 지배적인 종족이다. 이들이 전도에 방해가 되고 있다. 이들이 복음을 영접하고 거듭나도록 기도하자.

3. 토바족, 다이리족, 카로족, 시말룬군족은 75% 정도가 기독교인인데 루터교, 감리교, 개혁, 오순절 교인들이며, 정령 숭배의 잔재가 남아 있다. 악한 정령 숭배의 세력이 떠나가고 복음이 들어가도록 기도하자.

4. 중국인들은 대부분 도시와 산업지역에 살고 있으며, 많은 수가 기독교인임을 고백하고 있다. 중국인들이 전통 종교를 버리고 거듭나도록 기도하자.

중보기도 노트

> 너희 이스라엘 자손들아 그날에 여호와께서 창일하는 하수에서부터 애굽 시내에까지 과실을 떠는 것같이 너희를 하나하나 모으시리라. 사 27:12

진실한 기도는 즉흥적 충동에서 얻을 수 없고 생애의 자세로부터 얻어진다. _조지 뮐러

8월 28일　　　　　　　　　　　　　　　　　　　　　인도네시아 5

세계 최대
이슬람 국가

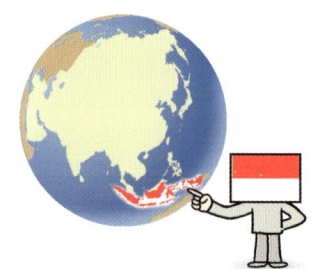

Indonesia

➕ **기도 제목**

자바

1. 중국계 인도네시아인의 약 45%와 자바인의 4%가 기독교인이라고 고백한다. 적의 어떤 계략도 영적 추수를 계속하는 데 방해되지 않도록 기도하자.

2. 지방에서 복음 증거에 대한 위험 부담이 가중되고 있다. 무슬림 극단주의자들의 압력이 더해져도, 섬 전체 모든 종족에게까지 복음이 전해지도록 기도하자.

3. 인도네시아 복음화에서 자카르타와 수라바야는 중심 도시이다. 자카르타에는 인구의 13% 이상이 기독교인이며 1천여 개의 등록 교회와 수천 개의 셀 모임이 있다. 자카르타와 수라바야에 일고 있는 영적 운동이 복음화되지 않은 작은 도시와 시골 마을에까지 미칠 수 있도록 기도하자.

4. 자바엔 기독교인이 1% 미만인 미전도 종족의 하부 집단이 있다. 이 종족은 아주 철저한 무슬림으로, 단지 소수의 신자가 있을 뿐이다. 이 지역을 위해 기도하자.

보라 어둠이 땅을 덮을 것이며 캄캄함이 만민을 가리려니와 오직 여호와께서 네 위에 임하실 것이며 그의 영광이 네 위에 나타나리니 나라들은 네 빛으로, 왕들은 비치는 네 광명으로 나아오리라. 사 60:2~3

아침의 기도는 저녁의 찬송으로 이끌어준다. _미상

8월 29일   인도네시아 6

세계 최대 이슬람 국가

✚ 기도 제목

발리

1. 독특하게 혼합된 힌두교가 발리의 영적 상황을 지배하고 있다. 발리 이주민들은 좀 더 복음에 개방되어 있다. 발리인들이 복음을 듣고 반응하도록 기도하자.

2. 발리 기독교인들은 아주 소수이다. 그리스도께 회심하여 가족과 공동체의 삶의 방식을 깨뜨리게 되면, 종종 추방당하고 핍박받으며, 재정적인 손해에 직면하게 된다. 변화된 삶을 통해 주변 사람들에게 영향을 미치도록 기도하자.

3. 발리어 성경은 1990년에 출판되었다. 대부분이 상류 카스트의 언어를 이해하지 못하기 때문에 성경 사용은 제한적이다. 〈예수〉 영화가 이들 언어로 제작되었다. 하나님의 말씀이 모든 발리 사람들에게 효과적으로 전달될 수 있도록 기도하자.

서부 순다 누사 텡가라 바라트

4. 철저한 무슬림인들이 사는 이 섬들은 인도네시아에서 가장 복음 전도가 미미한 지역 중 일부이다. 이 지역을 불쌍히 여겨달라고 기도하자.

5. 지난 10년이 넘게 이들에게 다가가려는 노력이 계속되었지만, 주요 세 토착 종족(사삭족, 숨바와족, 비마족)이 복음을 듣지 못한 채로 남아 있다. 여전히 정령 숭배 신앙을 고수하고 있는 이들을 위해 기도하자.

중보기도 노트

너희는 여호와를 찾으라 그리하면 살리라 그렇지 않으면 그가 불같이 요셉의 집에 임하여 멸하시리니 벧엘에서 그 불들을 끌 자가 없으리라. 암 5:6

무릎을 꿇고 사는 그리스도인은 발뒤꿈치를 들고 사는 철학자보다 더 많은 것을 볼 수 있다. _드와이트 L. 무디_

8월 30일 인도네시아 7

세계 최대 이슬람 국가

✚ 기도 제목

동부 순다 누사 텡가라 티모르

1. 플로레스인들은 90%가 가톨릭 교인이지만, 때때로 뱀을 숭배하는 이방 우상 습관이 배어 있다. 이들에게 참된 복음이 전파되도록 기도하자.

2. 숨바 섬은 오랫동안 복음에 대해 심하게 저항하고 정령 숭배를 하는 것으로 알려졌는데, 1980년대 후반에 성령운동이 시작되었고, 5년 만에 개신교인이 7만 5천 명에서 16만 명으로 배가되었다. 이 운동이 섬에 있는 7개 언어 집단 모두에게 영향력을 끼치도록 기도하자.

3. 폭력과 협박이 1999년에 동티모르를 파괴한 시민군의 손으로 계속 자행되고 있다. 고난이 끝나서 집으로 돌아갈 수 있는 자유와, 이들 난민들의 구원을 위해 기도하자.

중보기도 노트

우리가 앗수르의 구원을 의지하지 아니하며 말을 타지 아니하며 다시는 우리의 손으로 만든 것을 향하여 너희는 우리의 신이라 하지 아니하오리니 이는 고아가 주로 말미암아 긍휼을 얻음이니이다 할지니라. 호 14:3

우리의 기도에는 하나님의 명예가 걸려 있다. _데이비드 윌커슨

8월 31일 — 인도네시아 8

세계 최대 이슬람 국가

✚ 기도 제목

칼리만탄

1. 지도자 훈련은 교회에 아주 필요하지만 문맹, 가난, 여행의 어려움, 토착어 성경 부족으로 발전이 더디다. 다수의 성경학교가 있다. 교회가 성숙하고 전도에 비전을 갖도록 기도하자.

2. 다수의 반자르 말레이인은 동부와 남부 연안과 강 상류에 5백만 명 정도 있으며, 강한 무슬림이다. 가족 전체가 그리스도께 나오도록 기도하자.

3. 이주민 수는 1백만 이상이다. 이주민은 자와족(명목상 무슬림), 발리족(힌두교도), 부기스족 및 마두라족(강한 무슬림)이다. 이주민 집단을 사랑하는 마음으로 전도할 수 있도록 기도하자.

4. 중국계 인도네시아인으로 서부 칼리만탄 인구의 25%를 차지하는 이들은 비록 명목상의 기독교인이 많이 있어도, 다른 어느 곳보다 복음에 덜 반응하고 있다. 해안 지역과 폰티아낙, 카푸아스 강 상류에 있는 중국계 기독교인과 교회들의 전도 활동을 위해 기도하자.

중보기도 노트

> 너희가 거듭난 것은 썩어질 씨로 된 것이 아니요 썩지 아니할 씨로 된 것이니 살아 있고 항상 있는 하나님의 말씀으로 되었느니라. 벧전 1:23

우리의 기도는 하나님의 기회이다. _찰스 E. 카우먼

9월 1일　　　　　　　　　　　　　　　　　　　　　　　　　　　　　　　　일본 1

우상 숭배에서
벗어나지 못하는 나라

면적 377,800㎢(한반도의 170.6%)
인구 126,714,200명
수도 도쿄　**도시화** 78%
GNP $34,310
종족 토착민 98.8%, 외국인 1.2%
공용어 일어　**문자해독률** 100%
종교 불교·신도 69.6%, 시종 종교 24.4%,
　　　 무종교·기타 4.3%, 기독교 1.6%

우리나라와 가깝고도 먼 나라 일본은 아시아 동쪽 끝에 있는 입헌 군주국으로, 경제적으로는 부유하지만 수많은 미신을 섬기는 나라이다.

세계적으로 기독교 인구가 적은 나라중 하나다.

당연하지.

일본인들은 아직도 천황을 숭배하고 있으며 일본의 군국주의를 찬양하고 있다.

천황은 일본의 수호신이야.

주변 국가에 엄청난 피해를 입히고도 시인하지 않으며 보상도 하지 않고 있다.

그게 다 아시아를 위한 것이었어.

✚ 기도 제목

1. 한 세기 동안 교회 성장이 거의 없었는데, 새롭게 문이 열렸다. 이 일을 행하신 하나님께 감사하고 계속해서 십자가 복음을 어느 누구나 들을 수 있도록 기도하자.
2. 깊이 분열된 교회들을 화해시키려는 노력과 함께 부흥을 위한 기도의 부담감이 늘어가고 있다. 기도하는 사람들의 수가 더해지도록 기도하자.
3. 지도자의 실패 때문에 일본은 경제적, 정치적으로 위기에 처해 있다. 지도자들이 자기 욕심을 버리고 예수 그리스도의 마음으로 국민들을 사랑하고 잘 다스리도록 기도하자.
4. 일본 사람들은 절에서 우상을 섬기거나 집에서 조상을 숭배한다. 예수 그리스도의 이름으로 이런 우상들이 깨어지고 이 땅에도 하나님 나라가 임하도록 기도하자.

오호라 너희 목마른 자들아 물로 나아오라 돈 없는 자도 오라 너희는 와서 사먹되 돈 없이 값 없이 와서 포도주와 젖을 사라. 사 55:1

기도는 하나님의 일을 위한 기차 선로와 같다. _워치만 니

9월 2일　　　　　　　　　　　　　　　　　　　　　　　　　　　일본 2

우상 숭배에서
벗어나지 못하는 나라

✚ **기도 제목**

1. 연평균 1백 개의 신흥 종교들이 생겨나고 있다. 대개 기본적으로 신비술, 외계인 숭배에 관한 것들이다. 미혹의 영을 제거해주시도록 기도하자.

2. 이 나라 기독교인들이 산업, 교육, 정치 영역에서 예수 그리스도의 복음을 담대히 전하고 말씀이 인도하시는 대로 살아가도록 기도하자.

3. 연합 교회는 2차 세계 대전 때 모든 개신교 교회들이 강제로 합쳐진 데서 붙은 이름이다. 연합체 내의 거의 모든 교회들이 신도 및 천황 숭배와 타협하였고, 그 결과 영적 생명력을 잃게 되었다. 우상과 교회는 하나 될 수 없음을 선포하고 오직 하나님만 찬양하는 교회가 되도록 기도하자.

4. 1950년에 복음주의자들은 개신교와 독립교회의 40%를 차지하였지만, 2000년에는 60% 이상이었다. 계속해서 복음과 기도로 성장하도록 기도하자.

중보기도 노트

> 그러나 성령이 밝히 말씀하시기를 후일에 어떤 사람들이 믿음에서 떠나 미혹하는 영과 귀신의 가르침을 따르리라 하셨으니. _딤전 4:1_

기도하는 사람은 더 좋은 사람이 된다. 왜냐하면 진정한 기도는 응답되기 때문이다. _조지 메러디스_

9월 3일　　　　　　　　　　　　　　　　　　　　　　　　　　　　　　　일본 3

우상 숭배에서
벗어나지 못하는 나라

✚ 기도 제목

1. 전체 교회 중 적어도 70%가 평균 출석 인원이 30명도 못 된다. 교인들의 관심은 목사님에게 집중되어 있다. 교인들이 하나님 아닌 사람을 의지하고 있는 현실이다. 오직 유일하신 하나님만 바라보도록 기도하자.

2. 현재 종일 훈련에 등록한 약 3천 명의 학생들이 1백 개 가까운 교단 및 초교파 신학교, 성경학교에서 훈련 받고 있다. 더 많은 청년들이 훈련되어져 온전한 복음을 전하게 기도하자.

3. 일본 기독교인들의 선교에 대한 비전은 주목할 만하다. 거의 5백 명의 선교사들이 해외에서 섬겼거나 섬기고 있다. 그러나 일반적으로 교회는 선교에 대한 비전이 없다. 교회가 하나님의 마음을 품어 선교하는 교회가 되도록 기도하자.

4. 선교사들은 일본에 입국하기 쉽지만, 곧 어려운 문제에 직면하게 된다. 언어습득과 문화 적응에 많은 시간이 걸린다. 모든 환경을 넘어 오직 믿음으로 승리할 수 있도록 기도하자.

중보기도 노트

이스라엘아 들으라 우리 하나님 여호와는 오직 유일한 여호와이시니. 신 6:4

좌석에 있는 성도의 기도는 강대상의 목사에게 능력을 부여해 준다. _미상

9월 4일 일본 4

우상 숭배에서
벗어나지 못하는 나라

✚ **기도 제목**

1. 아이누족은 종족상 일본과는 거리가 멀며 이들은 부분적으로 일본 문화에 동화되었다. 복음이 필요한 이들에게 문화와 언어로 복음을 증거하고 주께 돌아오도록 기도하자.

2. 6만여 명의 중국인이 일본에 거주하고 있으며, 거의 대도시에서 사업하고 있다. 교회가 중국인들에게 복음을 전할 수 있게 길을 열어주시고 중국인들이 우상을 버리고 주께 돌아오도록 기도하자.

3. 대량 집단 살인을 시도한 옴진리교와 같은 이단과 일본 적군과 같은 좌익 집단들은 전 세계적으로 악명이 높다. 이들 뒤에서 조정하는 사탄의 계략이 깨어지고 팔려온 여성들이 자유를 얻도록 기도하자.

4. 일본은 세계적으로 책을 많이 읽는 나라 중 하나이다. 따라서 일본만큼 문서 사역이 복음화에 큰 몫을 담당할 만한 곳은 없을 것이다. 이 기회를 통하여 기독교 서적이나 문서가 이들에게 전달되도록 기도하자.

중보기도 노트

오늘까지 모세의 글을 읽을 때에 수건이 오히려 그 마음을 덮었도다 그러나 언제든지 주께로 돌아가면 그 수건이 벗어지리라 주는 영이시니 주의 영이 계시는 곳에는 자유함이 있느니라.
고후 3:15~17

기도하면서 동시에 염세주의자가 되는 것은 불가능한 일이다. _미상

9월 5일   자메이카

마약으로
병들어가는 나라

- **면적** 10,991㎢ (한반도의 5%)
- **인구** 2,582,600명
- **수도** 킹스턴   **도시화** 50%
- **GNP** $4,170
- **종족** 아프리카계 카리브 93.7%, 아시아·아프리카계 아시아 5%, 유럽계 아메리카 1.3%
- **공용어** 영어, 크리올어   **문자해독률** 85%
- **종교** 기독교 84.1%, 라스타파리안·심령술 10%, 무종교·기타 5%, 바하이교 0.3%

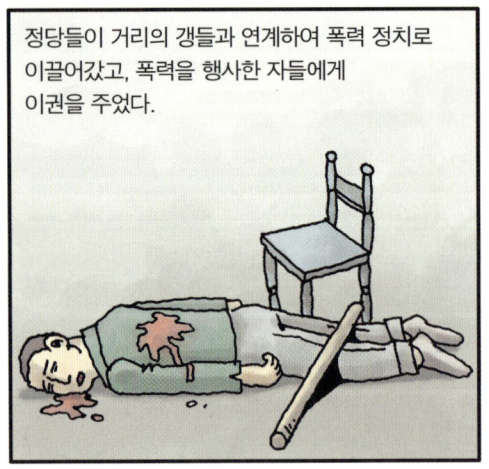

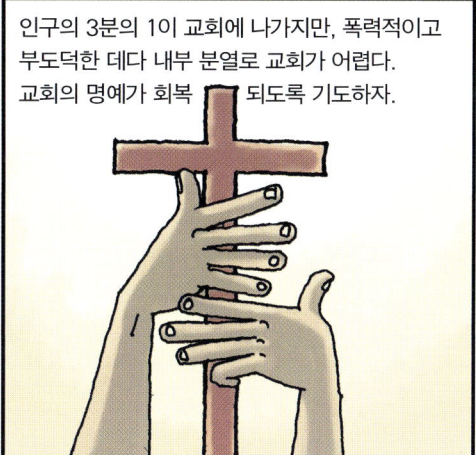

✚ 기도 제목

1. 국가 상황은 사회·경제적으로 점점 어려워지고 있다. 세계에서 가장 자살률이 높은 나라 가운데 하나이며 사회 내의 폭력은 더욱 악화되고 있다. 죄악으로부터 돌이켜서 하나님께 돌아오도록 기도하자.

2. 자메이카의 영적 열기는 카리브 해 전역에 영향을 미치고 있다. 자메이카 복음주의 협의회의 연합과 협력이 다른 나라의 미약한 연합회에 본보기가 되도록 기도하자.

3. 모든 카리브인을 위한 자메이카 내의 15개 성경학교와 신학교가 영적인 삶과 선교에 대한 비전의 발전소 역할을 하도록 기도하자.

4. 극빈자들은 복음을 들어보지도 못했다. 가난한 자들을 돕고 있는 소수의 구호단체를 위해 기도하자.

5. 교회 안에 선교에 대한 비전이 거의 없다. 카리브 교회들이 다시 한 번 세계 복음화에 대한 비전을 붙들도록 기도하자.

중보기도 노트

아론이 모세의 명령을 따라 향로를 가지고 회중에게로 달려간즉 백성 중에 염병이 시작되었는지라 이에 백성을 위하여 속죄하고 죽은 자와 산 자 사이에 섰을 때에 염병이 그치니라.
민 16:47~48

말로 표현할 수 없는 탄식이 기도가 되는 경우가 종종 있다. _찰스 H. 스펄전

9월 6일　　　　　　　　　　　　　　　　　　　　　　　　　　　잠비아 1

에이즈 확산으로 최악의 상황에 처한 나라

면적 752,614㎢(한반도의 339.9%)
인구 9,168,700명
수도 루사카
도시화 22%
GNP $920
종족 반투 98%, 외국인 2%
공용어 영어　**문자해독률** 78%
종교 기독교 85%, 전통 종족종교 12.6%, 이슬람교 1.4%, 바하이교 0.4%

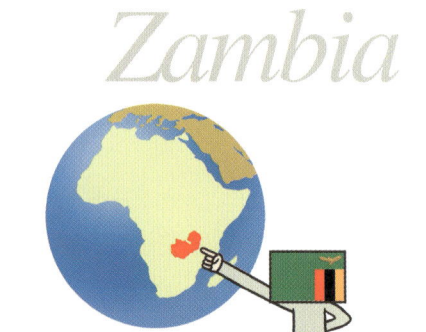

아프리카 중남부 내륙에 위치한 공화국으로 산림지대로 이루어져 있다.

주요 외화 수입원은 구리 채굴과 제련이다.

지도자들의 부정부패와 에이즈의 확산으로 나라는 최악의 상황에 처해 있다.

엄마, 나도 에이즈 걸린 거야?

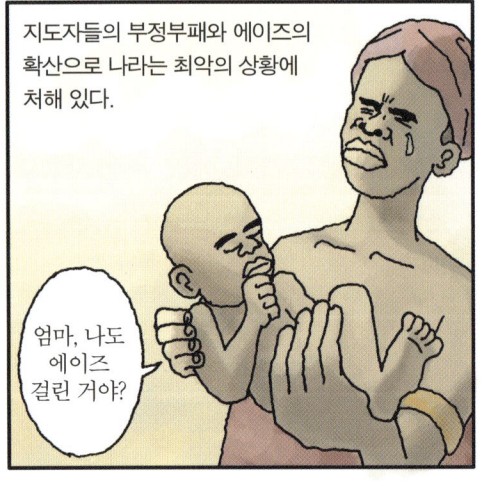

칠루바 대통령은 1991년 잠비아를 기독교 국가라고 선포했으나,

이 나라는 하나님께 바쳐진 나라입니다.

➕ 기도 제목

1. 정부 관리들의 마음과 세계관, 사고 체계가 하나님의 말씀으로 다시 빚어지도록 기도하자.

2. 북서부의 루발레족, 초크웨족, 룬다족, 카온데족, 므벨라족, 느코야족, 람바족 가운데 복음주의 기독교인이 밀집해 있다. 이들이 큰 비전을 갖고 복음을 전하도록 기도하자. 남부의 통가족, 동부의 느안자족의 계속적인 복음화를 위해 기도하자.

3. 로지족과 남서부 종족과 벰바족과 북부 종족 가운데에는 복음주의 교회가 거의 없다. 많은 사람들이 명목상 기독교인이 되었고, 분리파 교도 혹은 혼합주의 토착교회로 빠져들고 있다. 영적으로 빈곤한 이 지역에 교회가 세워지도록 기도하자.

4. 잠비아 복음주의 협의회(EFZ)는 여러 교단과 선교단체의 연합과 협력 면에서 중요한 구심점이 되었다. 잠비아가 당면한 어려운 문제들을 해결할 때 하나님께서 기독교 지도자들에게 일치된 비전을 주시도록 기도하자.

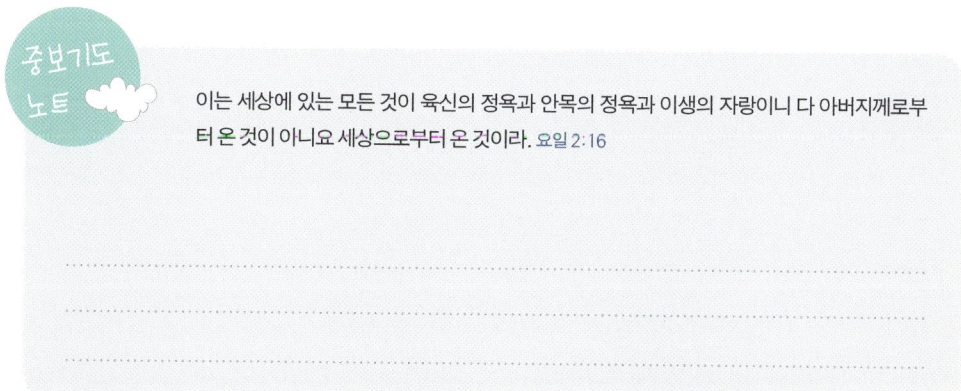

모든 것이 하나님께 알려지는 것, 이것이 하나님께서 태초부터 정하신 일이다. _조지 휫필드

9월 7일

잠비아 2

에이즈 확산으로 최악의
상황에 처한 나라

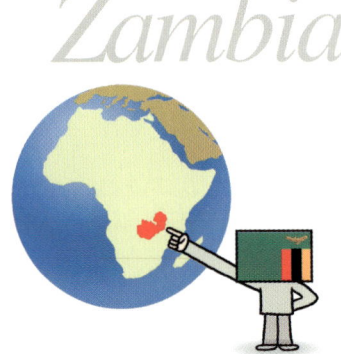

✚ 기도 제목

1. 명목주의와 혼합주의가 혼재된 이 나라에서 가장 우선되어야 할 영역은 영적 지도자가 바로 서는 것이다. 준비된 지도자들이 배출되도록 기도하자.

2. 수비야족, 코이산족이 살고 있는 남서부의 소수 종족들은 복음을 거의 듣지 못했다. 힌두교를 믿는 구자라트 공동체는 더욱 심각하다. 이들에게 효과적으로 접근하여 복음을 전할 수 있도록 기도하자.

3. 16개의 기독 서점들이 활발하게 움직이도록 기도하자. 기독교 라디오와 TV 사역에서 말씀을 전하는 현지인 설교가들이 천박한 서구 TV 쇼를 모방하는 위험을 범하고 있다. 이들 매체에서 오직 복음만이 전해지도록 기도하자.

4. 청년들이 일어서야 나라가 산다. 에이즈로 고통받는 수많은 청년이 미래에 대해 암울하게 생각하고 있다. 잠비아에 뿌리내린 어둠이 걷히고 거룩한 복음이 전파되도록 기도하자.

중보기도 노트

> 그러므로 하나님께서 그들을 마음의 정욕대로 더러움에 내버려두사 그들의 몸을 서로 욕되게 하게 하셨으니 이는 그들이 하나님의 진리를 거짓 것으로 바꾸어 피조물을 조물주보다 더 경배하고 섬김이라 주는 곧 영원히 찬송할 이시로다 아멘. 롬 1:24~25

우리가 지닌 초자연적 무기의 위력은 기도이다. _A. B. 심슨

9월 8일　　　　　　　　　　　　　　　　　　　　　　　　　　　　　　**적도 기니**

노예 무역의 중요
기지였던 나라

면적 28,051㎢(한반도의 12.7%)
인구 452,700명
수도 말라보　**도시화** 29%
GNP $8,700
종족 반투 95.9%, 스페인어 사용 2.6%, 크리올어 사용 1.5%
공용어 스페인어, 프랑스어　**문자해독률** 62%
종교 기독교 95.1%, 전통 종족종교 2.9%, 무종교·기타 1%, 이슬람교 0.6%

Equatorial Guinea

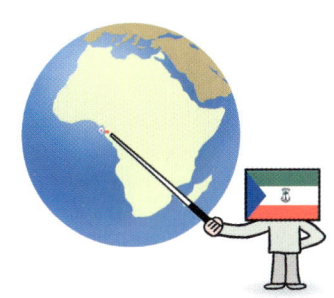

아프리카 서부의 기니 만에 면한 나라이며, 19세기 초반 노예 무역의 중요 기지였다.

대다수의 사람은 가난한 생활을 하나 지배 계층은 산림 벌채와 유전 개발로 이익을 독식하고 있다.

인생 사는 맛이 이런 데 있는 거 아닌간, 히히!

1972년 마키아스 정부는 종신 집권을 선언하고 반대파들을 사형시키거나 강제노동 수용소로 보냈다.

내가 법이다! 누가 감히 날 대항해!

마키아스의 종신 집권 의욕은 결국 1979년 쿠데타로 인해 실패했고, 그는 사형당했다.

권력의 끝이 얼마나 비참한지 똑똑히 보여주었지.

✚ 기도 제목

1. 1970년대에는 폭력 정치로 말미암아 국민은 마음에 상처를 입었으며 경제력은 주저앉았다. 정부가 진정으로 국민과 나라를 위해 지도력을 발휘하도록 기도하자.

2. 1980년 이후에는 종교의 자유가 좀 더 주어졌고 신생 교회가 성장하는 추세였으나 정작 교회 지도자들이 준비되지 않았다. 지도자들이 영육 간에 믿음을 강건히 하여 복음만 전할 수 있도록 기도하자.

3. 차세대 지도자 훈련을 위한 기관이 1990년대부터 세워지고 있다. 이 교육기관들이 잘 운영되어 명목적 기독교에 생명력을 불어넣을 수 있도록 기도하자.

4. 선교사 수는 늘어나고 있으나 서로 관계를 맺는 데 어려움을 겪고 있다. 예수님의 지혜와 겸손함으로 서로 섬기며 하나가 되도록 기도하자.

5. 성서공회는 1999년부터 성경 배포를 시작했다. 성경 번역과 배포가 원활하게 이루어지도록 기도하자.

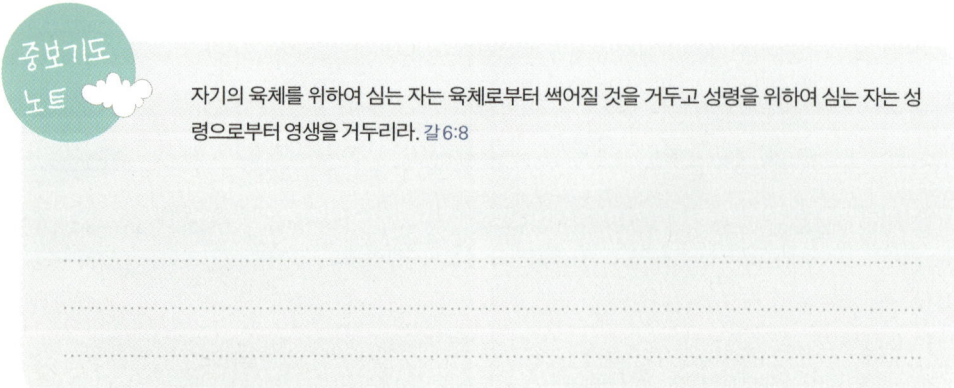

기도하지 않아도 될 만큼 작은 짐은 없다. 그리고 너무 커서 기도해도 소용 없는 문제는 없다. _미상

9월 9일   중국 1

세계 최대 강국을
꿈꾸는 나라

면적 9,573,000㎢ (한반도의 4,323%)
인구 1,262,556,800명
수도 베이징
도시화 32%
GNP $2,460
종족 한족 91.3%, 소수 종족 8.7%
공용어 만다린어(푸통후아) **문자해독률** 82%
종교 무종교·기타 49.6%, 중국 종교 28.5%, 불교 8.4%, 기독교 7.3%

아시아 동부에 있는 나라로, 황허 강을 중심으로 고대 문명이 일어난 곳이다. 2008년 베이징 올림픽을 성대하게 치러낸 중국은 미국을 제치고 세계 최대 강국으로의 등극을 꿈꾸고 있다.

그러나 중국은 여러 가지 측면에서 위기에 직면해 있다. 세계 경제 침체에 따라 경제 발전도 불확실하며,

계속되는 지진과 삼림 남벌로 인한 사막화 현상은 전 지구적 재앙을 불러일으키고 있다.

곧 베이징마저 모래바람에 뒤덮일 것입니다.

중국의 한 자녀 낳기 정책은 인구 증가 억제라는 효과도 있었지만,

하나만 낳든지 안 낳든지 해!

| 수백만 중보 기도자들의 수고가 오랫동안 지연되었던 돌파구를 가져왔다. 기도가 중국을 변화시키고 있다. | 역사상 가장 혹독한 박해를 받은 중국 교회는 앞으로 세계 선교를 주도하는 영적 강국으로 거듭날 것이다. |

✚ 기도 제목

1. 중국인들이 물질을 좇기보다 예수님을 좇도록 기도하자. 중국 내에 산재한 가정교회들이 복음의 터 위에 견고하게 세워지도록 기도하자.

2. 1989년 베이징 천안문 광장 대학살 사건은 여전히 아픈 기억으로 남아 있다. 이 일로 아직도 도피자의 인생을 사는 지식인들이 있다. 주님이 그들의 아픈 상처를 치유해주시도록 기도하자.

3. 천안문 사건으로 중국 지식인 가운데서도 예수님 믿는 사람들이 나왔다. 우리는 중국의 모든 사회 계층에서 기독교인을 볼 수 있다. 이들이 때가 되면 중국 복음화를 위해 맡은 바 소명을 감당하도록 기도하자.

4. 평신도 기독교인들의 복음 전도는 성령의 능력으로 나타나고 있다. 복음 전도자와 교회 개척자의 대부분이 놀랍게도 10대 여성이고, 기독교인의 70~80%도 여성이다. 중국의 여성 기독교인을 기도의 어머니로 사용하셔서 중국 복음화와 세계 복음화에 기여하도록 기도하자.

여호와여 주께서 행하신 일로 나를 기쁘게 하셨으니 주의 손이 행하신 일로 말미암아 내가 높이 외치리이다 악인들은 풀같이 자라고 악을 행하는 자들은 다 흥왕할지라도 영원히 멸망하리이다. 시 92:4,7

기도함으로써 신을 기쁘게 한다고 생각하지 마라. 모든 것을 신께 맡길 때 신은 기뻐할 것이다. _톨스토이

9월 10일 　　　　　　　　　　　　　　　　　　　　　　　　중국 2

세계 최대 강국을 꿈꾸는 나라

✚ 기도 제목

1. 중국 내에서 복음이 자유롭게 전파될 수 있도록 기도하자. 지금도 지하에서 복음을 전하는 사역자들을 위해 기도하자.
2. 공산당원은 선택된 엘리트이며 그 수는 6천만 명에 달한다. 이들 중에 기독교인이 된 사람도 있다. 무신론의 거짓이 드러나고 공산당원들이 회심하도록 기도하자.
3. 공산당 정부는 정보를 통제하고 있으며 수많은 정보 요원들이 활동하고 있다. 중국 현지인들이 인터넷을 자유롭게 사용하여 이를 통해 복음을 접하고 교제하도록 기도하자.
4. 한 자녀 낳기 정책은 인구 증가를 억제하려는 엄격한 수단이다. 인구 억제 정책은 오히려 높은 이혼율과 낙태, 자살, 여아와 노인의 유기, 에이즈 확산에 이르기까지 최악의 결과를 낳았다. 중국에서 현명한 정책이 실행되어 인간의 생명이 존중되는 나라가 되도록 기도하자.

중보기도 노트

> 하나님 아는 것을 대적하여 높아진 것을 다 무너뜨리고 모든 생각을 사로잡아 그리스도에게 복종하게 하니. 고후 10:5

기도하지 않고 기독교인이 된다는 것은 숨 쉬지 않고 사는 것처럼 불가능한 일이다. _마르틴 루터

9월 11일　　　　　　　　　　　　　　　　　　　　　　　　　　　　　　　　　　　　**중국 3**

세계 최대 강국을
꿈꾸는 나라

✚ 기도 제목

1. 중국의 삼자교회는 비성경적인 가르침을 강요하고 복음을 제한하며, 무신론 정부의 지시를 따르도록 강요한다. 삼자교회가 정부의 통제에서 자유로워지도록 기도하자.

2. 중국의 가정교회들은 신학적 무지와 지도자 부재로 고통당하고 있다. 가정교회가 성경적인 기초 위에 서게 하시고 건강한 주님의 교회로 성장하도록 기도하자.

3. 중국 교회들은 서로 교제하기 어려운 상황에 있다. 교회들 사이에 교제의 문이 열리며 중국 교회의 부흥을 위해 마음을 모으도록 기도하자.

4. 중국 공산 당국에 대하여 신자들이 어떠한 대가를 치르더라도 타협하지 않고 교회를 지키며 복음을 전파하도록 기도하자.

중보기도 노트

사람이 일어나서 내 주를 쫓아 내 주의 생명을 찾을지라도 내 주의 생명은 내 주의 하나님 여호와와 함께 생명 싸개 속에 싸였을 것이요 내 주의 원수들의 생명은 물매로 던지듯 여호와께서 그것을 던지시리이다. 삼상 25:29

기도할 수 있는 시간을 내라. 기도는 속세에서 가장 위대한 힘이다. _미상

9월 12일

세계 최대 강국을
꿈꾸는 나라

중국 4

✚ 기도 제목

1. 중국 인구의 약 7%가 기독교인이다. 복음화가 덜 된 일부 집단을 위해 기도하자. 6천만 명에 달하는 무신론자인 공산 당원 가운데도 비밀 신자가 많이 있다. 이들 안에 성령의 역사가 일어나도록 기도하자.

2. 중국 내에는 도교, 불교, 유교 같은 우상 숭배적인 미신에 묶여 있는 추종자가 7천만 명이 넘는다. 여전히 속박되어 있는 수백만 명의 사람들을 위해 복음으로 진정한 자유를 얻도록 기도하자.

3. 문화 혁명의 홍위병으로 동원되었던 청년들은 그 영혼을 공산당에게 착취당했다. 이들이 그리스도 안에서 희망을 되찾고 새로운 인생을 살아가도록 기도하자.

4. 5억이 넘는 18세 미만 어린이와 청년에게 종교적인 미신에 대해 가르치는 것은 불법이다. TSPM 교회는 주일학교나 청년 모임을 허용하지 않는다. 이들이 참 진리인 복음을 받아들여 올바른 제자의 길을 갈 수 있도록 기도하자.

중보기도 노트

> 내가 나를 위하여 그를 이 땅에 심고 긍휼히 여김을 받지 못하였던 자를 긍휼히 여기며 내 백성 아니었던 자에게 향하여 이르기를 너는 내 백성이라 하리니 그들은 이르기를 주는 내 하나님이시라 하리라 하시니라. _호 2:23_

예수님은 항상 자기 백성을 통해서 기도를 드리신다. _E. M. 바운즈_

9월 13일 중국 5

세계 최대 강국을 꿈꾸는 나라

✚ 기도 제목

1. 선교사들은 중국에서 환영받지 못한다. 대신에, 외국인들은 자유롭게 입국할 수 있다. 중국에서 복음을 전하는 전문인, 유학생, 선교사들과 비밀리에 사역하는 사람들을 위해 기도하자.

2. 비밀리에 복음을 전하는 사역자들의 안전과 그들이 내국인과 접촉할 때에 지혜를 주시도록 기도하자.

3. 여러 대학에서 언어나 문화 연구를 하기 위해 오는 이들 중 기독교인 학생들이 있다. 이들이 중국인 지인들에게 복음을 나눌 때 어려움이 따르지 않도록 기도하자.

4. 중국은 자국의 기술과 산업 개발 분야에서 3만 명의 전문인을 모집할 계획이다. 많은 기독인이 이 일에 자원하여 자신의 일을 영위하면서 복음을 전할 길을 얻도록 기도하자.

5. 수백만의 동포가 고향을 방문하러 중국에 온다. 기독교인이 친지들과 함께하는 동안 때로 놀라운 결과가 나타나도록, 이들을 통해 하나님이 역사하시도록 기도하자.

중보기도 노트

누구든지 주의 이름을 부르는 자는 구원을 받으리라 그런즉 그들이 믿지 아니하는 이를 어찌 부르리요 듣지도 못한 이를 어찌 믿으리요 전파하는 자가 없이 어찌 들으리요 보내심을 받지 아니하였으면 어찌 전파하리요 기록된바 아름답도다 좋은 소식을 전하는 자들의 발이여 함과 같으니라. 롬 10:13~15

가장 강력한 기도는 하나님의 말씀에 흠뻑 젖은 기도인 경우가 종종 있다. _허버트 로키어

9월 14일   중국 6

세계 최대 강국을 꿈꾸는 나라

➕ 기도 제목

간쑤(甘肅) 성

1. 기독교인의 수가 상대적으로 적다. 훈련받은 지도자도 매우 적고, 많은 이단 종교가 성행하고 있다. 교회 지도자 파송과 FEBC 라디오 방송의 활성화를 위해 기도하자.

2. 동지앙족, 보난족, 엔저 위구르족은 몽골인의 피가 섞여 있으며, 독실한 무슬림이다. 어느 누구도 소외된 이들을 복음화하려고 시도한 적이 없는 만큼, 이들의 복음화를 위해 기도하자.

광둥(廣東) 성

3. 광둥은 개신교인에 의해 최초로 복음화된 곳이다. 영국의 홍콩 점령과 서구 세력과 벌인 아편 전쟁은 광둥인들이 복음을 받아들이는 데 오늘날까지 장애로 작용한다. 과거의 상처가 치유되고 모든 장애물이 제거되어 많은 사람들이 그리스도께 돌아오도록 기도하자.

4. 광둥인과 하카 중국인들은 주로 무역상과 기업가들이다. 홍콩과 인접해 있어서 해외 거주 중국인들과 전 세계적인 연락망을 가진 광둥은 이들에 의해서 경제 성장을 이뤄왔지만, 타락, 부정, 탐욕으로 몸살을 앓고 있다. 성령께서 개인과 사회 속에 역사하심으로 말미암아 하나님이 기뻐하시는 변화가 일어나도록 기도하자.

중보기도 노트

> 하나님이여 민족들이 주를 찬송하게 하시며 모든 민족들이 주를 찬송하게 하소서. _시 67:3_

믿음으로 드린 기도가 응답되지 않은 일은 과거에도 없었고 미래에도 없을 것이다. _로버트 머리 맥체인_

9월 15일　　　　　　　　　　　　　　　　　　　　　　중국 7

세계 최대 강국을 꿈꾸는 나라

✚ 기도 제목

광시좡족(廣西壯族) 자치구

1. 한족과 타이 근족인 좡족에서 기독교인이 성장하고 있다. 1949년 7천 명이던 기독교인이 오늘날 그 수의 10배 이상이 되었고, 절반가량은 좡족이다. 기독교인에 대한 정부의 단속이 강화되고 있다. 성장이 지속되고, 지도자가 공급되도록 기도하자.

2. 광시의 산악지대에 거주하는 야오족들은 대략 220만 명이다. 이들은 수백 개의 언어와 방언을 사용하는데, 광시에서는 6가지 언어가 사용된다. 복음을 전하는 사역자들이 세워지고 성경이 번역되어 광시의 모든 사람들이 복음을 받아들이도록 기도하자.

구이저우(貴州) 성

3. 일부 지역의 교회에서 경이로운 성장이 일어나게 해주신 하나님께 감사의 찬양을 드리자. 기독교인의 다수는 북서쪽에 살고 있다. 1949년 1만 명이던 기독교인이 150만 명까지 성장했다. 교육받은 지도자가 더 많이 세워지도록 기도하자.

네이멍구(內蒙古) 자치구

4. 전 지역에서 가정교회가 증가해왔으나 거의 모두가 한족 모임이다. 이들은 가중되는 박해로 위축되어 있다. 이들이 계속해서 성장하며, 한족이 아닌 토착민에게 복음이 전해지도록 기도하자.

중보기도 노트

> 내가 네 재판관들을 처음과 같이, 네 모사들을 본래와 같이 회복할 것이라 그리한 후에야 네가 의의 성읍이라, 신실한 고을이라 불리리라 하셨나니. 사 1:26

기도해야 하는 정해진 시간은 없다. 하지만 기도할 수 있는 시간이 곧 없어질 것이다. _미상

9월 16일 중국 8

세계 최대 강국을 꿈꾸는 나라

✚ 기도 제목

닝샤후이족(寧夏回族) 자치구

1. 후이족은 중국에 흩어져 있고 극소수만이 자신들의 자치구에 살고 있다. 이들은 무슬림 무역상과 몽고족, 중국인의 후손으로 중국에서 가장 큰 무슬림 종교 집단이다. 이들 가운데 흩어져 있는 약 2백 명의 기독교인들이 중국에서 복음을 전할 수 있도록 기도하자.

랴오닝(遼寧) 성

2. 교회는 크게 성장했다. 랴오닝의 기독교인 중 20% 이상이 조선족이다. 외국인들, 특히 조선족들은 교회 개척에 적극적인 것으로 유명하다. 기독교인이 지혜롭게 인내하며 복음의 열정을 갖도록 기도하자.

베이징(北京) 시

3. 수도 베이징은 중국 통치를 관할하는 곳이다. 국가 지도자들이 지혜롭고, 겸손하고, 온 국민의 유익을 구하는 정부를 만들기 위해 헌신할 수 있도록 기도하자. 오랫동안 미뤄왔던 경제적, 정치적 결정을 중국의 미래를 위해 용기 있게 내릴 수 있도록 기도하자.

산둥(山東) 성

4. 산둥은 공자의 출생지이자 고향이다. 그의 사상과 저서는 오늘날까지도 중국 문화에 깊숙이 스며들어 있다. 하나님께로 나오지 못하게 가로막는 것으로부터 모든 중국인이 자유로워지도록 기도하자.

중보기도 노트

> 그리스도께서 나를 보내심은 세례를 베풀게 하려 하심이 아니요 오직 복음을 전하게 하려 하심이로되 말의 지혜로 하지 아니함은 그리스도의 십자가가 헛되지 않게 하려 함이라.
> 고전 1:17

역경 속에서 기도할 때와 같이 순경 속에서도 기도하라. _윌리엄 거널

9월 17일 중국 9

세계 최대 강국을 꿈꾸는 나라

✚ 기도 제목

산시(山西) 성

1. 1900년 일어난 의화단 사건은 많은 순교자를 낳았다. 산시에서만 159명의 선교사와 46명의 어린이를 비롯해 수천 명의 중국인이 살해되었다. 이들의 피가 오늘날 교회를 위한 좋은 씨앗이 되도록 기도하자.

산시(陝西) 성

2. 산시 성은 중국 기독교의 발상지이다. 네스토리우스 교도들은 635년 시안(西安) 시에 최초의 교회를 세웠는데, 심한 박해로 이들은 전멸되었다. 21세기에는 교회가 승리하도록 기도하자.

상하이(上海) 시

3. 1950년 다양하고 효과적인 교회생활로 256개의 교회가 있었으나, 문화 혁명 때 모두 파괴되었다. 1999년 엄격한 단속하에 1천 개의 교회가 강제로 폐쇄되었다. 모임이 성장하고 배가될 수 있는 자유가 주어지도록 기도하자.

신장웨이우얼(新疆維吾爾) 자치구

4. 신장은 풍부한 천연자원과 전략적 위치 때문에 중국의 미래 설계에서 중요한 지역으로 꼽힌다. 위구르 분리주의가 1990년대에 계속 증가하자 강력한 제재를 받고 있다. 많은 사람이 생명을 잃었고, 수천 명이 사형당했으며, 많은 이들이 투옥되었다. 종교 활동에서 제약받고 있는 이들을 위해 기도하자.

> 그의 노염은 잠깐이요 그의 은총은 평생이로다 저녁에는 울음이 깃들일지라도 아침에는 기쁨이 오리로다 내가 형통할 때에 말하기를 영원히 흔들리지 아니하리라 하였도다. 시 30:5~6

사랑은 반드시 기도로 이어져야 한다. 기도는 반드시 행동으로 이어져야 한다. _닉 해리슨

9월 18일   중국 10

세계 최대 강국을 꿈꾸는 나라

✚ 기도 제목

쓰촨(四川) 성

1. 쓰촨은 한족이 주 거주민인 지역 중 최근까지 기독교인의 수가 가장 적은 곳이다. 이 지역을 둘러싼 영적 산들이 무너지고 수백만의 사람들이 그리스도께 돌아오도록 기도하자.

안후이(安徽) 성

2. 1999년에는 미등록 교회에 대한 탄압이 더욱 심해졌다. 믿는 자들이 인내하며 담대하게 복음을 전하도록 기도하자.

윈난(雲南) 성

3. 윈난은 중국에서 종족 구성이 가장 복잡한 곳이다. 20세기 초 일부 종족 집단에서 크고 놀라운 성령의 역사가 있었다. 더 많은 사람들이 하나님의 은혜와 권능을 체험하도록 기도하자.

장시(江西) 성

4. 공산주의의 오랜 행진이 이곳에서 시작되었다. 이 행진은 공산주의의 정치적 승리로 끝났으나, 중국에는 큰 재난으로 귀결되고 말았다. 역사의 어두운 그림자에서 복음으로 이 지역이 해방되도록 기도하자.

장수(江蘇) 성

5. 1980년 이후 교회의 성장은 두드러지게 나타났다. 1백만 이상의 사람들이 TSPM 교회에 속해 있으며, 더 많은 사람들이 성장하는 가정 교회에 속해 있다. 적의 공격과 속임수가 성장을 방해 못하도록 기도하자.

그리스도께서 약하심으로 십자가에 못 박히셨으나 하나님의 능력으로 살아 계시니 우리도 그 안에서 약하나 너희에게 대하여 하나님의 능력으로 그와 함께 살리라. 고후 13:4

기분이 좋을 때만 기도하지 말고, 주님과 약속하고 그 시간을 잘 지켜라. _코리 텐 붐_

9월 19일   중국 11

세계 최대 강국을
꿈꾸는 나라

✚ 기도 제목

저장(浙江) 성

1. 원저우는 종종 중국의 예루살렘이라 불린다. 인구의 30% 이상이 기독교인이다. 여러 시골에 교회 건물이 흩어져 있어서 주변 지역의 사람들이 모이고 있다. 성도들이 끝까지 믿음을 지키도록 기도하자.

지린(吉林) 성

2. 중국 소선족 교회는 북한을 위해 특별한 역할을 하고 있다. 공산주의가 붕괴될 경우, 이들 기독교인이 북한을 재복음화하고 치유하는 중요한 역할을 할 수 있도록 기도하자.

충칭(重慶) 시

3. 양쯔 강에 위치한 충칭은 중국 남서부 산업 및 무역의 중심지이며, 석탄 사용량이 많아 세계 10대 오염 도시 중 하나로 유명하다. 영적으로 빈곤한 이 도시에서 기독교 모임이 성장할 수 있도록 기도하자.

칭하이(青海) 성

4. 황폐한 이 지역에는 강제 노동 수용소가 산재해 있다. 많은 기독교인을 포함하여 수천 명의 죄수들이 이곳에서 큰 고통을 겪고 있다. 이곳에 있는 모든 양심수를 위해 기도하자.

텐진(天津) 시

5. 교회는 근교에 위치한 베이징만큼이나 엄격하게 통제되고 있으며, 교회 성장도 더욱 제한되었다. 이에 비해 가톨릭 교인들은 더욱 자유롭다. 엄격한 단속이 완화되고 교회가 더 많이 성장하도록 기도하자.

다만 이뿐 아니라 우리가 환난 중에도 즐거워하나니 이는 환난은 인내를, 인내는 연단을, 연단은 소망을 이루는 줄 앎이로다. 롬 5:3~4

기도의 의미는 응답을 받는 것이 아니라 하나님을 모시는 것이다. _오스왈드 체임버스

9월 20일   중국 12

세계 최대 강국을 꿈꾸는 나라

✚ 기도 제목

티베트-시짱(티베트, 西藏) 자치구

1. 티베트는 국제적인 논쟁지역이다. 2008년 올림픽을 앞두고 독립을 주장하다 중국 정부의 진압으로 많은 인명 피해가 있었다. 이들은 여전히 달라이 라마를 중심으로 독립을 주장하고 있다. 이 땅에 평화를 주시도록 기도하자.

푸젠(福建) 성

2. 19세기 초, 이곳에 도착한 최초의 개신교 선교사들이 설립한 교회는 공산 혁명 이후 많은 성장을 해왔는데, 그중에서도 가정교회의 성장은 괄목할 만하다. 최근 몇 년간 정부 당국은 교회의 문을 강제로 닫게 하는 등 단속을 강화하고 있는데, 이곳의 교회 성장을 위해 계속 기도하자.

하이난(海南) 성

3. 하이난은 1980년대에 커다란 경제 성장을 이루었다. 이것은 하이난을 경제 특구로 발전시킨 동시에 부정부패도 낳았고, 심각한 불경기로 이어지고 있다. 기독교인들이 부도덕한 사회에 복음을 효과적으로 증거하도록 기도하자.

허난(河南) 성

4. 허난 교회의 복음 전도는 기독교의 확장을 뜻한다. 젊은 여성들도 참여하는 교회 개척 팀이 훈련 교사들과 함께 중국 너머까지 퍼져갔다. 가르치는 사람들이 부족하지 않도록, 박해가 심해지는 가운데 믿음을 더욱 굳건히 지키는 성도들이 되도록 기도하자.

땅의 모든 끝이 여호와를 기억하고 돌아오며 모든 나라의 모든 족속이 주의 앞에 예배하리니 나라는 여호와의 것이요 여호와는 모든 나라의 주재심이로다. 시 22:27~28

기도는 구하는 것이 아니라 하나님과 연합하는 것이다. _선다싱

9월 21일 중국 13

세계 최대 강국을 꿈꾸는 나라

✚ 기도 제목

허베이(河北) 성

1. 허베이는 경찰의 단속이 가장 엄한 곳 중 하나로, 지난 20년간 기독교인들은 많은 고충을 겪었다. 전략지역인 이곳에 거주하는 기독교인들에게 더 많은 은혜와 자유가 주어지도록 기도하자.

헤이룽장(黑龍江) 성

2. 소수의 토착 몽고족과 알나이 종족 대부분은 무속 종교인들이다. 민저 최대 규모를 이루는 다우르족이 복음에 반응하기 시작했으며 약 1천 명의 기독교인이 있다. 한족이 아닌 선교사들이 이들에게 복음을 전하는 삶을 살 수 있도록 기도하자.

후난(湖南) 성

3. 마오쩌둥의 고향인 이곳에서는 여전히 마오쩌둥 사상이 우세하다. 오랫동안 형성된 반외세 사상이 복음 전파를 늦추고 있다. 후난의 한족은 중국에서 영적으로 접근하기에 가장 힘겨운 종족일 것이다. 영적 장애물들이 제거되도록 기도하자.

후베이(湖北) 성

4. 1949년 이전까지는 교회가 많이 성장했으나, 이후로는 다른 여러 지역의 성장에 못 미쳤다. 특히 도시지역에 대한 당국의 단속이 엄해서 등록 교회 수가 적은 편이다. 이들을 결박하고 있는 정치적, 이념적, 영적 사슬이 끊어지도록 기도하자.

아무것도 염려하지 말고 다만 모든 일에 기도와 간구로, 너희 구할 것을 감사함으로 하나님께 아뢰라. 빌 4:6

모든 것을 위해 기도하라. 모든 것에 대해 감사하라. _무디

9월 22일

중국 선교의 시발점

중국 마카오(특별 행정구)

China, Macao

- **면적** 17 km²
- **인구** 445,400명
- **주도** 마카오
- **도시화** 100%
- **GNP** $17,600(2000년)
- **종족** 중국 96%, 마카오인(유라시아인) 2.7%, 기타 1.3%
- **공용어** 광저우어, 포르투갈어 **문자해독률** 90%
- **종교** 무종교·기타 60%, 중국 종교 19.7%, 불교 13%, 기독교 7.3%

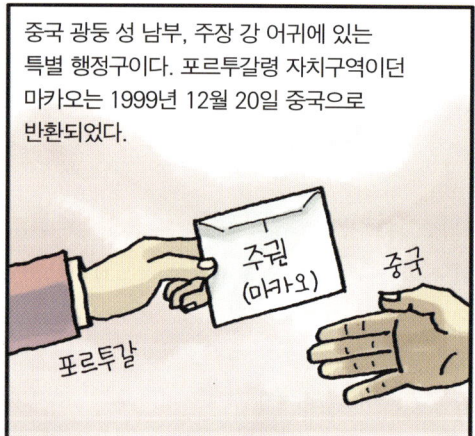

중국 광둥 성 남부, 주장 강 어귀에 있는 특별 행정구이다. 포르투갈령 자치구역이던 마카오는 1999년 12월 20일 중국으로 반환되었다.

현재 주요 산업은 도박과 관광업이다.

"17세기 세계에서 가장 부유한 도시였어."

1600년에 95%가 가톨릭 신자였으나 2000년에 약 7.4%로 줄어들었다.

"우린 가톨릭에 더 이상 관심 없습니다."

"어머!"

마카오는 중국에서 개신교 선교의 시발점이 된 곳이다. 이곳에서 최초의 중국인 회심자가 세례를 받았다.

➕ 기도 제목

1. 마카오는 아시아 최초의 기독교 국가로 번성했으나, 95%의 가톨릭교회는 비참한 쇠퇴를 경험하고 있고 개신교회는 언제나 소규모였다. 개신교회의 수는 1986년 33개에서 1999년 78개로 늘어났다. 이 나라 사람들이 하나님의 말씀으로 변화되도록 기도하자.

2. 마카오는 중국에서 개신교 선교의 시발점이 된 곳이다. 이곳에서 최초로 회심한 중국인이 세례를 받았고, 최초의 중국어 성경이 번역되었으며, 최초의 중국 선교사 로버트 모리슨이 묻혔다. 교회의 생존과 성장을 도울 지역 지도자들이 세워지고, 중국과 세계를 잇는 축복의 통로가 되도록 기도하자.

3. 마카오는 죄가 범람하는 도시가 되었다. 도박과 매매춘이 주요 수입원이 되고 있으며, 이러한 돈벌이 되는 산업을 장악하려는 잔혹한 갱들의 무법지대를 올바른 사회로 만들려고 정부가 애쓰고 있다. 죄로 가득한 이 도시가 불명예스러운 명성을 벗고, 하나님의 복음에 의해 변화되도록 기도하자.

4. 현재 복음주의 기독교인이 2배로 증가하고 있다. 지속적인 성장을 방해하는 주된 요소들은 기독교 사역자의 부족, 강하게 연계되어 있는 가족 구조, 도시명이 지역 신 '아마(A-Ma)'의 이름을 따른 후 이 신에 대해 대적하기를 두려워하는 마음에서 비롯된다. 사람들이 주께 돌아오는 것을 막는 모든 사슬이 끊어지도록 기도하자.

중보기도 노트

나는 여호와이니 이는 내 이름이라 나는 내 영광을 다른 자에게, 내 찬송을 우상에게 주지 아니하리라. 사 42:8

무릎 꿇음으로 가벼워지지 않는 짐이란 없다. _F. B. 마이어

9월 23일

중국 홍콩(특별 행정구)

본토 복음 전도 기지

China, Hong Kong

면적 1,092 ㎢(한반도의 0.49%)
인구 6,965,000명
주도 홍콩
도시화 100%
GNP $29,650
종족 중국 97%, 기타 3%
공용어 만다린어(푸퉁후아), 영어, 광둥어   **문자해독률** 92%
종교 중국 종교·불교 66.1%, 무종교 18.3%, 기독교 10.1%, 기타 3.8%

중국 광둥 성 남부, 주장 강 어귀에 있는 섬으로, 세계에서 가장 인구밀도가 높은 지역 중 하나다.

세계에서 가장 부유한 도시 가운데 하나이기도 하다.

홍콩의 성공적인 중국 반환이 이루어졌고 종교의 자유는 계속되고 있다.

홍콩에 오셔서 북경 오리고기 맛보세요.

홍콩은 본토에 대한 복음 전도, 제자 훈련, 문서 사역의 중심지다.

선교에 대한 재정도 부담하겠소.

✚ 기도 제목

1. 1997년 홍콩의 중국 반환은 그곳에 거주하는 기독교인이 두려움과 기쁨을 동시에 만끽하는 일대 사건이었다. 홍콩을 향한 하나님의 뜻이 계속 실현되고, 공산 정부로 인해 보장된 자유가 빼앗기지 않도록, 핍박받는 중국 교회와 7천만 이민자를 위해 중국인의 부와 인적 자원이 효과적으로 동원되도록 기도하자.

2. 기독교인은 인구의 10% 정도다. 교회가 불이익을 받을지라도 타협하지 않는 신앙을 갖도록 기도하자.

3. 전체적으로 들떠 있는 홍콩의 분위기 속에서 교회는 많은 어려움을 겪고 있지만 그래도 여전히 느린 속도로 성장하고 있다. 경제 발전이 지속되는 이 땅에서 돈을 사랑하는 자가 아닌 하나님을 더욱 사랑하는 자로 살게 하시고, 교회는 기도와 복음 전도, 선교에 더욱 힘쓰며 연합하도록 기도하자.

4. 해외 선교 사역에 대한 교회의 관심이 늘고 있다. 57%의 교회가 선교에 헌신하고 있고 300명 이상의 타문화권 선교사가 파송되었다. 신학교 교육과정과 제자 훈련을 통해 성숙된 기독교 지도자가 계속 발굴되며 다른 교회들도 동참할 수 있도록 기도하자.

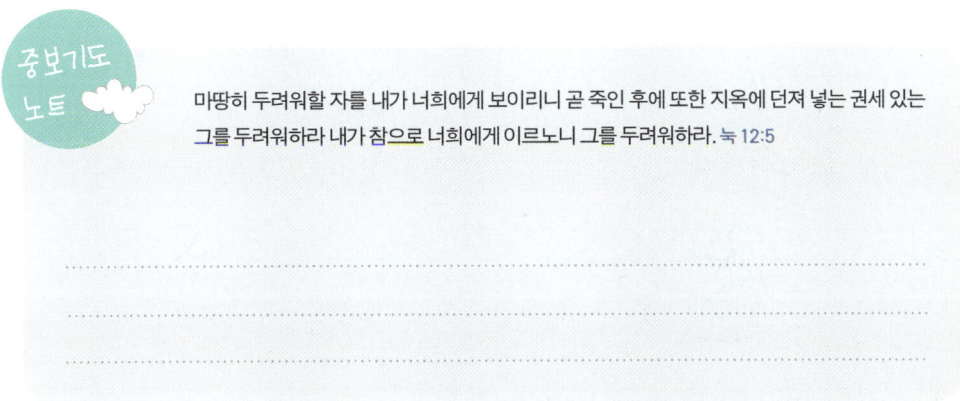

9월 24일

중앙아프리카 공화국

국민 건강상태가
열악한 나라

Central African Republic

면적 622,436㎢(한반도의 281.1%)
인구 3,615,300명
수도 방기 **도시화** 39%
GNP $400
종족 아다마-우방기 79.2%, 수단 8%, 서대서양 6.5%, 반투 3.2%
공용어 프랑스어, 산고어 **문자해독률** 33%
종교 기독교 70.4%, 이슬람교 15.6%, 전통 종족종교 12.8%, 무종교·기타 0.9%

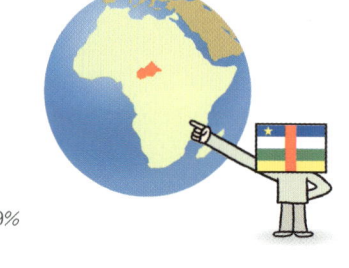

아프리카의 한가운데에 있는 공화국으로, 남서부는 열대림, 북동부는 사막지대이다.

아프리카 중앙이오.

바다와 거리가 멀어서 발전이 저해되고 있으며,

바다가 그립다.

평균 수명이 49세일 정도로 건강상태가 열악한 나라다.

그러다가 나랑 수명이 똑같아지는 것 아냐?

주변국과의 갈등과 내전으로 정치적 긴장감이 계속되고 있다.

사람들 살아가기 정말 힘들겠다.

✚ 기도 제목

1. 불안정한 사회 분위기, 쿠데타의 후폭풍, 폭력이 난무하는 시기가 지나고 복음 전도는 많은 호응을 얻었다. 아프리카에는 복음주의자들이 많은 편이지만 성경의 진리를 적용하는 일은 거의 없다. 성도 간에 서로 상처를 입힌다든지 분열을 조장하는 일이 없도록, 깊이 이해하고 신뢰하도록 기도하자.
2. 추수할 밭과 일꾼들에 대한 교회의 연합이 더욱 넓고 깊어져 제자 훈련, 교회 개척, 개척 선교의 열매가 맺히도록 기도하자.
3. 도시 간에 멀리 떨어져 있고 가난하고 글을 모르는 사람이 많아 훈련 영역에서 제한받고 있다. 12개 이상의 성경학교와 신학대학원의 사역을 위해 기도하자.
4. 젊은이와 어린이 세대를 훈련시킬 비전을 가진 교회가 거의 없는 상황이다. 일부 지역에서는 방과 후에 학교 건물을 빌려 성경을 가르치고 있다. 이를 위해 교회와 사역자가 능력을 발휘하도록 기도하자.
5. 성경이 4개의 토착어로만 번역되어 있으나 하나님의 말씀이 이곳의 모든 사람들에게 공급될 수 있도록 토착 언어(69개)로 번역되며, 교육과 보건 영역에서 중요한 역할이 잘 감당되어지도록 기도하자.

중보기도 노트

누구든지 하나님을 사랑하노라 하고 그 형제를 미워하면 이는 거짓말하는 자니 보는바 그 형제를 사랑하지 아니하는 자는 보지 못하는바 하나님을 사랑할 수 없느니라. 요일 4:20

기도한 뒤에는 기도를 넘어서는 일을 할 수 있지만 기도하기 전에는 기도를 넘어서는 일을 할 수 없다. _존 번연_

9월 25일   지부티

아프리카 대륙에서
세 번째로 작은 나라

면적 23,200 ㎢ (한반도의 10.5%)
인구 637,600명
수도 지부티
도시화 83%
GNP $1,100
종족 소말리 61.7%, 아파르(다나킬) 20%, 아랍 6%, 기타 4%, 난민 8.3%
공용어 프랑스어, 아랍어   **문자해독률** 46%
종교 이슬람교 93.9%, 기독교 4.7%, 무종교·기타 1.3%

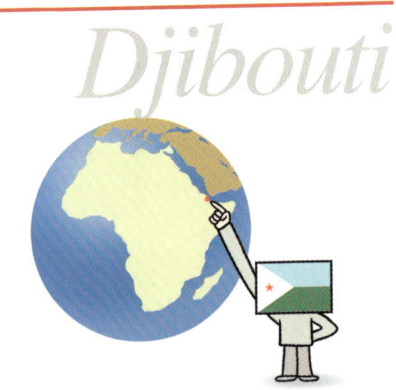

아프리카 동북부 아덴 만 기슭에 있는 공화국으로, 에티오피아와 에리트레아, 소말리아로 둘러싸여 있는 덥고 건조한 사막으로 이루어져 있다.

천연자원의 부족으로 프랑스의 원조와 대규모 군사 기지에 의존하고 있으며, GNP의 절반은 프랑스군의 주둔으로 얻어진 것이다.

지부티 항구와 에티오피아에 연결된 철도가 유일한 경제 자산일 정도로 열악하다.

이슬람교가 국교이지만 국교 신봉을 강요하지는 않는다.

타종교에 대해 자유를 많이 허용하고 있습니다.

✚ 기도 제목

1. 주변 나라가 내전을 벌이고 있는 가운데 피난처 같은 역할을 제공하고 있다. 이슬람교를 국교로 삼고 있지만 타종교에 대해 수용적이다. 정치와 경제 상황이 어려워지면서 점차 세력이 커지는 무슬림에 의해 현재의 자유가 방해받지 않도록 기도하자.

2. 프랑스 교회만 개신교로서 유일하게 전도 활동을 할 수 있다. 이 교회는 에티오피아, 마다가스카르 인들과 그 외 난민과 빈민을 위한 사역도 함께하고 있다. 선교단체가 결성되었는데 기독교인들 가운데 협력과 단합이 효과적으로 이루어지도록 기도하자.

3. 덥고 건조하며 때로는 습하기까지 한 지역에서 사역하는 것은 매우 힘들다. 교육, 공중 보건, 성경 번역, 문서 사역, 문맹 퇴치, 청소년 사역을 위해 기도하자. 복음을 들은 사람들이 제자로 훈련되어지도록 기도하고, 하나님께서 영혼을 얽어매는 모든 세력을 파하시고 견고한 사단의 진에 돌파구가 뚫리도록 기도하자.

4. 에티오피아 난민들은 아주 가난하며 다수가 정교회 교인들이다. 5개의 복음주의 교회가 활동하고 있으며 전도에도 강한 의욕을 보이고 있다. 이들이 적절하고 효과적으로 복음을 전할 수 있도록 기도하자.

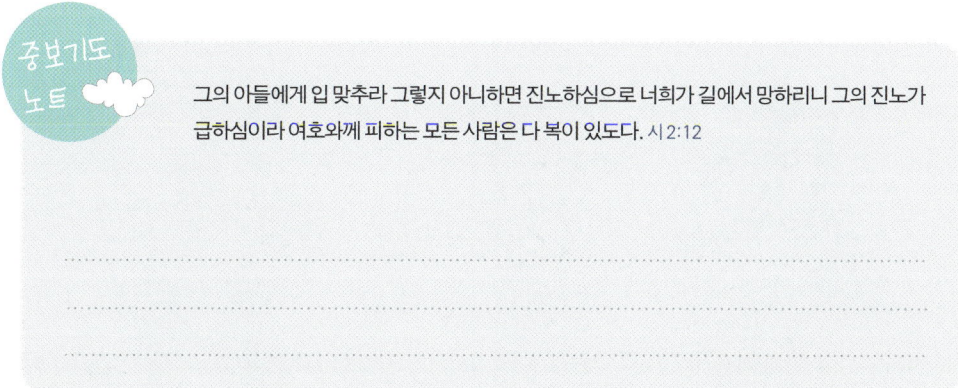

그리스도인이라면 영적 전투에서 제외될 수 없다. 하나님께서는 안일한 평화주의자를 용인하지 않으신다. _루스 팩슨

9월 26일 지브롤터

영국의 중요한
해군 기지였던 나라

Gibraltar

면적 6.5㎢
인구 25,100명
GNP $13,500(2000년)
종족 토착인 76.4%, 기타 23.6%
공용어 영어, 스페인어
문자해독률 90%
종교 기독교 88.4%, 이슬람교 8.5%, 유대교 2%, 힌두교 0.6%

이베리아 반도 서남쪽, 지브롤터 해협의 북쪽 해안에 위치해 있는 유명한 바위로 된 반도 국가다. 1704년 이후 영국의 식민지였으며 1991년까지 영국의 중요한 해군기지였다.

완전한 종교의 자유가 있다.

종교의 자유는 있지만 종교는 없다!

가톨릭이 절대로 우세한 지역이다.
인구의 다수가 가톨릭 교인이다.

맘에 든다, 지브롤터.

➕ 기도 제목

1. 인구의 다수가 가톨릭 교인이며, 복음주의 전도 활동은 영어권, 스페인어권 교회 단 4곳을 통해 소규모로 이루어지고 있다. 하나님께서 지브롤터 교회를 복음으로 회복하셔서 복음이 아직 전해지지 않은 북아프리카와 스페인 남부에 복음 사역이 이루어지도록 기도하자.

2. 지브롤터에 머무는 6백만 명의 관광객, 7천 명 이상의 모로코 임시직 노동자들(아랍어를 사용하는 작은 모임이 하나 있음), 유태인 공동체와 남아시아 출신의 힌두교인들을 위해 기도하자.

3. 지브롤터 교회의 복음 증거를 통해 이 땅에 머무는 이방인들이 복음의 축복을 누리도록 기도하자.

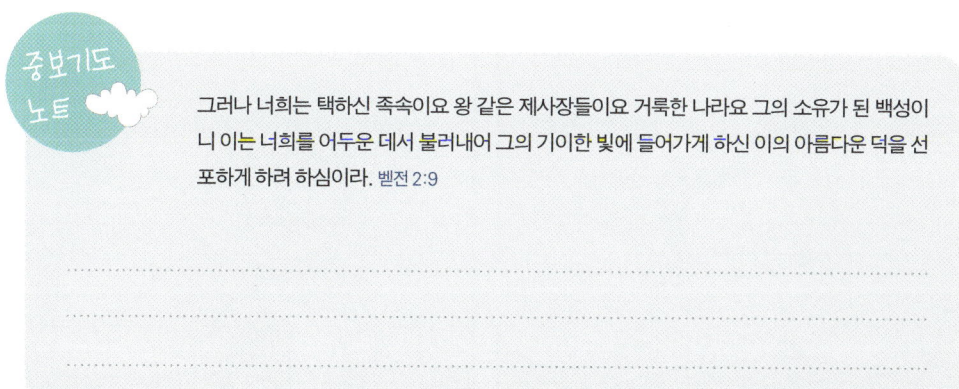

중보기도 노트

그러나 너희는 택하신 족속이요 왕 같은 제사장들이요 거룩한 나라요 그의 소유가 된 백성이니 이는 너희를 어두운 데서 불러내어 그의 기이한 빛에 들어가게 하신 이의 아름다운 덕을 선포하게 하려 하심이라. _벧전 2:9_

끊임없이 기도하라. 이것은 오늘날의 설교자에게 있어 진군 나팔이다. _미상_

9월 27일

에이즈 사망률이
세계 최고인 나라

면적 390,759㎢ (한반도의 176.5%)
인구 11,669,000명
수도 하라레
도시화 27%
GNP $55
종족 토착인 90.9%, 비토착인 9.1%
공용어 영어　**문자해독률** 85%
종교 기독교 71.7%, 전통 종족종교 26%, 무종교·기타 1.2%, 이슬람교 1%

짐바브웨 1

아프리카 중남부에 있는 공화국으로 잠비아, 모잠비크, 남아프리카 공화국, 보츠와나에 둘러싸인 내륙 국가이다. 1980년대 아프리카에서 가장 발달한 나라였다.

과거의 영광은 필요 없소.

그러나 만성적인 부패와 가뭄과 에이즈로 현재는 쇠락의 길로 들어섰다.

오, 가련한 짐바브웨여~

종교의 자유는 있으나 공산주의적 성향이 강하다.

그거 하나 맘에 든다.

김정일

에이즈 사망률 역시 세계 최고 수준이다.

인구가 급격히 줄고 있어요.

인구성장률

✚ 기도 제목

1. 짐바브웨에 하나님의 마음에 합한 지도자가 세워져 정치의 안정을 이루고, 경제적인 어려움이 해결되도록 기도하자.

2. 에이즈 사망률이 굉장히 높다. 전체 성인의 25% 이상이 에이즈 감염자이며, 매주 7백여 명이 죽어가고 있다. 정부, 교회, 국민 전체가 에이즈를 대하는 태도에서 큰 변화를 일으키도록 기도하자. 에이즈 퇴치 프로그램이 성공하도록 기도하자.

3. 교회는 계속 성장하고 있지만 문제점도 있다. 주술과 조상 숭배 문제로 타협하지 않도록 기도하자. 또한 정치 문제에 대해 성경적인 기준을 제시하도록 기도하자.

4. 타깃 2000 비전을 통해 짐바브웨의 많은 교회가 나라 곳곳에 새로운 교회를 세웠다. 또한 모잠비크로 떠난 짐바브웨 선교사들은 모잠비크에 많은 영향을 끼쳤다. 하나님께서 아프리카와 전 세계에 복음을 전하는 비전을, 짐바브웨 교회에 허락하시도록 기도하자.

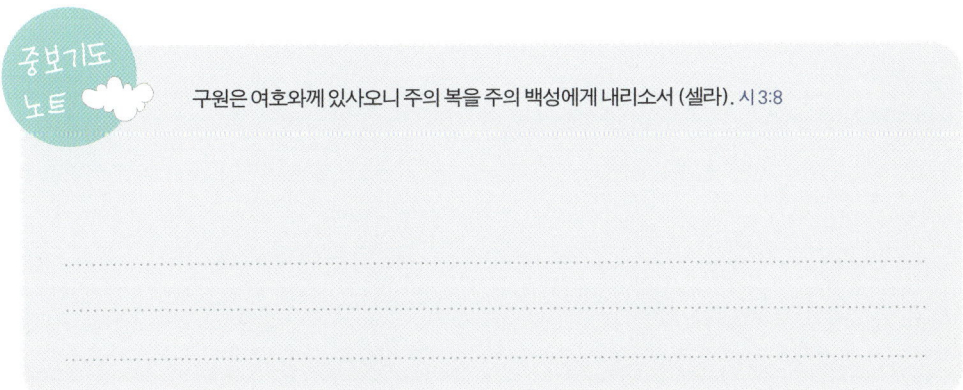

구원은 여호와께 있사오니 주의 복을 주의 백성에게 내리소서 (셀라). 시 3:8

성령님, 당신의 생각이 나의 생각이 될 때까지 내 안에서 생각해주십시오. _에이미 카마이클

9월 28일 짐바브웨 2

에이즈 사망률이 세계 최고인 나라

✚ **기도 제목**

1. 해결되지 않는 정치 문제, 권력층의 욕심, 일자리 부족으로 꿈을 잃어버린 젊은이들이 주님 안에서 소망을 갖고 복음의 일꾼으로 거듭나도록 기도하자.

2. 복음이 잘 전해지지 않는 지역과 사람들인 시골지역과 신도시 거주자들과 종족(통가족, 남비야족, 돔베족, 쿤다족, 느다우족), 백인 소유의 농장에서 일하는 노동자들, 무슬림(야오족, 구자라트인, 렘바족)에게 복음을 전할 자들을 보내주셔서 복음을 듣고 예수 그리스도를 믿도록 기도하자.

3. 외국인 선교사들에게 할 일이 많이 남아 있는데, 정부가 비자를 잘 내주지 않아 선교사들의 수가 계속 줄고 있다. 교회가 선교단체와 연합하여 부족한 인력이 보충될 수 있도록, 선교단체의 사역이 많은 열매를 거두도록 기도하자.

4. 기독교 문서 사역은 짐바브웨뿐만 아니라 모잠비크에도 영향을 주고 있다. 쇼나어 성경 개정이 더 빨리 이루어지도록 기도하자. 또한 기독교 문서 사역을 통해 짐바브웨 국민의 모든 세계관이 성경적인 세계관으로 변화되도록 기도하자.

중보기도 노트

> 우리 주 예수 그리스도의 아버지 하나님을 찬송하리로다 그의 많으신 긍휼대로 예수 그리스도를 죽은 자 가운데서 부활하게 하심으로 말미암아 우리를 거듭나게 하사 산 소망이 있게 하시며. 벧전 1:3

기도해야 할 가치가 없는 문제는 걱정해야 할 가치도 없다. _미상

9월 29일　　　　　　　　　　　　　　　　　　　　　　차드

가뭄과 내전으로
고통받는 나라

면적 1,283,998 ㎢ (한반도의 579.8%)
인구 7,651,000명
수도 은자메나
도시화 21%
GNP $750
종족 수단 45%, 사하라 13.3%, 아랍 11.3%, 오우아드다이-퍼 11%
공용어 프랑스어, 아랍어　　**문자해독률** 10%
종교 이슬람교 55%, 기독교 27.8%, 전통 종족종교 16%, 바하이교 1.1%

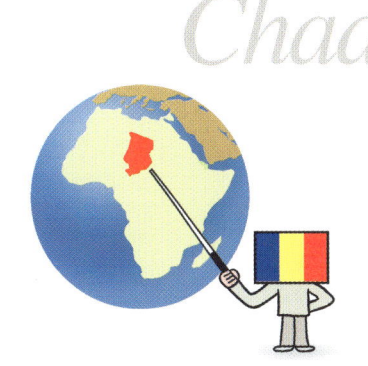

아프리카 대륙의 가운데 있는 공화국으로, 국토의 대부분이 사막으로 되어 있으며, 중부는 건조한 초원지대, 남부는 무성한 수풀지역으로 이루어졌다.
바다는 1천 km 거리에 있다.

심한 가뭄과 내전 그리고 낙후된 도로망이 경제 발전을 방해하고 있다.

1960년 프랑스에서 독립하였고, 1978년부터 북부 무슬림 정당이 권력을 차지하기 위해 내전을 벌였다.

종교의 자유가 있다. 어려운 국가적 상황 속에서도 교회는 성장하고 있다.

주님만이 이 나라의 희망입니다.

✚ 기도 제목

1. 북부와 남부, 무슬림과 기독교, 기타 수많은 종족 분열 속에서 정부는 양쪽 모두의 유익을 균형 있게 구하여야 한다. 하나님을 경외하는 정부가 세워져 하나님의 지혜로 다스리도록 기도하자. 그리하여 세계에서 가장 가난한 나라 가운데 하나인 이 나라의 경제가 발전하고 평화가 오도록 기도하자.

2. 이슬람교가 정치, 무역, 군사 등의 모든 분야를 지배하고 있다. 이슬람교 포교가 비이슬람 지역에 행해지고 있으며 위협과 폭력이 증가하고 있다. 기독교인들이 영적으로 깨어 기도하고, 복음 전도를 위한 계획들이 주님의 도우심으로 열매를 거두도록 기도하자.

3. 교회의 부흥을 위해 기도하고 이들의 언어로 된 성경이 번역되도록 기도하자. 모든 신자가 진리의 말씀을 깊이 앎으로 우상 숭배로부터 벗어나, 연합하여 복음을 전하고 기도하는 일에 힘쓰도록 기도하자.

4. 차드에는 복음을 접하지 못한 종족들이 아프리카 어느 나라보다 많다. 사하라족, 나바족, 구에라 산맥 19개 종족, 우아다이족, 차리-바기르미족, 아랍인, 유목민 므보로로 풀베족과 이슬람교 전파의 중심지가 되고 있는 수도 은자메나에 주님의 복음의 능력이 임하도록 기도하자.

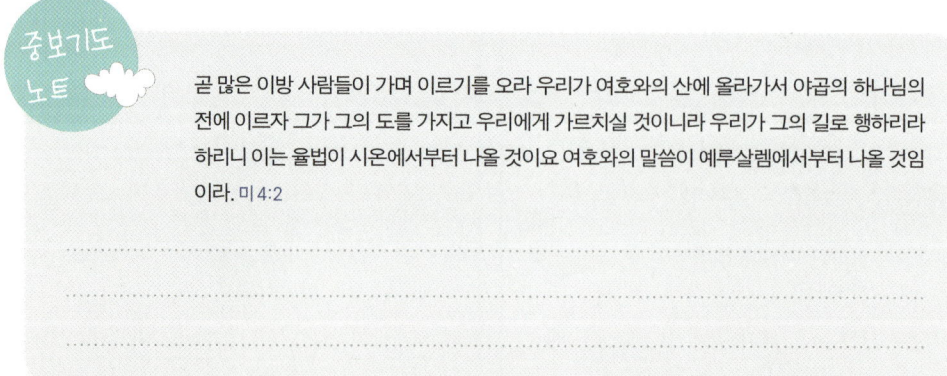

곧 많은 이방 사람들이 가며 이르기를 오라 우리가 여호와의 산에 올라가서 야곱의 하나님의 전에 이르자 그가 그의 도를 가지고 우리에게 가르치실 것이니라 우리가 그의 길로 행하리라 하리니 이는 율법이 시온에서부터 나올 것이요 여호와의 말씀이 예루살렘에서부터 나올 것임이라. 미 4:2

가슴 없는 말보다는 말 없는 가슴으로 기도하는 것이 더 효과적이다. _존 번연

9월 30일

체코

도덕적 공백을
복음으로 채우라

면적 78,866㎢(한반도의 35.6%)
인구 10,244,200명
수도 프라하
도시화 76%
GNP $17,070
종족 슬라브 96.3%, 기타 3.7%
공용어 체코어　**문자해독률** 99%
종교 기독교 53.2%, 무종교 45%, 기타 1.5%, 이슬람교 0.2%

유럽의 중앙 내륙에 있는 공화국으로, 시장 자본주의의 정착이 순조롭지 못해 국민들이 고통당하고 있다.

수십 년에 걸친 공산 정권이 만들어낸 도덕적 공백은 아직도 채워지지 않고 있다.

그 결과 지난 10년간 도덕적 몰락은 범죄, 과소비, 매춘, 가정 붕괴를 동반하게 되었다.

가톨릭교회 지도자들이 나이들었고(신부들의 평균 연령이 69세), 평신도 연령도 높아지고 있다.

최근에 주어진 종교의 자유는 양날이 선 검과 같다. 전도할 자유는 있지만 개방성은 오히려 교회를 둔감하게 만들었다.

어떻게 하자는 거야.

젊은이들은 인생을 만족시켜줄 해답을 찾고 있지만 구조화된 종교에 대해 냉소적이고 무감각하다.

✚ 기도 제목

1. 공산주의 국가에서 시장 자본주의 국가로 바뀌면서 국민 중 소수가 부를 갖게 되었지만 대부분은 경제적인 압박을 겪게 되었다. 공산 정권 아래에서 생긴 도덕적 문제, 범죄, 물질 남용, 매춘, 가정 붕괴는 사회 전체에 퍼지게 되었다. 하나님의 개입으로 이러한 불경건함이 끊어지도록 기도하자.

2. 가톨릭교회가 기타 다른 교단에 비하면 거의 7대 1로 우세하지만, 역시 심각하게 감소하고 있다. 내부 불화와 소극적인 태도, 지도자와 신도들의 고연령층 등의 문제가 해결되어야 한다. 성령께서 가톨릭교회 전체를 휩쓸어 수백만 성도들이 살아 계신 그리스도를 만나도록 기도하자.

3. 체코의 개신교인들은 이 나라 역사와 문화에서 중요한 위치를 차지하고 있다. 개신교의 긍정적인 영향력이 사회 곳곳에 흘러가도록 기도하자. 주요 개신교단들이 영적으로 주린 체코인들에게 그리스도의 사랑을 전하는 일에 헌신하도록 기도하자.

4. 최근에 주어진 종교의 자유는 신자들에게 전도 기회를 제공하였지만, 교단과 선교단체가 분열되고, 거짓 종교(유사 기독교 포함)의 활동이 증가하게 되는 부정적인 결과도 낳게 되었다. 체코의 복음화라는 동일한 목적을 위해 모든 신자들이 연합하여 적극적으로 복음을 전하도록 기도하자.

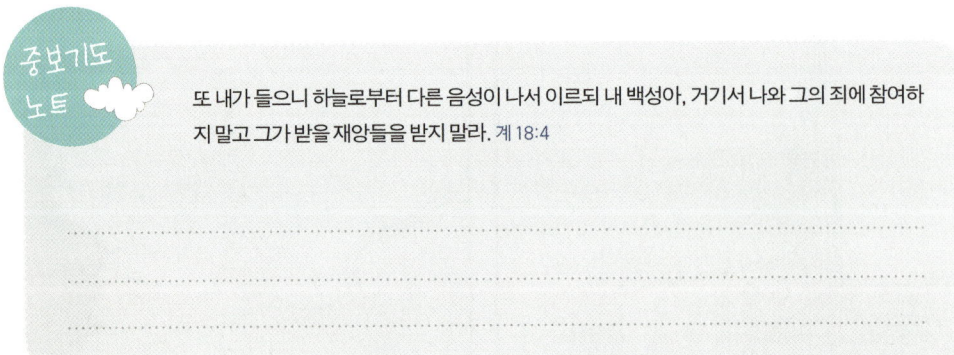

중보기도 노트

또 내가 들으니 하늘로부터 다른 음성이 나서 이르되 내 백성아, 거기서 나와 그의 죄에 참여하지 말고 그가 받을 재앙들을 받지 말라. 계 18:4

하나님은 장황한 웅변보다 단순하고 짧은 기도를 애호하신다. _로버스톤

10월 1일　　　　　　　　　　　　　　　　　　　　　　　　　칠레

바른 신학과 하나 됨이
필요한 나라

면적 756,946㎢ (한반도의 341.8%)
인구 15,212,000명
수도 산티아고
도시화 86%
GNP $9,880
종족 칠레 89.7%, 아메리카 인디언 8%, 폴리네시아 0.2%, 기타 2.1%
공용어 스페인어　　**문자해독률** 95%
종교 기독교 89.2%, 무종교·기타 9.6%, 정령 숭배 0.9%

✚ 기도 제목

1. 외국 선교단체 선교사들은 교회를 가르치고 지도자를 키우며 선교의 비전을 심고 있다. 선교사들의 사역이 칠레 교회를 생명력 있게 하는 데 큰 도움이 되도록 기도하자.

2. 정령 숭배를 하는 마푸체족, 희망을 잃은 라파누이족(이스터 섬 주민), 마약 중독자, 산티아고의 유대인, 로마 집시, 장애인에게 복음이 전해지고 성경이 보급되도록 기도하자.

3. 기독교 라디오와 TV 방송국은 칠레에서 가장 좋은 복음 전파 수단이다. 선교단체와 서점을 통해 문서로 복음 전도가 잘 이루어지도록 기도하자.

4. 스페인어와 마푸둔건어 두 가지로 된 〈예수〉 영화를 많은 사람들이 보고 예수께 돌아오도록 기도하자.

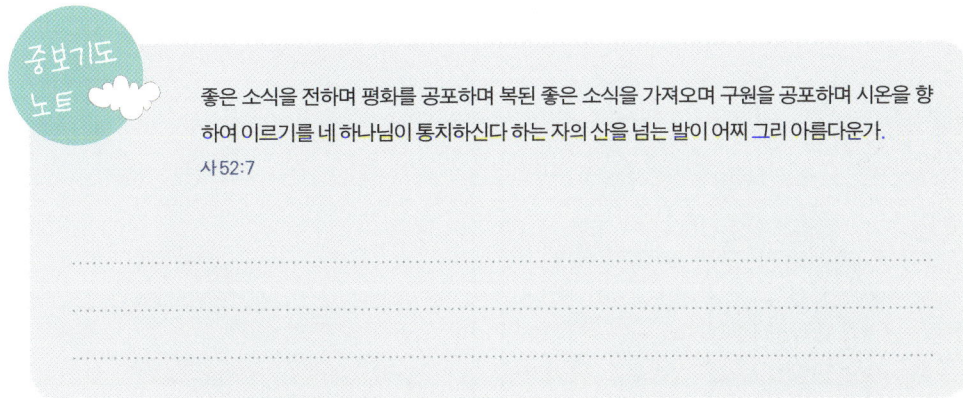

중보기도 노트

좋은 소식을 전하며 평화를 공포하며 복된 좋은 소식을 가져오며 구원을 공포하며 시온을 향하여 이르기를 네 하나님이 통치하신다 하는 자의 산을 넘는 발이 어찌 그리 아름다운가.
사 52:7

나는 글보다는 기도를 통해서 의로움을 실제로 판단하는 법을 배우고 싶다. _존 오웬

10월 2일 카메룬

세계에서 가장 부패하다고 오명 입은 나라

면적 475,501 ㎢ (한반도의 214.7%)
인구 15,085,000명
수도 야운데　**도시화** 42%
GNP $1,100
종족 반투 58.5%, 차드-하우사 16.7%, 서대서양 9.4%, 반토이드 6.5%, 수단 6.1%
공용어 프랑스어, 영어　**문자해독률** 63%
종교 기독교 69%, 이슬람교 25%, 정령 숭배 4.6%, 바하이교 0.9%

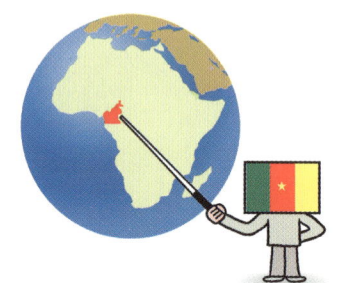

아프리카 서부 기니 만에 면한 연방제 공화국으로, 북부는 비가 적은 건조지대, 중부는 초원지대이다.

남부는 강우량이 많지요.

풍부한 강우량과 광물자원도 넉넉해서 개발할 경우 잠재력이 크다.

개발은 싫어.

카메룬의 복음주의 교회들이 급성장하고 있다.

선교사들의 헌신을 하나님이 받으셨습니다.

전문직, 군대, 경찰, 정치계의 중요한 많은 지도자가 회심해서 사회 변혁에 대한 희망을 주고 있다.

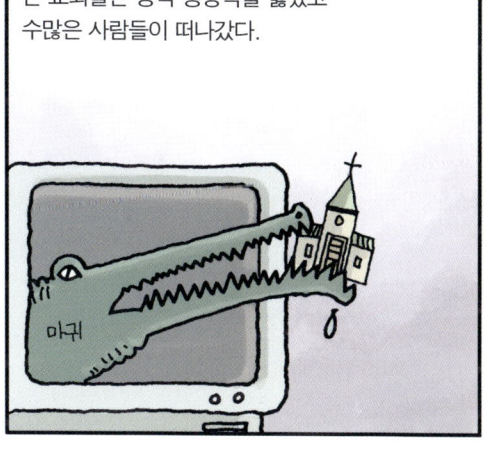

✚ 기도 제목

1. 카메룬 정부는 자신들의 이익만을 챙겨 국민에게 절망과 좌절을 주었다. 이 땅에 하나님을 경외하는 기독교 지도자들을 일으켜 주시도록 기도하자.

2. 카메룬 교회는 아프리카에서 가장 생명력이 없다. 지도자들이 성경 말씀으로 훈련되어 하나님을 경외하도록 기도하자. 돈과 힘에 욕심을 부리는 공인된 교단 및 초교파 학교들이 있다. 이곳에 경건한 교수들이 채워지고 학생들이 새 생명을 다시 얻도록 기도하자.

3. 카메룬에는 279개 언어가 사용되고 있으나 그중 47개의 언어로만 성경이 번역되었다. 이런 현실에서 나머지 언어로도 번역해야 하는 큰 과제를 안고 있다. 더 많은 사람들이 번역 사역에 헌신하도록 기도하자.

4. 복음을 듣지 못한 무슬림들(풀베족, 카누리족, 코토코족, 하우사족, 팔리족, 므붐족, 슈와 아랍인) 사이에 적은 수의 기독교인이 있다. 그리고 북부 평야지역의 종족들에는 몇몇 선교사들과 교회들이 성경 말씀을 전하고 있다. 이들 모두를 위해 기도하고 더불어 피그미족과 범죄에 빠진 젊은이들을 위해서도 기도하자.

5. 여러 언어로 기독교 문서를 만드는 국내외 문서 사역자들, 카메룬 북부의 종족들에게 복음을 전하기 위해 활동하는 기독교 라디오와 TV 방송국과 여러 프로그램들, 카메룬인의 63% 정도가 관람한 〈예수〉 영화, 기독교 헬리콥터 지원 사역을 하는 선교단체를 위해 기도하자.

> 바로가 그 신하들에게 이르되 이와 같이 하나님의 영에 감동된 사람을 우리가 어찌 찾을 수 있으리요 하고 요셉에게 이르되 하나님이 이 모든 것을 네게 보이셨으니 너와 같이 명철하고 지혜 있는 자가 없도다. 창 41:38~39

하나님의 뜻 밖에 있는 것 외에 기도가 미치지 못하는 곳은 단 한 군데도 없다. _미상

10월 3일   카자흐스탄 1

동서 무역로를
장악하고 있는 나라

면적 2,715,097㎢ (한반도의 1,226.1%)
인구 16,222,600명
수도 아스타나
도시화 56%
GNP $6,870
종족 터키·알타이계 60.4%, 인도 유럽계 38.4%, 기타 3.7%
공용어 카자흐어   **문자해독률** 98%
종교 이슬람교 60.5%, 기독교 24.7%, 무종교·기타 14.3%, 불교 0.5%

카스피 해 동북쪽, 중앙아시아의 스텝 지대에 있는 공화국으로, 동서 무역로를 장악하고 있다. 국토의 대부분이 반사막지대다.

막대한 양의 원유와 광물자원을 가지고 있으며, 역시 많은 양의 곡물을 생산하고 있다.

최근에 원유 수출로 벌어들인 외화가 국가 건설 경기를 주도하고 있다.

카자흐스탄은 중앙아시아의 부국으로 성장할 꿈에 젖어 있다.

✚ 기도 제목

1. 카자흐스탄 교회는 강력하게 성장하고 있다. 1990년에는 카자크족 신자가 없었지만, 2000년에는 6천 명 이상, 40개 이상의 모임이 있다. 특히 젊은 층에서 신자가 늘어나고 있다. 카자흐스탄의 교회가 빨리 성숙하도록 기도하자.

2. 알마티에서 열렸던 한국 기독교인들의 기도 여행 덕분에 카자크 기독교인들이 격려받았고, 다양한 기독교 단체들이 회개하고 화해했다. 카자흐스탄과 중앙아시아에서 하나님 왕국의 열매가 좀 더 오래 지속되도록 기도하자.

3. 카자크족은 1043년 이래 무슬림이며 정령 숭배자이다. 이란, 터키, 아랍 국가에서 무슬림 선교사들이 들어와 이슬람 운동이 커지고 모스크가 5천 개로 늘어났다. 기독교를 여전히 압제자 러시아의 종교로 알고 있다. 이러한 잘못된 생각들이 깨어지도록 기도하자.

4. 러시아인과 우크라이나인 대부분은 정교회 신자다. 많은 사람들이 본국으로 돌아갔다. 남아 있는 정교회 가운데서 작은 회개운동이 일어나고 있다. 이 모임이 성장하도록 기도하자.

5. 카자흐스탄엔 여러 나라 사람들이 살고 있어서 중앙아시아를 복음화하기 위해 가장 좋은 나라이다. 그리스도께 돌아오고 있는 우즈베크인, 위구르인들의 교회가 뿌리내리도록 기도하자.

내가 너희에게 뱀과 전갈을 밟으며 원수의 모든 능력을 제어할 권세를 주었으니 너희를 해칠 자가 결코 없으리라 그러나 귀신들이 너희에게 항복하는 것으로 기뻐하지 말고 너희 이름이 하늘에 기록된 것으로 기뻐하라 하시니라. 눅 10:19~20

베드로 사도를 옥에서 건져낸 것은 천사였으나 천사를 움직인 것은 기도였다. _토머스 왓슨

10월 4일　　　　　　　　　　　　　　　　　　　　　　　　　　　카자흐스탄 2

동서 무역로를
장악하고 있는 나라

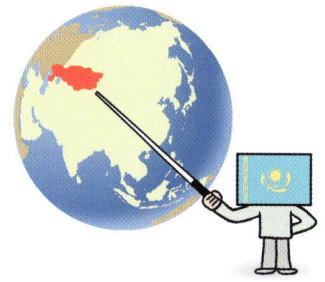

✚ 기도 제목

1. 외국인 장기 사역자들이 많아지고 있다. 복음 전파, 제자 훈련, 성경 훈련, 기독교 출판, 상업, 직업 훈련에 기본적인 도움이 필요하다. 서구 사역자들이 현지 교회를 잘 섬기도록 기도하자.

2. 중앙아시아 선교단체는 현지 언어로 복음 전도, 변증, 교육에 관한 문서를 주로 만들고 있으며, 어린이 이야기 성경책을 수십만 부나 나누어주었다. 모든 영역의 문서 사역에 계속 도움을 주도록 기도하자.

3. 카자크족과 러시아 정교회에 성경이 매우 필요하다. 수천 부의 성경과 쪽 복음을 나누어주었다. 카자크어 신약성경과 테이프가 완성되었고 카자크어 구약은 번역 중에 있다. 중앙아시아 무슬림에게 필요한 성경 번역이 잘되도록 기도하자.

4. 〈예수〉 영화는 카자크어, 러시아어, 우크라이나어, 위구르어와 기타 여러 언어로 볼 수 있고 많은 사람들이 이 영화를 보았다. 더 많은 사람들이 볼 수 있도록 기도하자.

5. 카자크 방송국은 아직 그 수가 적다. 스페인과 모나코 기독교 방송국에서 매주 15분씩 러시아어로 방송하고 있다. 카자크어로 방송되는 좋은 프로그램이 개발되도록 기도하자.

중보기도 노트

> 그러므로 내 사랑하는 형제들아 견실하며 흔들리지 말고 항상 주의 일에 더욱 힘쓰는 자들이 **되라** 이는 너희 **수고**가 주 안에서 헛되지 않은 줄 앎이라. 고전 15:58

재단사가 옷을 만들고 수선공이 구두를 고침이 주 업무라면 크리스천의 주 업무는 기도이다. _마르틴 루터

10월 5일　　　　　　　　　　　　　　　　　　　　　　　　　　　카타르

가스 매장량이
많은 나라 중 하나

면적　11,395㎢(한반도의 5.1%)
인구　599,100명
수도　도하
도시화　91%
GNP　$72,850
종족　아랍 50%, 남아시아 23%, 페르시아 16%, 동아시아 7%
공용어　아랍어　　**문자해독률**　79%
종교　이슬람교 79.4%, 기독교 10.5%, 힌두교 7.2%, 불교 1.8%

✚ 기도 제목

1. 1985년까지 카타르인 신자는 전혀 없었다. 국외에 있던 몇몇 사람이 주께 돌아오긴 했지만 고난을 많이 당했다. 이 신자들이 카타르 교회의 중심이 되어서 이 땅에 복음을 전파하는 통로가 되게 해달라고 기도하자.

2. 카타르의 고임금으로 인하여 여러 나라에서 외국인들이 몰려들고 있다. 그러나 당국의 엄격한 통제로 기독교인들이 복음을 전하는 데 제한받고 있다. 카타르 정부 관리들의 마음속에 하나님께서 역사하시어 종교의 자유가 널리 보장되도록 기도하자.

3. 인도, 파키스탄, 이집트, 필리핀, 서구에서 온 신자들의 소규모 모임이 공동체 속에서 풍성한 전도의 열매를 맺게 하시고, 또 이 나라의 모든 종족에 있는 비기독교인에게 복음을 전할 수 있는 기회를 열어달라고 기도하자.

형제들아 너희가 그리스도 예수 안에서 유대에 있는 하나님의 교회들을 본받은 자 되었으니 그들이 유대인들에게 고난을 받음과 같이 너희도 너희 동족에게서 동일한 고난을 받았느니라. _살전 2:14

신에게 도움받고자 하려면 먼저 자신이 어떻게 해야 도움을 받을지 노력해야 한다. _루소

10월 6일

캄보디아

세계에서 1인당 원조를 가장 많이 받는 나라

면적 181,035㎢(한반도의 81.8%)
인구 11,167,800명
수도 프놈펜   **도시화** 21%
GNP $600
종족 몬-크메르 86.5%, 말레이 3.8%, 기타 9.7%
공용어 크메르어   **문자해독률** 65%
종교 불교 82.6%, 중국 종교 4.7%, 전통 종족종교 4.4%, 이슬람교 3.9%

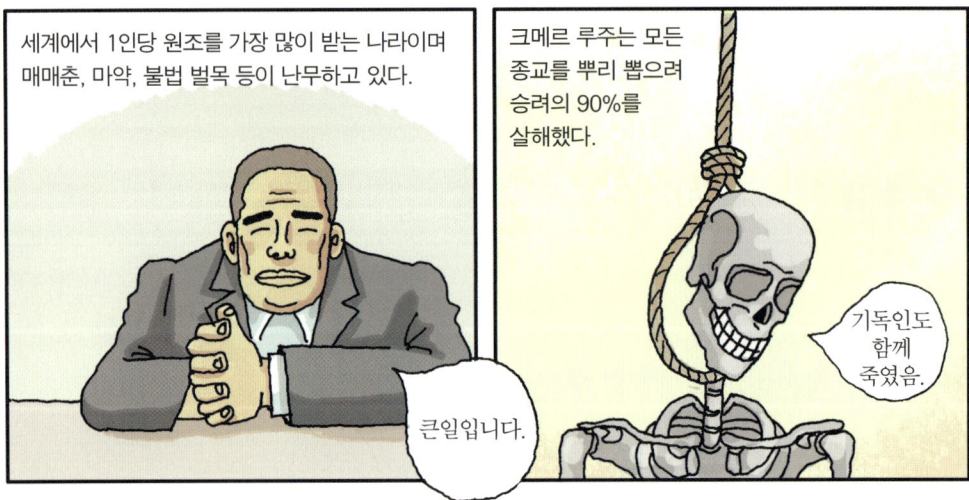

214

1990년 이후에 비로소 기독교인들에게 공개적인 예배가 허용되었고, 종교의 자유는 점점 증가하고 있다.

우리의 기도가 응답되었어요.

그토록 열리지 않았던 복음의 문이 열렸다.

1999년 이후 매주 한 개의 교회가 생겨날 정도다.

1975부터 1979년까지 거의 2백만 명에 가까운 사람이 참혹하게 학살당했다. 이로 인해 수많은 영혼이 육체적, 정신적으로 깊은 상처를 입었다.

과거를 묻지 마소.

1만 명이 넘는 사람들이 지뢰로 다리를 잃었고, 거의 모든 국민이 정신과 치료를 받아야 할 실정이다.

장애인, 고아, 과부, 에이즈 환자를 돌보는 사역이 필요하다.

나의 무력함을 용서하라.

✚ 기도 제목

1. 1975~1979년에 자행된 2백만여 명의 참혹한 대학살은 육체적, 정신적으로 깊은 상처를 남겼다. 이 나라의 쇠락한 생활 수준과 국민의 상처가 정부 및 더 많은 선교단체와 기독교 NGO의 활동으로 회복되도록 기도하자.

2. 캄보디아의 흑암 세력은, 다른 어떤 사상도 용납하지 않는 강력한 불교와 도처에 산재한 사원, 도덕적인 타락에서 볼 수 있다. 성매매 산업이 융성하고 이들의 3분의 1은 미성년자이다. 캄보디아는 서남아시아에서 가장 높은 낙태율을 보이고 HIV 보균자는 급격히 증가하여 매년 3,500여 명의 어린이가 감염되어 태어난다. 이 사회의 구조뿐 아니라 개인의 삶까지도 분명하게 변화를 경험하도록 기도하자.

3. 캄보디아 교회는 모든 우상과 대적하여 생존을 위해 싸웠다. 정부 간섭과 조작으로부터 자유로워지고, 죄에 대해 죽은 자요 하나님께는 산 자로 캄보디아의 복음화를 위해 준비된 자들을 세워주시도록 기도하자.

4. 교회의 성숙한 리더십은 가장 중대한 도전이다. 크메르 루주의 학살로 대부분의 지식층이 사라졌다. 이 땅에 세워진 성경학교와 목회자들이 세상의 다른 것이 아닌, 오직 살아계신 하나님을 신뢰함으로써 조건 없이 연합하고 섬기는 리더십이 되도록 기도하자.

5. 캄보디아 난민들이 많은 나라로 흩어져 여러 선교단체에 수용되어 있으며, 이곳에서 복음을 듣고 기독교 모임을 갖게 되었다. 복음을 들은 캄보디아 그리스도인들이 복음을 접하지 못한 채 고향으로 돌아간 난민들에게 복음을 전할 수 있도록 기도하자.

내가 여호와를 기다리고 기다렸더니 귀를 기울이사 나의 부르짖음을 들으셨도다 나를 기가 막힐 웅덩이와 수렁에서 끌어올리시고 내 발을 반석 위에 두사 내 걸음을 견고케 하셨도다 새 노래 곧 우리 하나님께 올릴 찬송을 내 입에 두셨으니 많은 사람이 보고 두려워하여 여호와를 의지하리로다. 시 40:1~3

기도란 매우 단순하며 초자연적인 것이다. _오스월드 체임버스

10월 7일

다원주의가 대세가 된 나라

캐나다 1

- **면적** 9,976,185㎢(한반도의 4,505.2%)
- **인구** 31,146,700명
- **수도** 오타와 **도시화** 78%
- **GNP** $43,490
- **종족** 영국 31%, 프랑스 21%, 혼혈 원주민 21%, 기타 유럽 13.4%, 아시아 7.2%
- **공용어** 영어, 프랑스어 **문자해독률** 99%
- **종교** 기독교 75.7%, 무종교 18.3%, 이슬람교 1.6%, 유대교 1.2%

북아메리카 대륙 북부에 있는, 영국 연방 내의 연방 국가로, 세계에서 두 번째로 큰 나라다. 드넓은 대자연을 소유하고 있다.

하지만 국토의 대부분이 사람이 살지 않는 황야와 북극 툰드라 지대이다. 본토인과 이민자들이 섞여 살아가고 있다.

기독교적 가치관은 사라지고 급격한 세속화와 다원주의가 사회의 모든 기준을 대신하고 있다.

"그게 대세 아닌가요?"

캐나다 사회에서 기독교회는 소외되고 있다. 대부분의 주요 교단은 교인이 심각하게 줄어 위태로운 상태이다.

"어쩐지 인적이 없더라."

교회는 성경적 뿌리를 잃었고 복음 전도에 대한 비전도 상실했다.

게다가 다원주의와 세속주의를 받아들여 기독교의 기초를 침식시켰다. 캐나다는 진정한 부흥이 필요하다.

✚ 기도 제목

1. 캐나다 교회는 성경적 뿌리를 잃어버렸다. 그리고 인종 문제에 대한 타협과 다원주의 세속주의를 받아들여 십자가의 복음이 왜곡, 희석되어 복음의 능력을 상실하였다. 진정한 십자가의 복음이 선포되도록 기도하자.

2. 분열되어 있던 복음주의, 카리스마틱 교단이 그리스도 안에서 연합하고 상합하여 전 우주적인 몸 된 교회를 이루어 하나님 나라에 대한 소망으로 하나 될 수 있도록 기도하자.

3. '비전 캐나다'는 캐나다 복음주의 연합의 계획하에 40개 교단과 여러 단체에 의해 시작되었다. 사회적, 정치적 변화와 불안이 증가하는 가운데 복음 전도로 그리스도의 몸을 섬겨서 캐나다의 모든 사람들이 2000년까지 복음을 듣고 반응할 수 있는 기회를 갖게 하고, 2015년까지 1만 개의 새로운 교회를 개척한다는 목표를 이룰 수 있도록 기도하자.

4. 많은 수의 성경 연구기관, 대학, 신학교가 정통적인 성경관에 입각해 복음 증거를 강화시키는 주요한 사명을 잘 감당하고 있다. 대부분은 서부 프레리 주에 집중되어 있고, 많은 이들이 부흥과 성장을 경험하고 있다. 신학생과 교수들에게 세계 복음화가 교육의 핵심적 관심사가 되도록 기도하자.

내가 네 행위를 아노니 네가 차지도 아니하고 뜨겁지도 아니하도다 네가 차든지 뜨겁든지 하기를 원하노라 네가 이같이 미지근하여 뜨겁지도 아니하고 차지도 아니하니 내 입에서 너를 토하여 버리리라. 계 3:15~16

나는 항상 기도한다. 나는 무릎을 꿇고 기도하는 것이 아니라 일하면서 기도한다. _수전 안토니

10월 8일

캐나다 2

다원주의가 대세가 된 나라

✚ 기도 제목

1. 교회와 선교단체가 연합하여 캐나다 인디언에게 복음의 진리를 정확하게 가르치고, 이들의 언어로 성경이 번역되도록 기도하자.

2. 북극지방의 이뉴잇(에스키모)은 대부분 명목상 성공회 교인이다. 이들이 완전한 복음을 온전한 믿음으로 받아 그리스도 안에서 진정한 자유를 누리도록 기도하자.

3. 이주민 공동체가 배가되고 있다. 토론토는 세계에서 가장 급격하게 다양화되고 있는 도시이다. 밴쿠버는 세계에서 두 번째로 시크교도가 많은 도시이다. 이 나라에서 가장 큰 이주민 사회를 형성하고 있는 인도인(시크교도, 힌두교인, 무슬림), 아랍어를 사용하는 레바논인, 팔레스타인, 중국인을 위해 사역하는 선교단체들을 위해 기도하자.

4. 캐나다의 교회가 캐나다와 전 세계의 미전도 종족 복음화를 위해 더 많이 참여하도록 기도하자. 이 나라의 소수 민족 공동체에서 성장하고 있는 많은 복음주의 교회가 선교에 더 많은 관심을 갖도록 기도하자.

5. 학생 사역은 272개의 대학 및 종합 대학교에서 폭넓게 이뤄지고 있으며, 여러 단체가 연합하여 사역하고 있다. 이 단체들과 그 밖의 사역들이 1백만 명의 학생들에게 깊이 있고 지속적인 영향력을 미치도록 기도하자.

중보기도 노트

> 그런즉 너는 알라 오직 네 하나님 여호와는 하나님이시요 신실하신 하나님이시라 그를 사랑하고 그의 계명을 지키는 자에게는 천 대까지 그의 언약을 이행하시며 인애를 베푸시되. 신 7:9

만일 내게 기도의 위력이 없다면 나는 그야말로 아무 쓸데 없는 무용지물의 인간이 되고 말 것이다. _가가와_

10월 9일   케냐 1

에이즈로 인구가 급격히 줄고 있는 나라

면적 582,646㎢ (한반도의 263.1%)
인구 30,080,100명
수도 나이로비
도시화 21%
GNP $850
종족 반투 68.2%, 닐로틱 26%, 쿠시 3.2%, 코이산 0.3%
공용어 영어, 스와힐리어   문자해독률 78%
종교 기독교 78.6%, 전통 종족종교 11.5%, 이슬람교 8.0%, 바하이교 1.1%

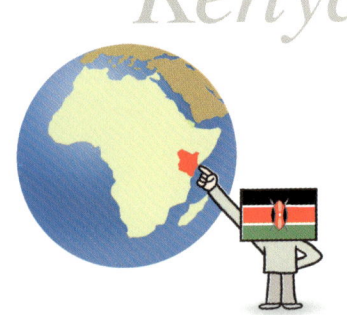

아프리카 동부, 적도 바로 아래에 있는 공화국으로, 국토의 대부분이 높이 5백 미터 이상의 고원으로 각종 지하자원이 풍부하다. 대부분의 사람은 남부와 서부의 비옥한 고원지대에 살고 있다.

높은 인구 증가율이 에이즈의 영향으로 급격히 감소하고 있다.

요즘 날마다 장례식 치르느라 바빠요.

국토의 9.5%만이 경작 가능한 땅이기도 하지만, 대부분이 토지가 없어 농사짓지 못하고 있다. 극빈층들이 점차 폭력적으로 변하고 있다.

그럴 수밖에 없는 처지이지.

15세에서 49세까지 에이즈에 감염된 환자들의 사망률이 14%에 이를 만큼 증가하고 있다.

우리 집은 모두 에이즈 환자예요.

부족주의와 부족의 관습은 끝없는 분열로 가지각색의 독립교회를 낳았다.

7만 개가 넘는 개신교회 및 토착교회를 섬길 훈련받은 지도자가 부족하다. 훈련된 지도자들을 세워주시도록 기도하자.

✚ 기도 제목

1. 독립 이후 교회가 크게 성장하여 인구의 5분의 4가 기독교인이다. 무너진 경제와 인종 갈등 문제로 정치적인 위험에 직면해 있는데, 기독교인들이 이 나라에서 선한 영향력을 가져오도록 기도하자. 정권 교체가 평화롭게 이루어지며 민주 정부가 세워지도록 기도하자.

2. 인권 유린과 종족차별이 더욱 심해지고 있다. 몇몇 기독교 지도자들이 정부와 대립하게 되었다. 이 나라의 모든 기독교인과 교회 지도자가 성결한 삶을 살고, 또 사회의 잘못에 대해 지적할 수 있는 자들이 되어서 모든 사람이 기독교인이 되도록 기도하자.

3. 급속한 성장은 명목주의라는 문제를 초래하였다. 나이로비 인구의 80%가 기독교인이지만, 단지 인구의 12%만이 교회를 다니고 있다. 다시 한 번 부흥이 일어나도록 기도하자.

4. 부족주의와 부족 관습은 끝없는 분열로 가지각색의 독립교회를 낳았다. 신학적으로 정통한 교회도 있고 오랫동안 내려온 종족종교와 거의 다를 바 없는 교회도 있다. 모든 문화와 각각의 특성을 초월하여 성경적 진리에 기초한 연합이 이루어지도록 기도하자.

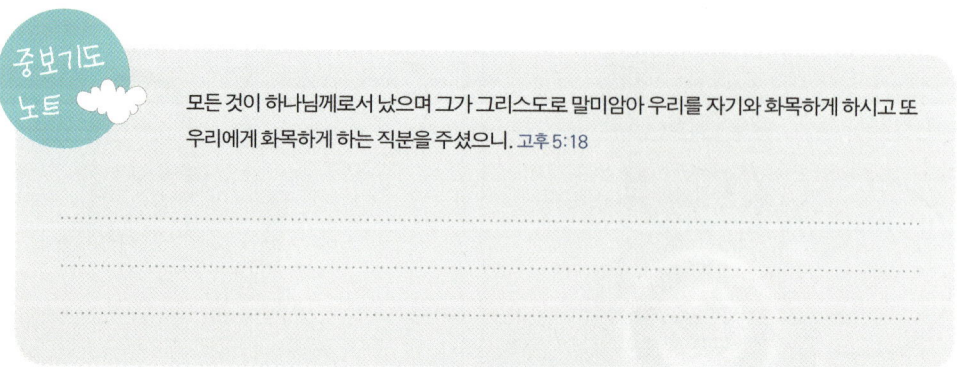

중보기도 노트

모든 것이 하나님께로서 났으며 그가 그리스도로 말미암아 우리를 자기와 화목하게 하시고 또 우리에게 화목하게 하는 직분을 주셨으니. 고후 5:18

천하만물을 열심히 사랑하는 사람이 열심히 기도하는 사람이다. ―콜리지

10월 10일 · 케냐 2

에이즈로 인구가 급격히 줄고 있는 나라

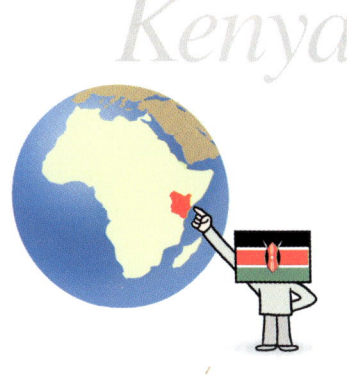

✚ 기도 제목

1. 케냐 인구의 반 이상이 15세 미만이다. 10대들을 위한 복음 전파와 학교교육이 잘 이루어지도록 기도하자.

2. 에이즈로 인해 도덕적, 사회적 위기에 처해 있다. 2000년에는 73만 명 이상의 고아들과 210만 명의 성인 (인구의 14%)이 감염되었다. 이 영역에서 기독교인들이 발 벗고 나서서 주도적으로 사역을 이끌도록 기도하자.

3. 케냐 인구 중 9%가 복음 전도가 미미하다. 정령 숭배자인 북서부의 유목 민족, 북동부에 있는 대규모의 무슬림, 해안 언덕에 있는 미지켄다의 9개 종족, 강한 무슬림인 해안지대의 스와힐리족과 아랍인들, 북동부와 도시에 있는 소말리족에게 복음을 전하려는 자들을 위해 기도하자.

4. 나이로비는 아프리카에서 중추적인 통신 센터이다. 많은 국제 기독단체들이 이곳에 본부를 두고 있다. 또한 76명의 사역자가 있는 MAF는 니이로비에 기지를 두고 동아프리카와 콩고 북동부 지역을 비행하면서 아주 잘 개발된 사역을 감당하고 있다. 나이로비를 통해서 아프리카 곳곳에 하나님의 손길이 닿도록 기도하자.

중보기도 노트

> 일어나라 빛을 발하라 이는 네 빛이 이르렀고 여호와의 영광이 네 위에 임하였음이니라.
> 사 60:1

> 나는 할 일이 너무 많기 때문에 그 일을 하기 전에 여러 시간을 기도하는 데 보내야 한다. _존 웨슬리

10월 11일

유령 회사가 많은 섬나라

면적 264㎢(한반도의 0.12%)
인구 38,400명
수도 조지타운
GNP $40,000(2000년)
종족 아프리카계 카리브 59.2%, 유럽계 카리브 30%,
　　　 라틴 아메리카·히스패닉 7.9%
공용어 영어　**문자해독률** 98%
종교 기독교 78%, 심령술 14%, 무종교·기타 5%, 유대교 1.7%

케이맨 제도
Cayman Islands

쿠바 남쪽의 카리브 해에 있는 영국령 제도로, 3개의 산호섬으로 이루어졌으며,

아프리카계 카리브인이 60%에 이르고 120개국에서 온 외국인이 나머지를 차지한다.

카리브 해에서 가장 부유한 경제국이며, 6백여 개의 은행을 거쳐가는 돈의 상당량이 국제적 범죄에 이용할 돈 세탁용이다.

"개처럼 벌어서 돼지처럼 쓸 거야."

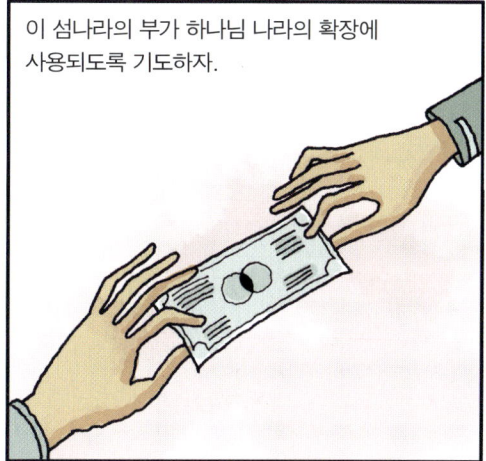

✚ 기도 제목

1. 6백여 개의 은행을 거쳐가는 돈의 상당량이 국제적 범죄의 돈 세탁을 위한 것이다. 주민 50명당 은행이 하나, 1명당 등록된 회사가 하나꼴로 있다. 케이맨은 국제 마약상들의 손 아래에 있었지만 법이 강화되었다. 이 섬나라의 부가 하나님 나라의 확장에 사용되도록 기도하자.

2. 기독교는 수적으로 강하다. 70개가 넘는 교회의 대부분이 복음주의이다. 정부와 국민들이 기독교적 가치를 굳게 붙잡을 수 있도록 기도하자. 기독교인들이 본이 되는 삶을 살도록 기도하자.

3. 매년 1백만 명이 넘는 관광객들이 방문한다. 쾌락을 추구하는 사회 분위기 속에서 그리스도의 명령에 따라 정면으로 맞서야 하는 많은 사람들을 위해 기도하자.

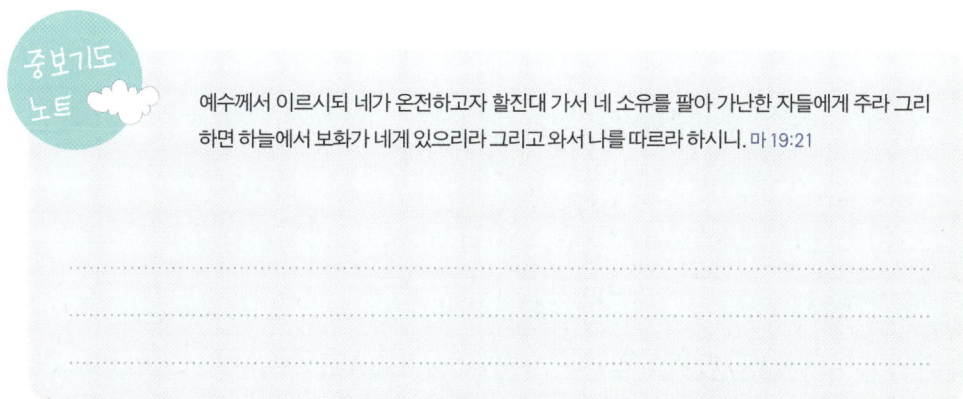

중보기도 노트

예수께서 이르시되 네가 온전하고자 할진대 가서 네 소유를 팔아 가난한 자들에게 주라 그리하면 하늘에서 보화가 네게 있으리라 그리고 와서 나를 따르라 하시니. _마 19:21_

하나님을 경외하는 것이 모든 두려움을 죽인다. _휴 블랙_

10월 11일

환경 파괴로
고통받는 나라

면적 4,033㎢ (한반도의 1.8%)
인구 427,700명
수도 프라이아　**도시화** 30%
GNP $1,010 (2000년)
종족 카보 베르데 크리올(혼혈) 71%, 아프리카 28%, 유럽 1%
공용어 포르투갈어　**문자해독률** 72%
종교 기독교 96.1%, 이슬람교 2.8%, 정령 숭배 1.1%,
　　　무종교·기타 1%

케이프 베르데(카보 베르데) 제도

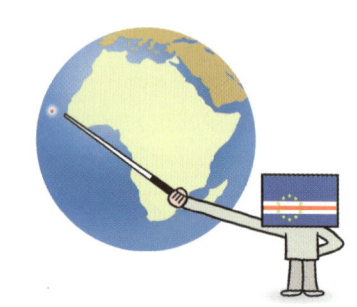

아프리카 서쪽 끝, 베르데 곶에서 서쪽으로 6백 km 떨어져 있는 공화국이다. 건조하고 거친 15개의 섬으로 이루어져 있다.

인구의 대부분이 정규 교육을 받지 못했다.

"학교가 있어야 공부를 하죠."

20년간의 가뭄으로 삼림과 목초지대의 황폐화가 경제 파탄을 가져왔다.

"이 황량한 사막에서는 늑대도 살 수 없다."

가톨릭교회가 주류지만 참다운 신앙을 가진 사람은 매우 드물다.

"정신 차리시오, 성도들이여!"

✚ 기도 제목

1. 정치 지도자들이 나라에 직면한 환경 및 경제 문제들을 직시해야 한다. 과거에, 적은 자원을 방만하게 관리한 탓에 국민의 생활이 피폐해졌다. 안정되고 현명한 정부와 사회적, 경제적 향상을 위해 기도하자.

2. 케이프 베르데인들은 명목상 기독교인이지만, 실제로 미신과 아프리카 주물 숭배에 영향을 더 많이 받고 있다. 마음의 중심을 돌이켜 주님을 믿도록 기도하자. 이들은 포르투갈어를 잘 이해하지 못하므로 크리올어로 된 기독교 문서가 더 제작, 보급되도록 기도하자.

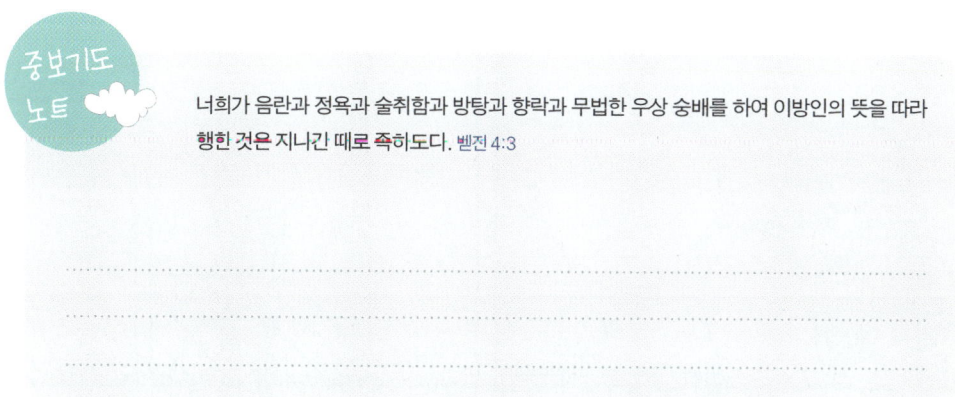

너희가 음란과 정욕과 술취함과 방탕과 향락과 무법한 우상 숭배를 하여 이방인의 뜻을 따라 **행한 것은** 지나간 때로 **족하도다.** 벧전 4:3

1주일간, 7일 내내 기도하지 않는 사람은 약자가 아닐 수 없다. _앨렌 바트레트

10월 12일 코모로 제도

교회와 일자리가
필요한 나라

Comoros Islands

면적 1,862㎢ (한반도의 0.84%)
인구 592,800명
수도 모로니
도시화 31%
GNP $690
종족 코모로 96.7%, 소수 종족 3.3%
공용어 아랍어, 프랑스어 **문자해독률** 57%
종교 이슬람교 98.1%, 무종교·기타 1.1%

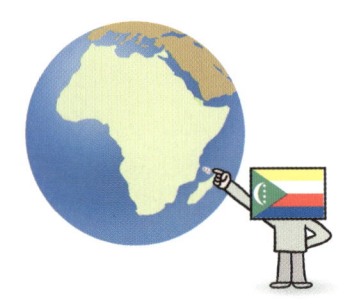

마다가스카르와 모잠비크 사이에 있는 4개의 큰 화산섬으로서 경작지는 부족하지만, 주변 해역에 수산 자원이 풍부하다.

인구밀도가 높은 가난한 나라로, 약 7천 명만이 급여를 받는 일자리에 있다.

"나에게도 일자리를 주세요."

이슬람 국가로서 공개적인 모든 전도 행위가 금지되어 있다.

"전도하면 죽으십니다. 그래도 하겠소?"

모스크는 780개나 있지만 공식적인 코모로 교회는 없다.

✚ 기도 제목

1. 대부분 무슬림이며 공식적인 코모로 교회는 없다. 이들은 무슬림이라고는 해도 대부분 신비주의 관습과 영매술에 깊이 관여해 있고 많은 젊은이가 소망 없는 이슬람 사회에 환멸을 느끼고 있다. 지금까지도 공개적인 기독교 전도는 금지되어 있다. 이 땅이 하나님의 말씀에 문을 열도록 중보하자.

2. 기독교 의료인 및 수의사들의 조용한 활동은 공화국과 마요트에서 신임과 존경을 얻게 만들 뿐 아니라, 복음에 대하여 사람들과 나눌 수 있는 기회를 조심스럽게 얻고 있다. 계속해서 복음을 전할 수 있는 기회가 많아지고 열매를 맺도록 기도하자.

3. 코모로 신자들의 수가 주로 느자지자와 느즈와니에서 점차 증가하고 있다. 신자들은 핍박과 고난을 당했고 시민으로서의 특권을 박탈당하고 있다. 이들이 믿음으로 굳게 서기 위해 간절한 기도가 필요하다. 또한 모임을 이끌어갈 지도자들이 일어나도록 기도하자.

마요트 지역 공동체

4. 비록 종교의 자유가 있고 복음 전도가 허용되지만, 전도 활동은 마오르족에게 집중되어 있고 반응은 느리다. 장애물들이 무너지고 마음의 문이 열리도록 기도하자. 복음화되지 않은 쉬부쉬족을 위해 새로운 계획이 시작되도록 기도하자.

> **중보기도 노트**
> 문들아 너희 머리를 들지어다 영원한 문들아 들릴지어다 영광의 왕이 들어가시리로다. 시 24:7

기도를 버리는 사람은 하나님을 경외하기를 버린다. 기도를 버리는 사람은 어떤 악함에도 쉽게 빠진다. _토머스 왓슨

10월 13일　　　　　　　　　　　　　　　　　코스타리카

지도자들의 부패가
가장 큰 문제인 나라

면적 50,899㎢(한반도의 22.9%)
인구 4,023,400명
수도 산호세　　**도시화** 44%
GNP $2,640(2000년)
종족 스페인어 사용 94.8%, 영어 사용 2.5%,
　　　아메리카 인디언 0.7%, 기타 2%
공용어 스페인어　　**문자해독률** 93%
종교 기독교 94.7%, 중국 종교 2.2%, 무종교·기타 1.7%, 전통 종족종교 0.8%

중앙아메리카 남쪽에 있으며, 민주주의가 가장 잘 토착화되고 정치가 안정된 입헌 공화국이다. 비옥한 토지로 자연자원의 보고이다.

교육 수준이 매우 높으며 생활 수준도 중미에서 가장 높다.

중미에도 그런 나라가 있네요.

1970년과 1988년 사이에 복음주의가 3%에서 11%로 극적인 성장을 경험했지만,

많은 사람들이 다시 교회에서 빠져나갔어요.

다시 가톨릭교회로 돌아가거나 이단으로 빠지거나 기독교를 포기했다.

교회에 실망했기 때문이오.

교회

✚ 기도 제목

1. 코스타리카 복음주의 교회가 교단 분열, 율법주의, 세속주의에서 벗어나 복음의 새 생명 안에서 회복되 형식적인 신앙과 부도덕, 알코올 중독, 강신술 등의 문제에서 돌이키도록 기도하자.

2. 다수의 교단을 대표하는 복음주의 연맹은 교회 발전을 위해 모든 영역에 21세기 코스타리카 프로그램을 시작하였다. 이 비전의 선두에 선 사람들을 축복하고, 이 프로그램을 통해 경건한 지도자와 교회의 연합이 일어나도록 기도하자.

3. 복음 전도가 필요한 학생들, 아메리카 인디언 부족, 중국인, 카리브 해 연안의 메키텔리우 아프리카계 카리브 집단 가운데 복음의 영광, 복음의 능력, 복음의 축복이 나타나도록 기도하자.

4. 코스타리카 복음주의 선교 연방은 세계 복음화를 위한 교회의 모습에 있어서 모범이 되고 있다. 이 선교 운동이 성령의 역사 가운데 풍성한 열매를 맺도록 기도하자.

5. 선교단체들은 비자 취득이 점점 어려워지고 있는 상황에 처해 있다. 각 선교 기관의 협력과 친밀한 교제를 위해 기도하자.

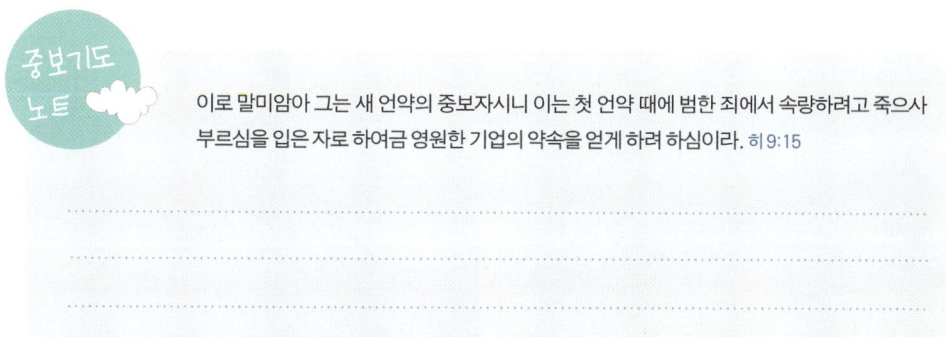

참으로 장엄한 것을 보려면, 먼저 주기도문을 외워라. _나폴레옹

10월 14일

코트디부아르

세계 극빈국 중 하나

면적 320,763 ㎢ (한반도의 144.9%)
인구 4,785,800명
수도 야무수크로(행정), 아비장(경제) **도시화** 43%
GNP $1,050
종족 아칸 31%, 구르 13%, 만데 12%, 크루 9%, 남부 만데 7%, 아프리카 외국인 27%
공용어 프랑스어 **문자해독률** 42%
종교 이슬람교 38.6%, 기독교 31.8%, 전통 종족종교 29.1%, 무종교 0.3%

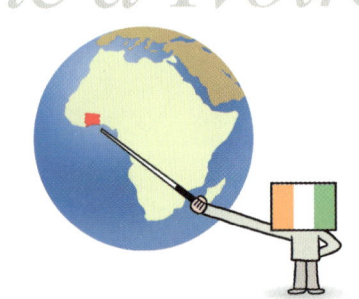

Côte d'Ivoire

라이베리아와 가나 사이에 있는 아프리카 서부 해안 국가로 남쪽에 열대우림과 북쪽에 고원지대가 있다.

원숭이들은 살기 좋아요.

세계 대규모의 코코아, 커피, 야자유 생산국이다.

그래도 가난해요.

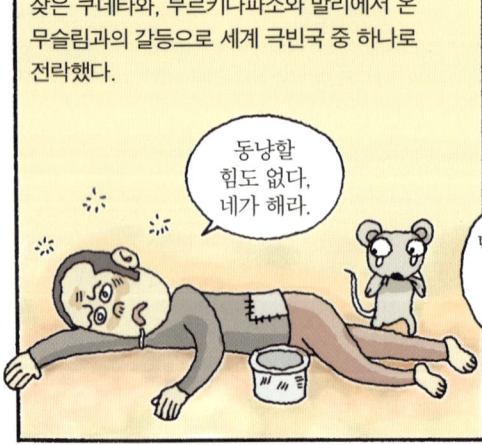

잦은 쿠데타와, 부르키나파소와 말리에서 온 무슬림과의 갈등으로 세계 극빈국 중 하나로 전락했다.

동냥할 힘도 없다, 네가 해라.

완전한 종교의 자유가 있고, 정부가 선교 활동에 대해서 호의적이다.

덕분에 복음주의 교회가 급속히 성장했어요.

✚ 기도 제목

1. 가톨릭교회는 광범위한 교육 제도를 통해 깊은 영향력을 미치고 있으나 그리스도와의 인격적인 관계가 결여되어 있고, 4천 개 이상의 복음주의 교회가 있지만 강신술과 주물 숭배 세력에 이끌려 복음 전도와 그리스도의 생명을 타협하고 있다. 예수의 능력으로 교회가 회복되도록 기도하자.

2. 이 나라가 효과적으로 복음화되고 교회가 성숙하려면 교회 간의 경쟁심이 물러가고 연합과 섬김의 정신으로 하나 되어야 한다. 교단, 목회자, 교인들 안에 성령을 부으시고 성령의 하나 됨을 힘써 지키도록 기도하자.

3. 선교단체들이 수적으로는 많아 보여도 이 가운데 대다수가 이 나라에 본부를 둔 국제 사역단체와 선교사 자녀 학교에서 섬기고 있다. 복음 전도, 교회 개척, 많은 영역에서 지원 사역을 위한 장기 사역자들이 일어나도록 기도하자.

4. 선교단체와 교회의 손길이 전혀 닿지 않는 여러 나라에서 온 미전도 종족들이 부르키나파소, 말리, 가나, 세네갈, 니제르, 나이지리아 등에서 몰려왔다. 이들이 교회와 연결될 수 있는 주요 계기가 마련되고 전도의 문을 활짝 열어주시도록 기도하자.

중보기도 노트

너희는 인생을 의지하지 말라 그의 호흡은 코에 있나니 셈할 가치가 어디 있느냐. 사 2:22

우리 주님에게는 일보다 일꾼이 훨씬 더 중요하다. _레티 B. 카우먼

10월 15일 콜롬비아 1

성령의 위로가
충만한 나라

면적 1,130,891 ㎢ (한반도의 510.7%)
인구 42,321,400명
수도 산타페데보고타
도시화 70%
GNP $3,600
종족 스페인어 사용 98.6%, 토착 아메리카 인디언 0.8%, 기타 0.6%
공용어 스페인어   **문자해독률** 70%
종교 기독교 95.5%, 무종교 2.7%

남아메리카 대륙의 서북부에 있는 공화국으로, 남미에서 네 번째로 큰 나라이며 세계 제2의 커피 산지이다.

전 세계에서 발생하는 납치사건의 절반이 콜롬비아에서 발생하고 있다.

한 해 약 2만 5천 명이 살해되고 있어요. 무서워요.

수도인 보고타를 비롯한 국가 전역에서 거의 매일 폭탄 테러와 소규모 총격전이 계속되고 있다. 미국에 공급되는 코카인의 80%, 헤로인의 90%가 콜롬비아에서 재배되어 밀반입되고 있다.

✚ 기도 제목

1. 콜롬비아는 세계에서 가장 폭력적인 나라 중 하나로 그 명성을 유지하고 있다. 이 나라의 정치적, 법적, 영적 지도자들이 용기 있게 하나님의 정의를 세워나갈 수 있도록 기도하자.
2. 복음주의자들은 새로운 법령의 시행으로 얻어진 자유와 기회, 공식 입장 표명 등으로 용기를 얻었으나, 한편으로는 이것이 오히려 자신들을 어렵게 만들 수 있다는 두려움도 느끼고 있다. 평화가 승리하고 종교적 자유가 증가한 만큼 복음주의자들이 담대하게 복음을 계속 전할 수 있도록 기도하자.
3. 선교사들은 엄청난 스트레스를 받으며, 끊임없는 납치와 죽음의 위협 속에 살고 있다. 이들이 용기를 갖고 사명에 신실하도록 기도하자.
4. 부흥하고 있는 콜롬비아 교회들이 바른 신학에 기초하여 성장해가도록 기도하자.

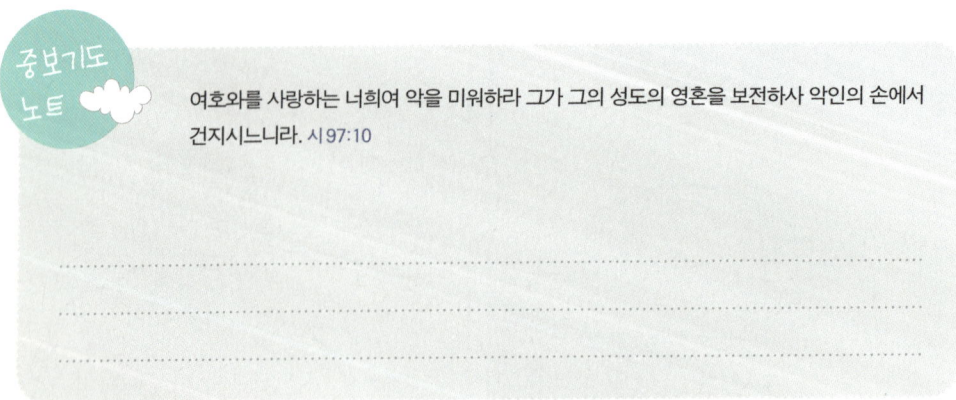

여호와를 사랑하는 너희여 악을 미워하라 그가 그의 성도의 영혼을 보전하사 악인의 손에서 건지시느니라. 시 97:10

기도의 궁극적 목적은 하나님이 인생을 보시는 것처럼 그같이 우리도 인생을 보는 데 있다. _칸

10월 16일 **콜롬비아 2**

성령의 위로가 충만한 나라

✚ 기도 제목

1. 콜롬비아 교회 안에 선교에 대한 꿈이 커지도록 기도하자. 콜롬비아 교회가 하나님 마음으로 인디언 부족과 이웃 나라로 나아가 그리스도의 기쁜 소식을 담대히 전하며 모든 민족이 콜롬비아 교회를 통해 생명의 복을 얻도록 기도하자.

2. 복음을 듣지 못한 도시들과 수만 명의 부랑아와 거리의 아이들, 아메리카 인디언들, 1백만 명이 넘는 국내 난민에게 전도의 문이 열려지며 더 많은 전도자를 보내주시도록 기도하자.

3. 강하고 생명력 있는 콜롬비아 교회가 되기 위해서는 말씀으로 견고해지며, 기도의 능력으로 충만해야 한다. 20개가 넘는 신학 훈련 기관을 통해 거룩한 지도자가 세워지고, 콜롬비아 교회 안에 말씀과 기도의 부흥을 주시도록 기도하자.

4. 학생 사역 과정은 속도가 느리고 매우 어렵다. 한때 공산주의가 캠퍼스를 휩쓸었지만 지금은 개인주의와 현대화의 물결로 인해 남을 섬기거나 하나님을 찾는 일에는 관심이 없다. 기독 학생들이 섬김과 복음 전파에 열정을 갖도록 기도하자.

중보기도 노트

> 복음에는 하나님의 의가 나타나서 믿음으로 믿음에 이르게 하나니 기록된바 오직 의인은 믿음으로 말미암아 살리라 함과 같으니라. 롬 1:17

너무 바빠서 기도한다. _빌 하이벨스

10월 17일   콩고

영적 지도자들이 바로 서야 할 나라

면적 342,000 k㎡ (한반도의 154.4%)
인구 2,943,500명
수도 브라자빌
도시화 41%
GNP $670 (2000년)
종족 반투 96%, 피그미 1.5%, 아다마와 우반기 1%, 기타 1.5%
공용어 프랑스어   **문자해독률** 63%
종교 기독교 91.3%, 전통 종족종교 4.8%, 무종교·기타 2.2% 이슬람교 1.3%

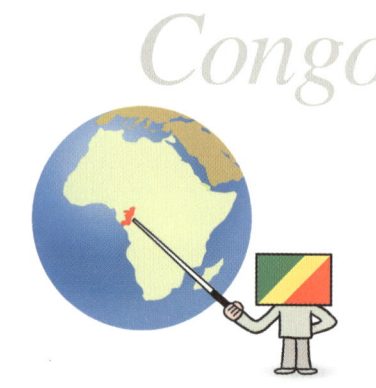

아프리카 중부 대서양 연안에 있는 인민 공화국으로, 나라의 60% 이상이 열대우림으로 덮여 있다.

"안경 쓴 고릴라 봤어요?"

풍부한 석유와 광산물이 매장되어 있으나, 석유 생산에만 지나치게 의존한 것과 정부 기금 횡령은 국민을 더욱 가난하게 만들었다.

"뭐가 뭔지 모르겠어."

마르크스주의 통치 기간 동안 청년들은 종교를 적대하도록 교육받았다.

"종교는 아편이다. 가까이하지 마."

많은 교회의 파괴, 도시 기독교인들의 피난, 지도자들의 떠남은 교회 안에 낙담과 하나님의 존재에 대한 의구심을 불러일으켰다.

"어떻게 양들을 버리고 떠날 수 있나요?"

✚ 기도 제목

1. 많은 교회 지도자들이 국가적 위기 중에 나라를 떠났다. 콩고 기독교인이 흔들리지 않고 더욱 믿음에 견고해지도록 기도하자.

2. 젊은이들은 마르크스 사상 때문에 교회에 대해 거부 반응을 보인다. 어린이와 청년 사역을 개발하는 교회는 거의 없었다. 청년과 어린이를 위한 사역이 개발되도록 기도하자.

3. 1968년까지 선교 활동이 번성하였으나 이때 거의 모든 외국인이 추방되었다. 소수의 사람이 1990년대에 다시 돌아왔지만 내전으로 인해 사역이 잘 진행되고 있지는 못하다. 콩고에 선교단체들이 다시 들어와 선교 활동을 원활하게 하도록 기도하자.

4. 중부와 북부에 거주하는 대다수의 테케 종족은 아직 복음 듣지 못했고, 약 5만의 피그미족은 반 유목 정글 종족 집단으로 접근하기조차 쉽지 않다. 그 외에도 푸누족, 느제비족, 폴족, 차앙기족, 판데족은 복음이 전해지지 않은 것으로 알려져 있다. 이들에게 복음이 전해지도록 기도하자.

중보기도 노트

그런즉 군왕들아 너희는 지혜를 얻으며 세상의 재판관들아 교훈을 받을지어다 여호와를 경외함으로 섬기고 떨며 즐거워할지어다. _시 2:10~11_

무릎을 꿇을 때 가장 멀리 바라본다. _미상_

10월 18일

순교의 피를 먹고 자란 교회

콩고 민주 공화국(구 자이르) 1

면적 2,344,872 ㎢(한반도의 1,058.9%)
인구 51,654,500명
수도 킨샤사
도시화 29%
GNP $170
종족 반투 82.4%, 수단 13%, 닐로틱 1.5%, 피그미 0.9%
공용어 프랑스어, 영어 문자해독률 77%
종교 기독교 95.3%, 전통 종족종교 2.4%, 이슬람교 1.1%, 무종교·기타 0.6%

Congo(DRC)

아프리카 중앙부, 콩고 분지 대부분을 차지하는 공화국으로, 열대우림이 많은 부분을 차지하고 있다.

1960년 벨기에에서 독립하였고, 1971년 국명을 '자이르'로 변경하였으나, 1997년 다시 현재 이름으로 바꾸었다. 막대한 광물 자원과 농업으로 잠재력이 풍부하다.

하여간 지 맘대로야!

독립 후의 혼란, 방만한 행정, 부패는 나라를 어렵게 만들고 있다. 소수만 부를 누릴 뿐 가난한 자들은 힘겨운 날들을 보내고 있다.

이게 우찌 된 현실이고?

68만 명의 고아를 포함, 에이즈 공식 감염자 수치는 110만 명이다.
의료 시설이 매우 부족하다.

살고 싶어요.

240

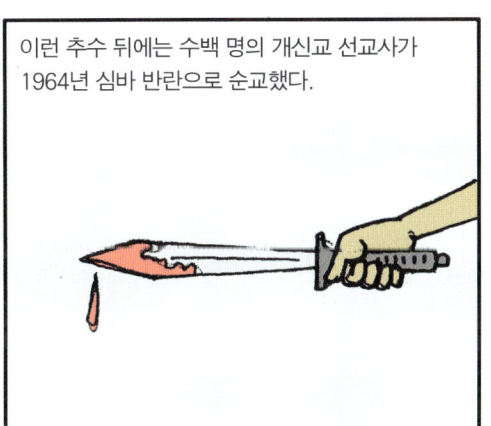

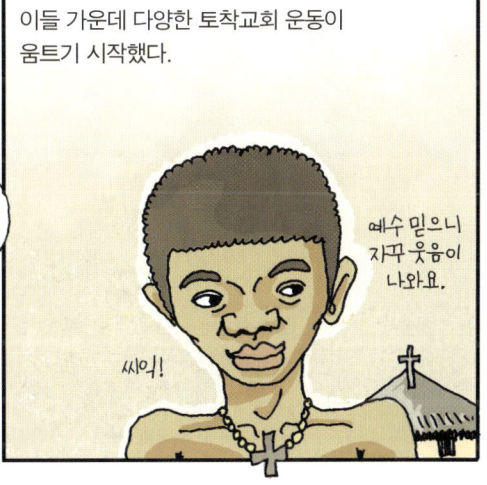

✚ 기도 제목

1. 콩고는 주변 7개국의 이해관계가 얽혀 전 국토가 전쟁터일 정도로 심각한 내전에 휩싸여 있다. 휴전 및 평화 협정을 중재하려는 국제적인 노력이 성공하도록 기도하자.

2. 부족주의, 잔혹함, 욕심, 부패와 같은 죄악으로 이들의 삶을 치닫게 하는 사탄의 역사가 예수 그리스도의 이름으로 파해지도록 기도하자.

3. 국가 재건에서 교회의 역할은 중요하다. 대부분의 병원, 진료소, 학교는 현재 기독교인이 주도적으로 운영하고 있다. 교단 및 세속의 정치적 위치에서도 영적으로 성숙하고 도덕적으로 흠이 없는 기독인 지도자들이 일어나도록 기도하자.

4. 콩고 교회가 성경적인 지도력을 확립하고 성경의 권위에 순복하여 명목상의 기독교인들이 그리스도 안에서 진정한 삶을 발견하도록 기도하자. 복음 전파를 가로막는 여러 현실 앞에 주눅 들지 않고 담대히 복음의 증인으로 서도록 기도하자.

중보기도 노트

내가 진실로 진실로 너희에게 이르노니 한 알의 밀이 땅에 떨어져 죽지 아니하면 한 알 그대로 있고 죽으면 많은 열매를 맺느니라. 요 12:24

하나님과 우리 사이의 거리는 기도만큼 떨어져 있다. _미상

10월 19일

콩고 민주 공화국(구 자이르) 2

순교의 피를 먹고 자란 교회

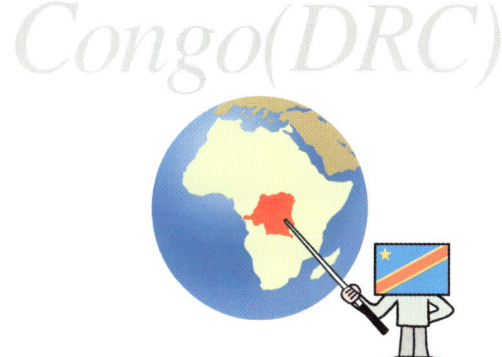

✚ 기도 제목

1. 오랜 기간 동안 멸시받고 무시당해온 피그미족이 몇몇 지역에서 대거 그리스도께 돌아왔고, 1990년대에는 이들 가운데 토착교회 운동이 움트기 시작했다. 교회가 복음적으로 토착화되도록 기도하자.

2. 몇몇 지역에서 하나님 말씀을 사모하는 기도운동이 청년들을 통해 일어나고 있다. 복음주의 지도자들을 통해 주님의 복음이 자이르 전역에 전파되도록 기도하자.

3. 평신도들이 강도 높은 훈련을 받고 파송되어 많은 교회들이 세워졌다. 평신도 지도자들에게 교육적 필요가 지속적으로 채워지도록 기도하자.

4. 68만 명의 고아를 포함, 공식적인 에이즈 감염자 수는 110만 명이다. 의료 시설의 부족이 심각한 상황이다. 의료 시설과 의료진들이 채워지도록 기도하자.

중보기도 노트

다만 이뿐 아니라 우리가 환난 중에도 즐거워하나니 이는 환난은 인내를, 인내는 연단을, 연단은 소망을 이루는 줄 앎이로다. 롬 5:3~4

하나님과 나누는 고요한 시간은 생애 전체와 맞바꿀 만한 가치가 있다. _로버트 머리 맥체인

10월 20일　　　　　　　　　　　　　　　　　　　　　　　쿠바

교회가 기지개를
켜고 있는 나라

면적 110,860 ㎢ (한반도의 50.1%)
인구 11,200,000명
수도 하바나
도시화 76%
GNP $1,170 (2000년)
종족 히스패닉 99%, 기타 1%
공용어 스페인어　　**문자해독률** 96%
종교 기독교 46.9%, 무종교·기타 35.5%, 심령술 17%

Cuba

중앙아메리카 서인도 제도 가운데 가장 큰 섬인 쿠바 섬과 그 주변의 섬으로 이루어진 사회주의 공화국이다.

독재자 카스트로는 물러갔으나 여전히 그의 영향력 아래 놓여 있다.

날 잊을 수 없을걸!

경제적인 어려움으로 불법과 사기, 폭력, 마약, 매매춘이 만연해 있다.

1990년대에 계속된 기독교인에 대한 적개심과 빈번한 괴롭힘에도, 교회는 급속히 성장했다.

✚ 기도 제목

1. 공산주의가 빚어낸 공백이 공산주의 최고 경쟁자인 기독교로 채워지고 있다. 많은 핍박에도 불구하고 교회는 성장하고 있다. 교회가 젊은이들로 가득 채워지도록 기도하자.

2. 사회주의가 아니면 죽음을 달라고 외치던 그들이 이제는 그리스도가 아니면 죽음을 달라고 외치고 있다. 끝까지 진리가 승리하기를 기도하자.

3. 마르크스주의로 인해 약 5만 명 이상이 생명을 잃었고 50만 명이 이념 때문에 수감되었으며, 1백만 명 이상의 난민이 발생하였다. 이들의 상처를 그리스도께서 싸매주시고 품어주시도록 기도하자.

4. 핍박 속에서 믿음을 지켜내어 쿠바 곳곳에 교회가 세워졌다. 앞으로도 어떤 환난이 와도 굴하지 않는 쿠바 교회가 되도록 기도하자. 또한 교회 지도자들을 위해 기도하자.

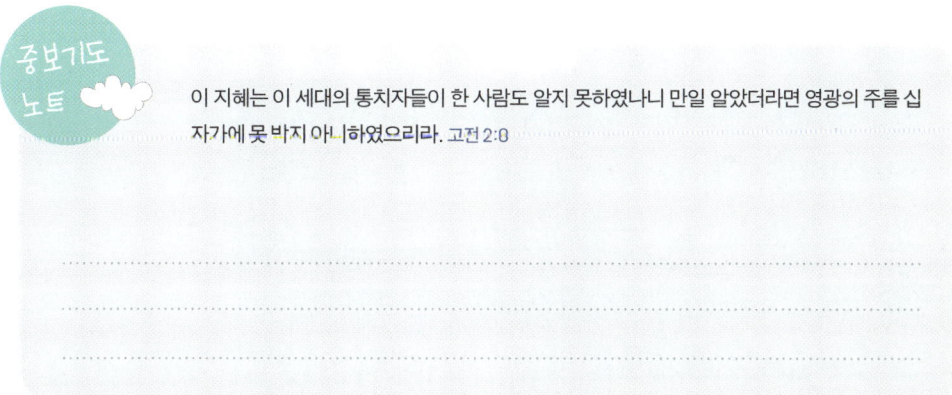

이 지혜는 이 세대의 통치자들이 한 사람도 알지 못하였나니 만일 알았더라면 영광의 주를 십자가에 못 박지 아니하였으리라. _고전 2:8_

편안히 살게 해달라고 기도하지 마라. 강한 사람이 되게 해달라고 기도하라. _필립 브룩스_

10월 21일 쿠웨이트

이슬람 국가 중 상대적으로 자유가 있는 나라

면적 17,818㎢(한반도의 8%)
인구 1,971,600명
수도 쿠웨이트
도시화 97%
GNP $33,630
종족 아랍 68%, 비아랍인 32%
공용어 아랍어 **문자해독률** 79%
종교 이슬람교 87.4%, 기독교 8.2%, 힌두교 2.5%, 무종교·기타 1.1%

아라비아 반도 동북부, 페르시아 만에 면한 입헌 군주국이다. 석유가 풍부한 사막 국가로, 1990~91년 이라크 침공과 걸프전으로 크게 손해 입었지만, 막대한 석유 자원으로 다시 일어서고 있다.

문제는 노동력의 83%가 외국인이라는 점이다.

그게 사회 불안을 일으킬까 걱정이오.

수니파 이슬람교가 소수인 시아파와 함께 국교이다. 이주민 소수 집단에게 예배를 위한 시설을 다소 허용하고 있어 이슬람 국가 중에서 상대적으로 자유롭다.

✚ 기도 제목

1. 물질주의가 만연해 있고 기독교에 대한 제재는 여전히 남아 있다. 쿠웨이트의 지도자와 국민이 무신론적 서구 가치관만이 아니라 기독교 신앙에 대해서도 마음의 문을 열도록 기도하자.

2. 외국인 기독교인들이 영어, 아랍어, 우르두어, 말레이어로 예배드리고 있다. 신자들에게 온전한 예배와 복음 전도의 자유가 부여되도록 기도하자.

3. 많은 쿠웨이트인들이 관광객으로, 사업가로, 학생으로 외국 여행 중 그리스도를 알게 되었다. 이들은 보복에 대한 두려움으로 고국으로 돌아가지 못하고 있다. 이들에게 담대함을 주셔서 고국으로 돌아가 복음을 전하도록 기도하자.

4. 기독교 문서가 쿠웨이트에서는 전략적인 사역이다. 성경과 기독교 문서들이 보급되도록 기도하자.

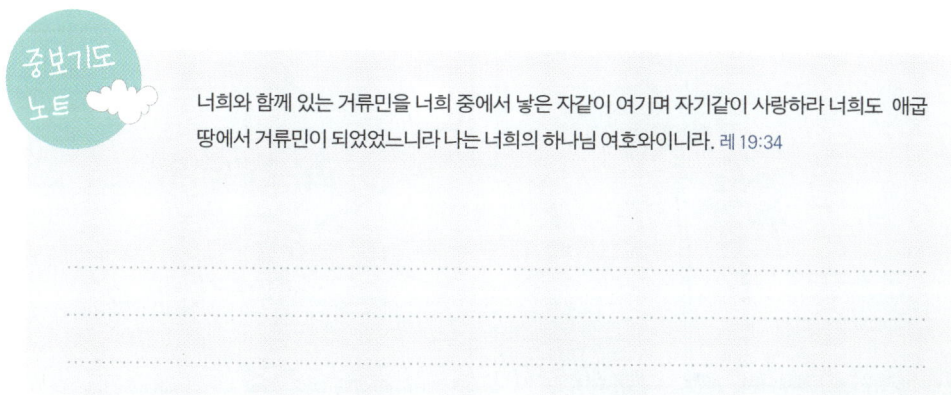

너희와 함께 있는 거류민을 너희 중에서 낳은 자같이 여기며 자기같이 사랑하라 너희도 애굽 땅에서 거류민이 되었었느니라 나는 너희의 하나님 여호와이니라. 레 19:34

기분 내키는 때만 기도하는 습관을 버리라. 주님과 약속하고, 그 약속을 지키라. _코리텐붐

10월 22일

악의 사이버 영토가 되어버린 나라

쿡 제도

Cook Islands

- **면적** 236㎢ (한반도의 0.11%)
- **인구** 19,500명
- **수도** 아바루아
- **도시화** 60%
- **종족** 폴리네시아 81.6%, 유로네시아 15.4%, 유럽 15.4%, 기타 0.6%
- **공용어** 영어, 쿡 제도 마오리어
- **문자해독률** 92%
- **종교** 기독교 98%, 바하이교 1%, 무종교·기타 1%

남태평양에 있는 뉴질랜드령의 섬들이다. 독립 국가를 이루지 못했으며, 섬의 원주민들은 뉴질랜드와 호주로 대거 이동했다. 1773년에 영국의 항해가인 제임스 쿡 선장이 발견했다.

150년간 기독교의 영향력은 강력했다. 세속 지도자와 종교 지도자의 통합은 사실상 신정 국가를 만들어내게 되었다.

쿡 선장이 발견한 그 땅이죠.

교회 출석률은 높으나 구원의 확신을 가진 사람은 거의 없다.

쿡 제도 중에서 니우에(Niue) 섬은 웹상의 주소가 .nu이기 때문에 웹사이트에서 악용되고 있다.

이렇게 될 줄은 꿈에도 몰랐죠.

그 때문에 일본 화상 포르노, 인터넷 도박, 러시아의 돈 세탁 등을 위한 자금을 끌어들인다.

이런 시대의 악과 싸우는 기도의 용사들이 일어나도록 기도하자.

나는 그리스도의 용사!

얍!

✚ 기도 제목

1. 강력한 기독교 영향력으로 교회 출석률은 높으나 구원의 확신을 가진 사람은 거의 없다. 구원에 대한 확신을 가진 성도들이 늘어나도록 기도하자.

2. 많은 작은 섬들에는 복음을 전하는 사람이 거의 없는 것으로 알려져 있다. 복음주의자들이 일어나 복음을 전하는 일에 쓰임받도록 기도하자.

3. 니우에 섬나라의 경우, 인터넷 도메인이 악용되고 있다. 세계적인 악과 부패 세력이 무너지도록 기도하자.

4. 사람들이 일자리를 찾아 뉴질랜드로 이주하고 있다. 이에 따라 니우에족의 80%, 토켈라우족의 70%, 쿡 섬주민의 60% 이상이 현재 뉴질랜드에 살고 있다. 쿡 제도의 교회가 복음을 수출하는 곳으로 될 수 있도록 기도하자.

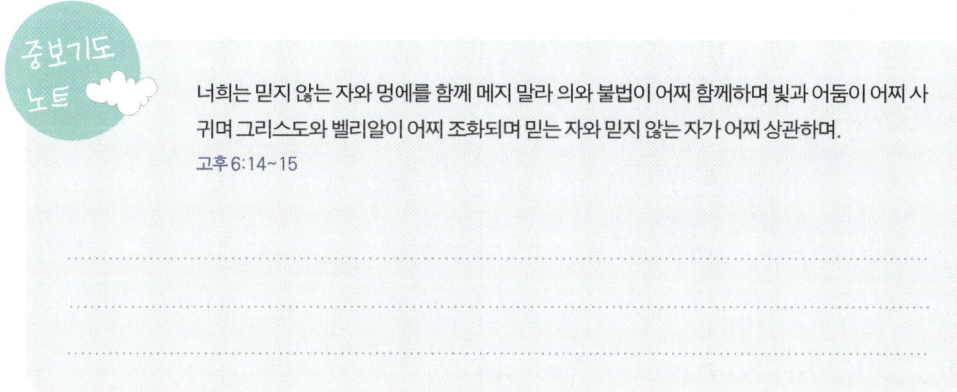

중보기도 노트

너희는 믿지 않는 자와 멍에를 함께 메지 말라 의와 불법이 어찌 함께하며 빛과 어둠이 어찌 사귀며 그리스도와 벨리알이 어찌 조화되며 믿는 자와 믿지 않는 자가 어찌 상관하며.
고후 6:14~15

기도는 호흡과 같다. 숨쉬기를 멈추면 죽는다. 기도를 멈추면 그리스도인으로서 누리는 체험도 곧 사라진다. _에릭 리들

10월 23일

역사적 앙금을 끊어내라

면적 56,538㎢(한반도의 25.5%)
인구 4,472,600명
수도 자그레브
도시화 54%
GNP $3,800(2000년)
종족 슬라브 94.5%, 로망스 3.1%, 기타 2.4%
공용어 크로아티아어 **문자해독률** 97%
종교 기독교 94.4%, 이슬람 3%, 무종교·기타 2.5%

크로아티아

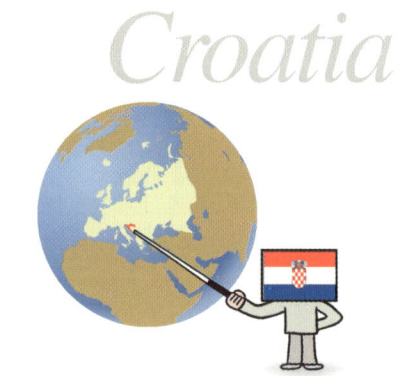

유럽 동남부, 발칸 반도 서북부에 있는 공화국이다. 다뉴브 강과 아드리아 해 사이에 위치한 초승달 모양의 영토는 보스니아에 의해 거의 양분되어져 있다.

장기간 공산주의의 잘못된 경영과 세르비아와의 4년간 내전에서 천천히 회복하는 중이다.

크로아티아, 세르비아, 보스니아 간의 역사적으로 쌓여온 앙금은 다음 세대까지 이어질 수 있다.

이다음에 다시 싸우자.

오직 그리스도를 통해서만 진정한 화해가 이루어질 수 있다.

✚ 기도 제목

1. 1991년 이후 발생한 발칸 전쟁은 고통당한 사람들의 마음을 좀 더 복음으로 향하게 했다. 사람들이 회개하고 그리스도를 믿는 데 방해되는 모든 사탄의 속박과 문화적 무지가 끊어지도록 기도하자.

2. 복음주의 기독교인들이 민족을 초월해서 모든 난민을 위해 사역하는 유일한 공동체로 알려졌다. 구호물자 분배, 의료와 같은 선교단체의 전도 활동과 이들의 영적 영향력이 지속되도록 기도하자.

3. 1990년대에 크로아티아 소수 종족 가운데서 복음주의 교회가 많이 성장했다. 아드리아 해 연안에는 복음주의 신자가 거의 없다. 크로아티아의 모든 지역에 교회가 효과적으로 개척되도록 기도하자.

4. 공산 정권 시절인 1972년에 시작하여, 크로아티아를 비롯하여 유럽 중부까지 많은 영향력을 끼친 복음주의 신학교를 위해 기도하자. 교수 요원, 학생, 졸업생이 계속해서 영적으로 열매 맺고, 건전한 신학을 유지할 수 있도록 기도하자.

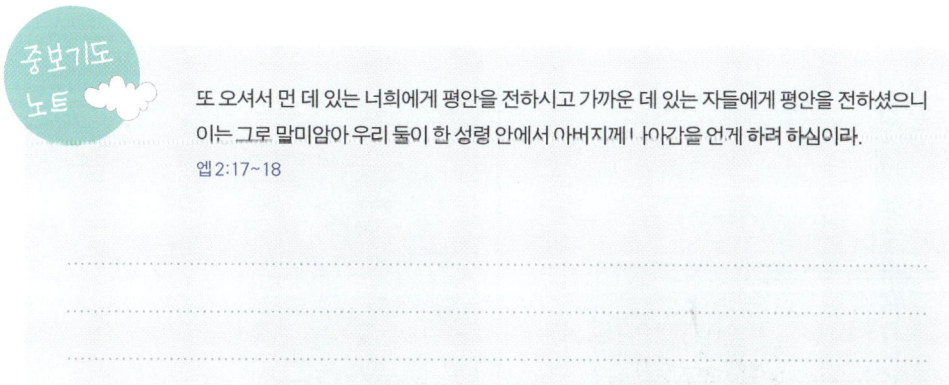

중보기도 노트

또 오셔서 먼 데 있는 너희에게 평안을 전하시고 가까운 데 있는 자들에게 평안을 전하셨으니 이는 그로 말미암아 우리 둘이 한 성령 안에서 아버지께 나아감을 얻게 하려 하심이라.
엡 2:17~18

참되고 온전한 기도는 사랑뿐이다. _아우구스티누스

10월 24일

복음의 문이 열리고 있는 나라

키르기스스탄 (키르기스)

Kirgizstan

면적 198,500㎢ (한반도의 89.6%)
인구 4,699,300명
수도 비슈케크
도시화 35%
GNP $710
종족 터키·알타이계 78.4%, 인도 유럽계 18.6%, 슬라브 16%, 기타 5.6%
공용어 키르기스어, 러시아어 **문자해독률** 97%
종교 이슬람교 78.1%, 무종교 13.6%, 기독교 7.8%, 불교 0.4%

중앙아시아 서남부에 있는 공화국으로 중국, 카자흐스탄, 타지키스탄, 우즈베키스탄과 국경을 접하고 있으며, 톈산 산맥에 있는 산악 국가다.

구소련 연방 국가 중에서 가장 가난하고, 가장 작은 중앙아시아 공화국이다.

종교의 자유를 제한하는 이슬람교와 정교회의 압박에도 불구하고, 종교의 자유를 보장한다.

키르기스 교회는 1990년 20명이던 신자가 2000년에 3,200명 이상으로 늘었다.

아니, 언제 그런 일이 생긴 거야!

252

✤ 기도 제목

1. 종교의 자유가 억압받는데도 불구하고 키르기스 교회는 성장하고 있다. 1990년에 20명이던 신자가 2000년에 3,200여 명으로 늘었다. 지금의 추수기가 계속 이어지도록 기도하자. 믿음을 방해하는 장벽들이 무너지도록 기도하자.

2. 불안한 경제 상황은 모두에게 절망감을 안겨주고 있다. 노인과 신체 장애자들이 제일 큰 어려움을 당하고 있다. 부패와 지하 경제가 도처에 퍼져 있다. 기독교인들이 정직한 고용주를 만나서 법이 보상하는 방법으로 수입을 벌 수 있도록 기도하자.

3. 복음화가 미미한 시골의 키르기스인과 산악 마을에 거주하는 반유목 목축업에 종사하는 키르기스인, 타지키스탄과 우즈베키스탄이 공유하고 있는 남부 페르가나 골짜기에 있는 타지크인과 거대 우즈베크 소수 종족들(60만 명 이상)에게 복음이 전파되도록 기도하자.

4. 외국인 기독교인은 수백 명에 이르며 아시아, 미국, 유럽에서 왔다. 이들 대부분이 전문인 선교사로서 아직까지는 신분을 적절히 숨길 필요가 있다. 1,400년 동안 적의 세력이 장악하고 있던 지역에서 이들이 안전하고 영적으로 영향력을 발휘할 수 있도록 기도하자. 현지인과 동역하는 자들에게 지혜를 주시도록 기도하자.

중보기도 노트

이기는 그에게는 내가 내 보좌에 함께 앉게 하여주기를 내가 이기고 아버지 보좌에 함께 앉은 것과 같이하리라. 계 3:21

마귀는 온 교회가 하나님 앞에서 기도드릴 때 가장 크게 두려워하고 떤다. _R. A. 토레이

10월 24일

다시 일어서야 할 개신교

키리바시

Kiribati

면적 717㎢ (한반도의 0.32%)
인구 83,400명
수도 타라와
도시화 36%
GNP $690
종족 토착인 98.9%, 기타 1.1%
공용어 키리바시어, 영어 **문자해독률** 90%
종교 기독교 94.4%, 바하이교 5.2%, 무종교·기타 0.4%

태평양 중부, 미크로네시아의 길버트 제도와 피닉스 제도의 2백만 ㎢에 걸쳐 흩어져 있는 33개 섬으로 이루어진 공화국이다. 동서의 거리가 총 4,600km에 이른다.

다른 섬나라보다 다소 생활 수준이 낮아 상업적인 활기가 부족하고, 다른 섬들과 너무 멀리 떨어져 있어서 발전이 어렵다.

한때는 강력했던 회중교회(키리바시 개신교)가 가톨릭, 바하이교, 몰몬교에 교인과 목사를 빼앗기고 있다.

"여기로 갈래."

명목주의의 만연과 신비술이 사람들의 영혼을 유혹하고 있다.

"어서 와. 먹어줄게."

| 이런 상황에서 복음주의 기독교가 전도를 통해 꾸준히 성장하고 있다. | 모든 섬에 성경이 보급되고 바른 복음이 전파되도록 기도하자. |

✚ 기도 제목

1. 한때 강력한 회중교회였던 키리바티 개신교가 다른 개신교단, 가톨릭, 바하이교, 몰몬교에 교인과 목사를 빼앗기고 있다. 타라와에 있는 신학교는 복음주의적이지 않다. 신학교가 성경의 가르침으로 돌아가고, 명목주의와 신비술에 대항해 나갈 수 있도록 기도하자.

2. 복음주의 기독교가 꾸준히 성장하고 있다. 대부분 빠르게 성장하고 있는 교회의 복음 전도를 통한 성장이다. AoG 역시 현재 성장하고 있다. 모든 섬에 복음을 정확하게 전하며 거주할 수 있는 자들이 나오도록 기도하자.

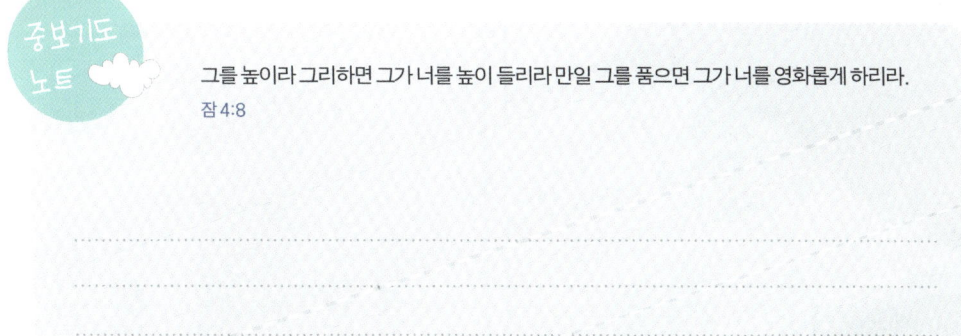

그를 높이라 그리하면 그가 너를 높이 들리라 만일 그를 품으면 그가 너를 영화롭게 하리라.
잠 4:8

가장 높으신 이에게 은신처를 구함은 세상의 도피를 위함이 아니요, 실로 이를 정복하기 위함이다. _채드윅

10월 25일 키프로스

성경에 등장하는 지중해 섬나라

면적 9,251㎢ (한반도의 4.2%)
인구 785,600명
수도 니코시아
공용어 그리스 어
종교 기독교 74.2%, 이슬람교 23%, 무종교·기타 2.9%

Cyprus

북동부 지중해에 있는 전략적인 섬으로, 1974년 터키의 침공 이후 터키가 북부를 점령하면서 나누어졌다.

키프로스는 터키 땅이다. 그리스는 물러가라!

유럽·아시아·아프리카의 3대륙을 연결하는 교통의 요충지이기도 하다.

터키 공화국
키프로스 공화국

국제적으로는 섬 전체가 키프로스 공화국으로 인정되고 있으나 터키만이 북부를 자국 영토로 인정하고 있다.

키프로스는 우리 땅이라니까?

터키인

현재 북부에 3만 5천 명의 터키군이 주둔하고 있고, 남부에는 1만 2천 명의 그리스인이 살고 있다.

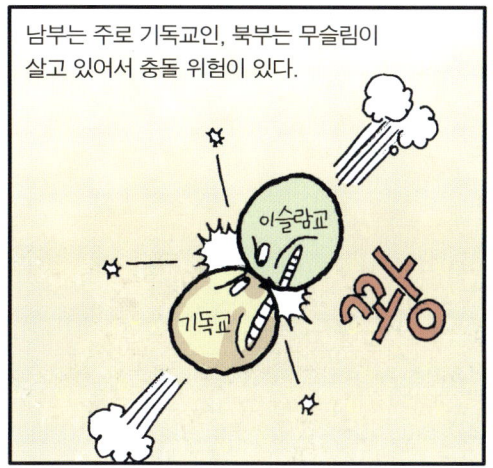

남부는 주로 기독교인, 북부는 무슬림이 살고 있어서 충돌 위험이 있다.

중동에서 사역하는 선교단체 본부가 대부분 키프로스에 있다. 키프로스가 중동 선교의 기지가 되도록 기도하자.

✚ 기도 제목

1. 키프로스는 키프로스 공화국(ROC)과 북키프로스 터키 공화국(TRNC)으로 이루어져 있다. 이 두 공동체 간의 갈등은 40년이라는 긴 시간 동안 지속되어왔다. 양측 모두 과거의 잘못을 인정하고 받아들여, 하나의 단일 독립체로서 EU에 가입되도록 기도하자.

2. 오랫동안 정교회는 키프로스에 살아남은 그리스인들의 피난처와 보증이었다. 그러나 정치, 문화, 교회의 경계가 뚜렷하지 않다. 성령님이 인격적인 믿음으로 이끌도록 기도하자.

3. 그리스인 가운데 복음주의 교회는 매우 적다. 역사나 신학적 편견, 두려움의 장벽들이 모두 제거되고 교회가 성장을 시작할 수 있도록 기도하자.

4. 키프로스에는 주변 중동 국가에서 사역하는 기독교 선교단체들의 주요 본부가 있지만, 기독교 사역자들 중에 소수만이 현지인 전도 활동에 관여하고 있다. 담대히 복음을 증거할 수 있도록 기도하자.

5. 큰 규모의 영국군 기지가 두 곳이 있다. 군 수비대의 사역자와 군종들의 복음 전도를 위해 기도하자. 키프로스에서 섬기고 있는 기독교 자원 봉사자들이 키프로스인에게 명백한 복음을 전하도록 기도하자.

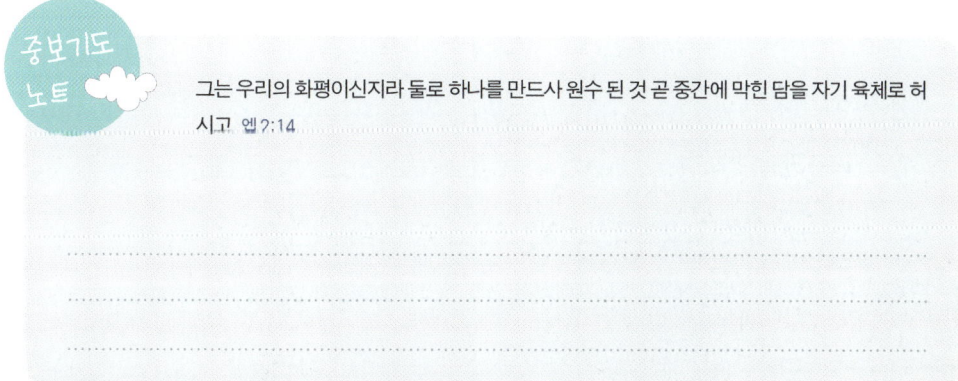

중보기도 노트

그는 우리의 화평이신지라 둘로 하나를 만드사 원수 된 것 곧 중간에 막힌 담을 자기 육체로 허시고 엡 2:14

기도는 문을 두드리는 것이고, 믿음은 그것이 열릴 것을 기대하는 것이다. _W.J. 하니

10월 26일

명목상 무슬림이 많은 나라

타지키스탄

Tadzhikistan

면적 143,100㎢ (한반도의 64.6%)
인구 6,188,200명
수도 두샨베
도시화 28%
종족 인도 유럽 72.2%, 투르크·알타이 27.2%, 기타 0.6%
공용어 타지크어 **문자해독률** 98%
GNP $580
종교 이슬람교 89.5%, 무종교 9.1%, 기독교 1.4%

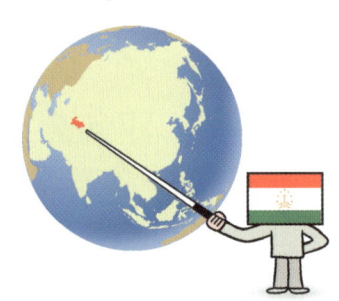

아프가니스탄, 중국, 우즈베키스탄, 키르기스스탄에 연해 있는 구소련 최남단에 위치한 공화국이다. 국토의 대부분이 파미르 고원에 속하여 산지가 많다.

소련의 붕괴와 잦은 내전의 영향으로 국민 대다수가 기아에 허덕이고 있다.

국민의 90%가 스스로 무슬림이라고 고백하고 있지만, 일부만이 이슬람교 예식을 따르고 있다.

종교라기보다 문화의 일종이죠.

1992년에는 현지인 기독교 신자가 2~3명뿐이었지만, 2000년에는 상황이 달라졌다.

전 세계에 수백 명의 신자들이 생겼습니다.

✚ 기도 제목

1. 타지크 교회의 성장으로 인해 하나님을 찬양하자. 1992년에 알려진 타지크 기독교인은 2~3명뿐이었는데, 2000년에는 전 세계에 수백 명으로 늘어났다. 기독교인들이 전하는 사랑의 복음에 사람들이 마음의 문을 열 수 있도록 기도하자. 러시아나 서구의 영향력에서 벗어난 토착교회들이 서도록 기도하자.

2. 타지크는 내전으로 끔찍한 피해를 입었다. 1997년 평화 협정을 체결했지만 아직 평화가 뿌리내리지는 않았다. 다지크가 복을 받아 안정되고, 기독교인이 극한 빈곤과 어려움 가운데 사는 사람을 육체적, 영적으로 도울 수 있도록 기도하자.

3. 기독교 교회는 대부분 유럽계 민족으로 구성되어 있지만, 이민으로 그 수가 급격히 줄고 있다. 남아 있는 신자들이 타지크인과 미전도 종족에게 복음을 전할 수 있는 기회를 놓치지 않도록 기도하자.

4. 타지크인의 90%가 무슬림이라고 고백하지만, 실제로 신앙생활을 하는 사람은 극히 일부에 불과하다. 그러나 타지키스탄은 이란, 아프가니스탄에 근접해 있어서 이슬람 극단주의자들의 영향을 받기 쉽다. 이 극단주의가 제지되고, 무슬림들이 그리스도를 찾을 기회가 생기도록 기도하자.

중보기도 노트

하나님의 사랑이 우리에게 이렇게 나타난 바 되었으니 하나님이 자기의 독생자를 세상에 보내심은 그로 말미암아 우리를 살리려 하심이라. 요일 4:9

나는 항상 기도한다. 나는 무릎을 꿇고 기도하는 것이 아니라 일하면서 기도한다. _수전 안토니

10월 27일 　　　　　　　　　　　　　　　　　　　　　　탄자니아 1

종교 갈등의 씨가
존재하는 나라

면적 945,091 ㎢ (한반도의 426.8%)
인구 33,517,000명
수도 다르에스살람
도시화 25%
GNP $420
종족 반투 92.4%, 닐로틱 2.9%, 쿠쉬틱 2%, 코이산 0.4%, 기타 2.3%
공용어 스와힐리어, 영어　　**문자해독률** 68%
종교 기독교 51.4%, 이슬람교 31.8%, 전통 종족종교 15.2%

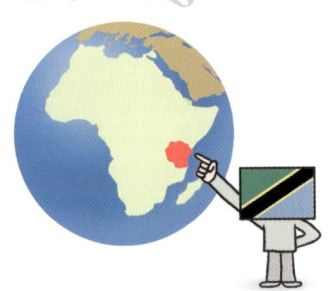

아프리카 대륙 동부, 인도양에 면하여 있는 연합 공화국이다. 1964년에 탕가니카와 잔지바르(펨바 포함) 섬이 통합하여 현 국명의 나라가 되었다.

생존형 농업 경제에 의존해 있으며 최근에는 에이즈가 심각한 문제로 떠올랐다.

에이즈가 마을을 파괴하고 있어요.

정부는 무슬림과 기독교인 모두에게 동등한 권리와 기회를 주고 있다.

원래 기독교인만 주었는데….

이슬람주의자들은 기존에 기독교인들이 누렸던 혜택에 대해 분개하고 있다.

진작 우리도 혜택을 누려야 했어.

| 오순절 운동을 중심으로 교회가 부흥하고 있지만 토착화되지 못하고 있다. 왜 우리와 같은 피부색을 지닌 지도자는 없는 거죠? | 성장하고 있는 무슬림 세력에 대항하여 복음주의의 계속적인 성장, 성숙, 연합을 위해서 기도하자. |

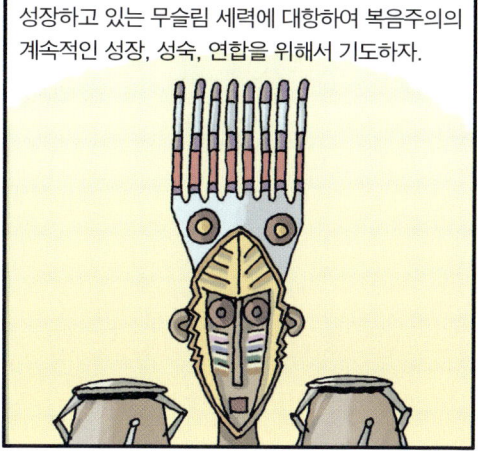

✚ 기도 제목

1. 많은 교단에서 성령이 움직이셔서 활발한 전도와 담대한 믿음, 비전을 향한 전진이 있었다. 하나님을 찬양하고, 그리스도께 돌아오는 수천 명의 무슬림들을 위해 기도하자. 모든 무슬림 공동체가 복음을 전해 듣고, 모두 예수 그리스도의 구속의 복음 가운데로 나아오도록 기도하자.

2. 무슬림 공동체는 온건파와 이슬람주의로 점점 더 양극화되고 있다. 또한 이슬람주의자들은 정치적 영향력과 특권을 위해 압력을 가하고, 기존에 기독교인들이 누렸던 혜택에 대해 분개하고 있다. 공동체 내의 조화와 종교의 자유가 본토와 잔지바르 모두에 지속적으로 유지될 수 있도록 기도하자.

3. 루터교와 성공회에서 일어난 부흥운동은 전통적인 교회에 생명력을 불어넣었다. 교회가 성장할 수 있도록 기도하자.

4. 교회가 침체되어 있거나 복음이 미치지 않았지만 개방될 가능성이 있는 마을이 여럿 있다. 복음 전도자와 교회 개척자가 매우 부족하며, 훈련되고 성숙한 지도자는 더욱 심각하게 부족하다. 많은 교단의 성장과 함께 오순절운동이 한창이다. 복음주의의 성장, 성숙, 연합을 위해서 기도하자.

5. 에이즈가 급속도로 확산되면서 많은 사망자를 내고 있다. 이 나라의 사회적 구조와 경제적 구조가 서로 얽혀서 심각한 영향을 끼치고 있다. 질병의 확산을 저지할 수 있는 교회 교육 프로그램과 상담소, 에이즈 환자를 위한 의료 요양 시설을 위해 기도하자.

모든 성경은 하나님의 감동으로 된 것으로 교훈과 책망과 바르게 함과 의로 교육하기에 유익하니 이는 하나님의 사람으로 온전하게 하며 모든 선한 일을 행할 능력을 갖추게 하려 함이라.
딤후 3:16~17

제게 기도를 가르쳐주십시오. 당신이 직접 제 안에서 기도해주옵소서. _프랑수아 페늘롱

10월 28일 탄자니아 2

종교 갈등의 씨가 존재하는 나라

🙏 기도 제목

1. 지도자 훈련은 교회가 가장 우선 순위에 두어야 하는 항목이다. 현지인 지도자 양성을 위해 세워진 15개 정도의 성경학교와 신학교를 위해 기도하자.

2. 학교는 종교교육을 시키는 것이 의무이나, 종교교육을 할 만한 자격을 구비한 교사가 있는 학교는 53개뿐이다. 기독교 교사가 큰 영향을 미칠 수 있으며 실제로 그렇게 하고 있다. 이렇게 중요한 역할을 감당할 교사를 세우기 위한 교회 프로그램이 만들어지도록 기도하자.

3. 탄자니아의 기독교인은 1990년대에 수적으로 증가했을 뿐 아니라 연합도 이루어냈다. 기독교의 엄청난 성장이 오히려 진정한 필요를 보지 못하게 가려서는 안 된다. 복음이 효과적으로 증거되도록 기도하자.

4. 해안지역의 무슬림 종족들은 역사적으로 노예 무역상이라는 저주를 받고 있다. 대부분의 종족에 기독교인이 거의 없고, 있더라도 아주 소수이다. 이 종족 가운데 있는 다른 종족 집단의 기독교인들이 하나님께 쓰임받아 복음으로 이들을 축복할 수 있도록 기도하자.

중보기도 노트

오직 여호와의 율법을 즐거워하여 그의 율법을 주야로 묵상하는 자로다. _시 1:2_

1주일간, 7일 내내 기도하지 않는 사람은 약자가 아닐 수가 없다. _앨런 바톨렛_

10월 29일 — 태국 1

악령의 지배에서 벗어나라

면적 513,998㎢(한반도의 232.1%)
인구 61,399,300명
수도 방콕　**도시화** 34%
GNP $2,740(2000년)
종족 타이 80.4%, 중국 10.5%, 말레이 3.8%,
　　　몬-크메르(캄보디아) 3.4%
공용어 태국어　**문자해독률** 94%
종교 불교 92.3%, 이슬람교 5.2%, 기독교 1.6%

인도차이나 반도 가운데에 있는 입헌 군주국이다. 미얀마, 라오스, 캄보디아, 말레이시아와 국경을 이루고 있는 비옥하고 물이 많은 땅이다.

태국은 '자유의 땅(land of free)'이라는 뜻이다. 주변국이 서구 열강의 식민지였을 때 태국은 자유를 유지할 수 있었기 때문이다.

태국인은 수호천사가 나라를 지켜준다고 믿고 있으며, 이런 영적 존재를 금상으로 만들어 숭배하고 있다.

태국은 신비 의식, 불교가 거미줄처럼 복잡하게 얽혀 있다.

✚ 기도 제목

1. '자유의 땅'이라는 뜻이 담긴 태국에 살고 있는 사람들은 특별한 수호천사가 나라를 지켜준다고 믿고 있으며, 이 영적 존재를 금상으로 만들어 숭배하고 있다. 불교의 강한 영향력이 사회 전반에 연결되어 있다. 태국인들이 예수 그리스도로 말미암은 참된 자유의 길로 나아올 수 있도록 기도하자.

2. 정부의 적극적인 대처에도 불구하고 에이즈가 급속도로 증가하고 있다. 약 2백만에 이르는 사람이 HIV 보균자이다. 스스로의 죄악으로 인해 죽어가는 이 땅의 백성들이 복음을 듣고 회개하며 주께로 돌아올 수 있도록 기도하자.

3. 많은 여자아이들이 유괴되거나 부모에 의해 매우 어린 나이에 매춘부로 팔려가고 있다. 3만 5천 명의 아이들이 집 없이 거리를 떠돌고 있고, 5백만 명의 아이들이 노동을 하고 있다. 이러한 비극적인 아이들을 구하려고 노력하는 모든 이들을 위해 기도하자.

4. 4세기에 걸친 가톨릭 사역과 175년간의 개신교 사역에도 불구하고 태국 기독교인들은 전 인구의 1.6%밖에 되지 않는다. 복음에 대한 성장률이 열악하지만 주님의 몸 된 교회가 인내하고 소망 중에 즐거워하며 복음을 증거하도록 기도하자.

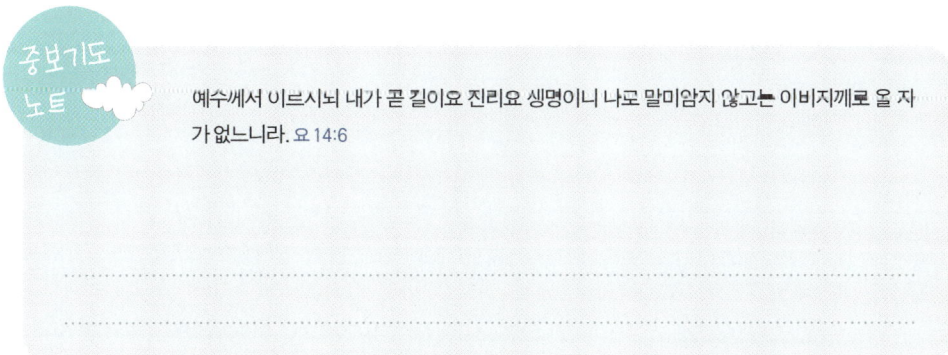

가슴 없는 말보다는 말 없는 가슴으로 기도하는 것이 더 효과적이다. _존 번연_

10월 30일   태국 2

악령의 지배에서 벗어나라

✚ 기도 제목

1. 교회 내 태국인 지도자의 부족은 교회 성장 저하, 시골 교회 사역 실패, 비전 상실의 주요인이다. 더 많은 이들이 부르심을 받아 신실하고 성숙한 그리스도의 종으로 목회 사역을 감당하도록 기도하자.

2. 330개국 120개 단체 1,500여 명의 선교사와 선교 사역을 위해 기도하자. 질병, 교통사고, 폭동, 더딘 성장 등 어려운 환경 가운데서도 주님만 신뢰하며 담대히 복음의 비밀을 알리는 증인이 되도록 기도하자.

3. 태국어를 모르고 개인적인 정보도 부족하여 사회의 주변인에 속하던 많은 부족들이 복음에 반응을 보이고 있다. 힘든 사역이지만 선교사들의 순종을 통한 열매이다. 모든 부족 가운데 복음의 빛이 비추어져 주를 찬송하는 백성 삼아주시도록 기도하자.

4. 황금 삼각지역의 북부 부족들에게는 아편이 유일하게 현금화할 수 있는 작물이다. 아편 재배는 기독교인에게 강렬한 유혹이 되고 비기독교인이 회심하는 데 큰 장애가 된다. 황금 삼각지역의 마약 밀매를 부추기는 부패의 고리가 끊어지고 성도들이 그리스도의 증인 되도록 기도하자.

이에 제자들에게 이르시되 추수할 것은 많되 일꾼이 적으니 그러므로 추수하는 주인에게 청하여 추수할 일꾼들을 보내주소서 하라 하시니라. 마 9:37~38

결코 쓸모없는 인간이 되지 않는 이는 기도하는 사람이다. _미상

10월 31일   터키 1

세계에서 가장 큰
미전도 국가

면적 780,574 ㎢ (한반도의 352.5%)
인구 66,590,900명
수도 앙카라   **도시화** 65%
GNP $9,630
종족 투르크 76%, 쿠르드족 14%, 아랍 1.8%,
이슬람 소수 종족 1.8%
공용어 터키어   **문자해독률** 82%
종교 이슬람교 99.6%, 기독교 0.3%

유럽과 아시아에 걸쳐 있는 나라로, 흑해와 지중해를 연결하는 중요한 바다를 안고 있다.

터키의 전략적 위치는 이곳을 역사적으로 중요한 지역으로 만들었다.

터키는 세계에서 17번째로 큰 경제국이지만 유럽에서는 가난한 나라에 속한다.

우리는 아직도 배가 고픕니다.

13세기 말에 세워진 오스만 제국은 수세기 동안, 전체 이슬람 성지의 수호국으로 주요한 역할을 했다.

터키의 과거사는 영광으로 가득 차 있었다오. 험!

267

🞢 기도 제목

1. 터키는 세계에서 가장 큰 미전도 국가로 남아 있다. 1천 년이 넘도록 기독교의 요새였으나 지금은 강력한 이슬람교 전파국이 되었다. 6,600만 명의 무슬림이 복음을 한 번도 들어본 적이 없다. 척박한 미개척지에 복음의 씨앗이 뿌려지도록 기도하자.

2. 오랫동안 맺어온 이슬람교의 관계와 유럽 기독교 국가와의 치열한 전쟁으로 터키에서 기독교로의 회심은 거의 반역 행위로 여겨진다. 복음에 대한 편견과 적대감, 증오의 장벽이 무너지도록 기도하자.

3. 1차 세계 대전 전후 강제로 추방당한 아르메니아 민족주의자들이 러시아의 지원 아래 조국을 찾기 위해 투쟁했다. 이에 적의를 품은 터키는 대량 학살과 추방을 통해 사실상 아르메니아인을 제거했다. 이로 인해 약 150만 명의 아르메니아인이 죽었다. 터키의 잔인한 학살과 살상의 죄를 회개하여 그리스도의 긍휼을 덧입도록 기도하자.

4. 아직도 터키인의 0.3%만이 기독교인이다. 혹독한 박해와 편견 속에서도 믿음을 지키는 현지 기독교인을 위해 기도하자.

5. 무슬림들이 그리스도인으로 회심 후 가족의 핍박과 단절로 인하여 고통당하고 있다. 이때 교회 공동체의 사랑의 교제는 성도로 하여금 승리하게 한다. 터키 교회 공동체가 그리스도 안에서 한 몸을 이루어 주님의 기쁨을 충만하게 하는 공동체가 되도록 기도하자.

땅이 싹을 내며 동산이 거기 뿌린 것을 움돋게 함같이 주 여호와께서 공의와 찬송을 모든 나라 앞에 솟아나게 하시리라. _사61:11

그대, 신을 향한 쉬운 삶을 갈망하지 말고 보다 강한 사람이 되게 해달라고 기도할 수는 없는가. _유동범

11월 1일   터키 2

세계에서 가장 큰 미전도 국가

✚ 기도 제목

1. 터키의 교회 지도자들이 복음의 영광으로 충만하여 교육, 찬송, 예배 형식과 교제의 수준을 터키 상황에 맞게 적절히 개발하도록 기도하자.

2. 사회로부터 추방, 경찰의 방해, 임의적 구속, 거짓 구설수는 불안과 두려움, 불확실한 분위기를 조성한다. 성도들의 배교, 신자들 간의 결별 또한 아픔이다. 환난과 박해 속에 있는 터키 성도들을 위해 기도하자.

3. 80개 지방에 생명력 있게 성장하는 신자들의 모임이 생기도록 기도하자. 이 중 56개 지방에 기독교 사역자나 모임이 하나도 없다. 특히 동부 아나톨리아 지역(대개 쿠르드인)과 흑해 연안(많은 라즈족)을 위해 기도하자.

4. 세계적으로 3백 명의 쿠르드인 신자들이 있고, 터키어를 사용하는 쿠르드 모임이 많이 있어도, 터키에는 아직 존재하지 않는다. 터키에 있는 이들에게 다가갈 문이 열리기를 구하는 이들과 성경 번역을 위해서, 〈예수〉 영화와 쿠르드어 문서를 위해서도 기도하자.

나의 간절한 기대와 소망을 따라 아무 일에든지 부끄러워하지 아니하고 지금도 전과 같이 온전히 담대하여 살든지 죽든지 내 몸에서 그리스도가 존귀하게 되게 하려 하나니 이는 내게 사는 것이 그리스도니 죽는 것도 유익함이라. 빌 1:20~21

무릎 꿇고 기도할 때 더 위치가 높아진다. _미상

11월 2일 터키 3

세계에서 가장 큰 미전도 국가

✚ 기도 제목

1. 대부분의 선교사들은 교육, 연구, 사업, 관광 비자로 사역하고 있다. 복음을 나눌 기회가 거의 없는 상황 속에서도 잘 준비된 전문인 사역자들이 복음의 증인으로 빛과 소금의 역할을 감당하도록 기도하자.

2. 선교사와 현지 교회와의 관계 속에 그리스도의 사랑과 은혜가 넘치고 그리스도 안에서 서로를 강건하게 하는 협력과 섬김이 충만하도록 기도하자.

3. 20개국에서 온 50여 개 선교단체와 4백 명가량의 외국인 선교사들은 투르크인 사역을 위해 특별한 소명의식과 부담감을 가지고 있는데, 이들이 합력해서 열매 맺도록 기도하자.

4. 현재 7개의 터키어 기독 출판사가 있어 성경, 잡지, 1백여 종의 서적을 출판하고 있다. 문서는 잘 수용되지만, 때때로 보급자들이 이슬람교 극단주의자들의 위협을 받기도 한다. 터키인 기독교 저자가 절실히 요구된다. 자국인 기독교 저자들이 나타나도록 기도하자.

중보기도 노트

항상 우리를 그리스도 안에서 이기게 하시고 우리로 말미암아 각처에서 그리스도를 아는 냄새를 나디내시는 하나님께 감사하노라 우리는 구원받는 자들에게나 망하는 자들에게나 하나님 앞에서 그리스도의 향기니. 고후 2:14~15

하나님은 장황한 웅변보다 단순하고 짧은 기도를 애호하신다. _로버스톤

11월 3일 토고

이슬람교가 무섭게 성장하고 있는 나라

면적 56,599㎢ (한반도의 25.6%)
인구 4,629,218명
수도 로메
도시화 31%
GNP $390
종족 크와 53.4%, 구르 42.4%, 외국인 2.2%, 기타 2%
공용어 프랑스어　**문자해독률** 52%
종교 기독교 50.7%, 전통 종족종교 24.3%, 이슬람교 24%

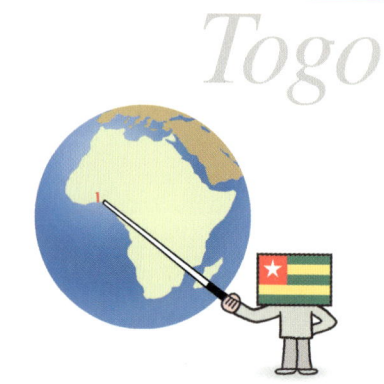

아프리카 중서부 기니 만에 면한 공화국으로 가난한 나라. 2006 월드컵에서 우리나라와 축구 상대가 되어 많이 알려졌다.

토고의 교회는 1960년부터 1990년까지 자유주의와 명목주의에 빠져 침체를 경험했다.

"요즘 많이 힘들어요."

이슬람 교인들이 무역, 택시 운전, 교육을 장악하고 있다.

"정권도 잡아야지, 쩝!"

위기의식을 가진 토고 교회들은 모든 지역에 복음을 전파한다는 공통의 비전을 가지고 연합하기 시작했다.

"모여서 기도합시다!"

✚ 기도 제목

1. 에야데마 정부는 선거 조작과 인권 침해, 그리고 공포 조장으로 어떤 반대 의견도 분쇄함으로써 정권을 유지하고 있다. 지도자들의 마음이 변하거나 하나님을 두려워할 줄 아는 지도자로 교체되어 헌법을 존중하고 사회 모든 부문에서 공정하게 다스리는 정부가 되도록 기도하자.

2. 토고의 교회는 1960년부터 1990년까지 침체 상태였다. 성령이 충만한 비전을 가진 토고인 지도자와 함께 강건한 토착교회와 교단들이 세워지도록 기도하자.

3. 토고 교회들은 모든 지역에 복음을 전파한다는 공통의 비전을 가지고 연합하기 시작했다. 교단주의와 불신이 무너지고 지상 대위임령 운동이 확고히 정착되도록 기도하자. 또한 교회와 선교단체들이 미완성 과업에 대해서 전국적인 조사를 2001년까지 실시했다. 이 종족들에게 교회가 세워지는 좋은 결말과 결과를 위해 기도하자.

4. 나라 전역에서 이슬람교로 개종하는 사람들이 꾸준히 일어나고 있으나, 무슬림을 대상으로 복음을 전하는 기독교 사역자들은 거의 없다. 이런 사역자들이 나타나도록 기도하자.

중보기도 노트

> 네 경내를 평안하게 하시고 아름다운 밀로 너를 배불리시며 그의 명령을 땅에 보내시니 그의 말씀이 속히 달리는도다. 시 147:14·15

재단사가 옷을 만들고 수선공이 구두를 고침이 주 업무라면 크리스천의 주 업무는 기도이다. _마르틴 루터

11월 4일 　　　　　　　　　　　　　　　　　　　　　통가

기독교 왕국이었던 나라

면적 748㎢(한반도의 0.34%)
인구 98,500명
수도 누쿠알로파
도시화 32%
GNP $2,140
종족 폴리네시아 98.3%, 기타 1.7%
공용어 통가어　**문자해독률** 100%
종교 기독교 95.2%, 바하이교 2.4%

남태평양 사모아 제도 남쪽, 피지 제도 동남쪽에 있는 입헌 군주국이다. 171개의 산호와 화산섬들로 이루어진 군도로, 주로 일본에 어류를 수출하며 산다.

통가 제도는 1616년 네델란드인에 의하여 처음으로 발견되었으나 통가 왕국의 역사는 10세기경으로 거슬러 올라간다.

역사가 깊은 나라군.

태평양에 있는 제도로서는 일찍부터 왕조를 세워, 작은 나라이면서도 인접한 여러 섬에 그 세력을 떨치고 있었다.

2세기 동안 통가는 기독교 왕국이었다. 1995년 신실한 기독교인 왕이 공식적으로 나라를 다시 하나님께 드렸다.

기독교 왕국

✚ 기도 제목

1. 통가 교회는 선교사들의 전도 활동으로 영광스러운 역사를 가지고 있었으나, 수십 년간 비전이 소진되었다. 위기의식을 느낀 복음주의 기독교인들이 다시 일어서고 있다. 선교 비전의 회복을 위해 기도하자.

2. 20세기는 영적 쇠퇴기였다. 감리교에서는 종파 분리라는 비극적인 역사가 있었다. 겸손하고 경건한 지도자가 세워져 서로 하나 되어 교회의 부흥에 힘쓰도록 기도하자.

3. 통가는 세계에서 몰몬교인 비율이 가장 높다. 몰몬교 세례를 받은 이들 중 절반이 자신을 몰몬교인이라고 생각하지 않기 때문에 이중으로 집계될 확률이 크다. 국가의 기업 고용주 대부분이 몰몬교인이다. 이 종교의 오류가 드러나 많은 이들이 그리스도에서 진정한 자유를 누리도록 기도하자.

4. 〈예수〉 영화, 기독교 TV, 성경과 기독교 문서가 복음 전파에 널리 보급되도록 기도하자.

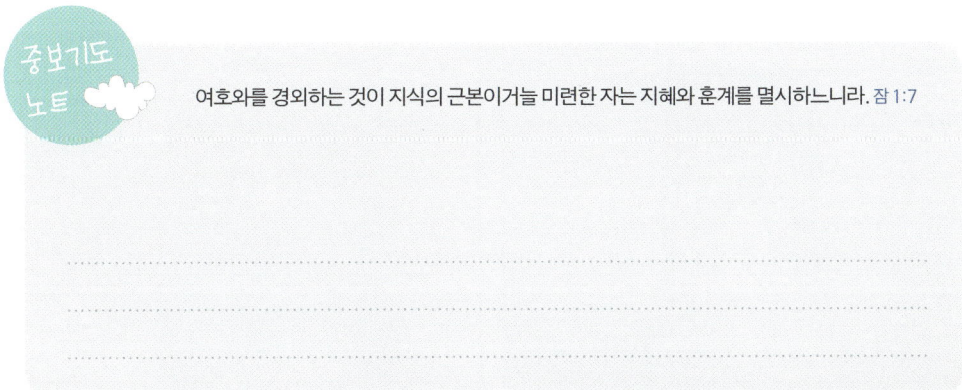

여호와를 경외하는 것이 지식의 근본이거늘 미련한 자는 지혜와 훈계를 멸시하느니라. 잠 1:7

적게 사랑하는 자는 기도하는 일이 적고 많이 사랑하는 자는 기도하는 일이 많다. _어거스틴

11월 5일   투르크메니스탄

불모지에서
싹트고 있는 교회

면적 488,100㎢ (한반도의 220.4%)
인구 4,459,300명
수도 아슈하바트
도시화 45%
GNP $5,190
종족 투르크·알타이 90.6%, 인도·유럽 9.3%, 기타 0.1%
공용어 투르크멘어　**문자해독률** 98%
종교 이슬람교 91.8%, 무종교·기타 5.5%

중앙아시아 서남부, 카스피 해에 면하여 있는 공화국으로, 전 국토의 80%가 사막이고 1%만이 관개된 경작지다.

매장된 천연가스와 석유를 보유하고 있지만 여러 사정으로 개발하지 못하고 있으며, 국민은 매우 가난하게 살고 있다.

가난과 떨어져 살고 싶다.

헌법상으로 종교의 자유는 있으나 실제로는 수니파 이슬람교 혹은 러시아 정교에 국한되어 있고,

다른 형태의 이슬람교나 소수 종교 집단은 모든 강한 탄압의 대상으로 괴로움을 당하고 있다.

국가가 정한 것 아니면 안 돼!

✚ 기도 제목

1. 자신을 만왕의 왕이라 불렀던, 전 대통령인 니야조프는 개인 우상화를 공식화했다. 국민은 혹독한 기근에 시달리고 있는데도 자신을 위한 기념관, 기념비를 나라 전역에 세웠다. 이 땅에 인권과 종교의 자유를 존중하는 위정자가 들어서도록 기도하자.

2. 인종적으로 투르크멘족 기독교인은 거의 없지만 나라 전체의 약 7백~1천 명에 이르는 그리스도인이 있다. 이 신자들이 믿음에 굳건히 서며 다른 이들을 그리스도께 이끌 수 있도록 기도하자.

3. 기독교 활동 및 기독교 존재 자체에 대한 적대감은 1997년 이후 증가했다. 거의 모든 외국 기독교인들이 추방당했다. 몇몇 현지인 목사들은 폭행, 벌금, 투옥 등의 수모를 겪었고, 교회는 협박과 함께 모임이 금지되었다. 당국이 관용을 베풀게 되어 이 땅의 기독교인들이 용기를 내고 굳게 설 수 있도록 기도하자.

4. 이 땅의 복음화를 위한 국제 기독교 네트워크가 구축되어 있다. 이 나라에 있지 않은 기독교인들이 이들을 위해 기도하며, 이 땅이 복음에 대해 문을 열 수 있도록 기도하자.

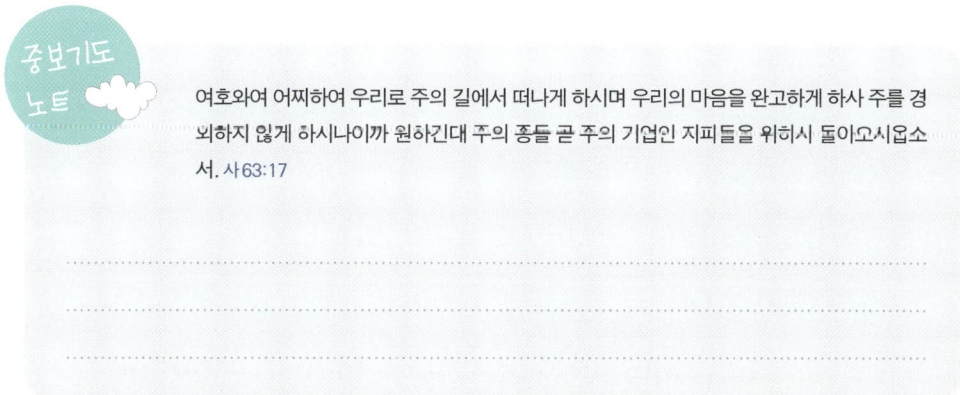

중보기도 노트

여호와여 어찌하여 우리로 주의 길에서 떠나게 하시며 우리의 마음을 완고하게 하사 주를 경외하지 않게 하시나이까 원하건대 주의 종들 곧 주의 기업인 지파들을 위하시 돌아오시옵소서. 사 63:17

편한 삶을 살 수 있기를 기도해서는 안 된다. 강한 사람이 되도록 기도해야 한다. _존 F. 케네디

11월 6일

거룩한 삶의 회복이 필요한 나라

면적 500㎢ (한반도의 0.23%)
인구 16,800명
수도 코크번타운
도시화 45%
GNP $7,710 (2000년)
종족 아프리카계 카리브인 95%, 유럽계 아메리카인 5%
종교 기독교 93.2%, 무종교·기타 4.2%

투르크스 카이코스 (터크스 케이커스) 제도

Turks & Caicos Islands

바하마 남동쪽에 위치한 30개 산호섬들로 이루어진 나라다.

아프리카계 카리브인이 95%이며, 점점 아이티 사람들이 늘어나고 있다.

1986년까지 미국에 마약을 보내고 또한 금융 소득을 세탁하기 위한 주요 거점의 하나였다.

개신교가 50%에 이르는 기독교 나라다.

"믿은 지 오래되었습니다."

✚ 기도 제목

투르크 카이코스 제도

1. 금융권의 돈 세탁, 규율을 위반하는 관광업, 불법 마약 거래 등 기독교 가치관이 사회에서 도전받고 있다. 교회가 거룩한 삶과 순전한 믿음을 가지고 이런 일을 지적하며 새로운 변화를 일으킬 수 있도록 기도하자.

2. 이주민은 대부분 아이티에서 불법으로 넘어오고 있다. 이들의 수가 오히려 이 나라 사람들의 수를 넘어서고 있는 실정이다. 이주민들을 예수님의 사랑으로 대하고, 복음을 나누도록 기도하자.

투발루

3. 투발루는 지구의 온난화 현상과 해수면의 상승으로 사라지게 되는 최초의 나라가 될 수도 있다. 미래에 대한 불안감이 영적 열심을 불러일으키도록 기도하자.

4. 투발루는 처음에 쿡 제도의 선교사들이 복음을 전해주었다. 회중교회는 사실상 국교회이지만 명목주의와 전통이 영적 생활과 열심에 방해가 되고 있다. 모든 집단의 영적인 삶을 위해 기도하자.

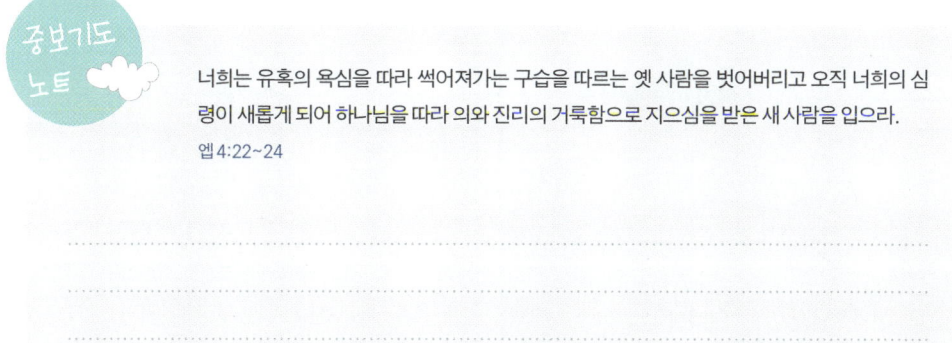

중보기도 노트

너희는 유혹의 욕심을 따라 썩어져가는 구습을 따르는 옛 사람을 벗어버리고 오직 너희의 심령이 새롭게 되어 하나님을 따라 의와 진리의 거룩함으로 지으심을 받은 새 사람을 입으라.
엡 4:22~24

진실한 기도는 상처 난 가슴에서 나온다. _로버트

11월 7일 튀니지

위대한 기독교 지도자를 배출했던 나라

면적 163,610 ㎢ (한반도의 73.9%)
인구 9,585,600명
수도 튀니스
도시화 63%
GNP $3,400
종족 아랍 96.5%, 베르베르 1%, 기타 0.5%
공용어 아랍어, 프랑스어 **문자해독률** 67%
종교 이슬람교 99.7%

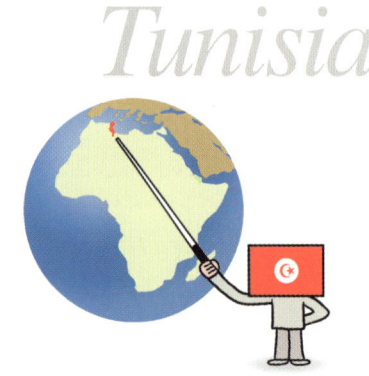

북아프리카 중앙부, 지중해에 면한 공화국으로, 아랍인과 베르베르족과의 혼혈족이 주류를 이룬다.

이 나라는 초기에 기독교가 번성해서, 터툴리안과 키프리안 같은 지도자가 배출되기도 했다.

교회의 분리, 이단, 성경 번역 실패, 외세 침입으로 기독교는 쇠퇴하게 되었다.

현재 약 2백 명 정도가 헌신된 토착 신자이지만, 이들 중 예배에 정기적으로 참석하는 사람들은

"절반밖에 안됩니다. 참 미약하죠."

➕ 기도 제목

1. 기독교가 번성했지만, 교회가 분리되고 성경 번역에 실패한 것, 외세 침입, 이슬람교로 인해 기독교는 쇠퇴하게 되었다. 다시 생명력 있는 교회가 세워지도록 기도하자.

2. 튀니지는 아랍 세계에서 가장 진보적이고 개방된 사회이다. 사람들이 형식적 종교 생활, 영적 무관심과 물질주의 공허함이 드러나고 예수에 대한 영적 갈급함이 그 자리를 채울 수 있도록 기도하자.

3. 새 신자와 새로운 교회가 생겨났다. 이들의 지속적인 성장과 훈련을 위해서 기도하자. 교회는 전체 인구에 비해 아주 낮은 비율을 차지하고 있으나 예수님에 대한 믿음을 견고히 지켜가고 새 신자들의 안전과 용기, 교회와의 연합과 담대함을 위해 기도하자.

4. 토착 기독교인은 소외되고 두려움을 느끼며 신앙이 견고하지 못하다. 이들이 다시 죄에 빠져들거나 무슬림과 결혼하기 쉬우며 이민을 선택하기도 한다. 예수께 대한 깊은 헌신이 있도록, 기독교인들이 서로 신뢰하며 연합과 협력을 위해 담대하게 복음을 증거하도록 기도하자.

5. 기독교 인구는 거의 전부가 명목상의 외국인이며 가톨릭이 지배적이고, 2개의 개신 교단(성공회와 프랑스 개혁교회)이 활동하고 있다. 헌신적인 외국인 기독교인이 복음을 증거하고 진리를 찾는 이들을 격려할 수 있도록 기도하자.

중보기도 노트

또 만물을 그의 발 아래에 복종하게 하시고 그를 만물 위에 교회의 머리로 삼으셨느니라 교회는 그의 몸이니 만물 안에서 만물을 충만하게 하시는 이의 충만함이니라. 엡 1:22~23

만일 당신이 하루 일과를 시작하기 전에 기도한다면 당신은 좋은 하루를 보낼 것이다. _스테판 원위스_

11월 8일

교회가 살아야
나라가 산다

트리니다드 토바고

면적 5,128㎢(한반도의 2.3%)
인구 1,295,000명
수도 포트오브스페인 **도시화** 72%
GNP $4,250(2000년)
종족 아프리카계 트리니다드 40%, 인도계 트리니다드 40.3%,
유럽계 트리니다드 0.6%, 기타 1.1%
공용어 영어 **문자해독률** 98%
종교 기독교 71.2%, 힌두교 19%, 이슬람교 5.7%, 무종교·기타 1.4%

중앙아메리카 카리브 해 동남쪽에 있는 트리니다드 섬과 토바고 섬으로 이루어진 공화국이다.

석유 자원의 낭비로 1970년대 후반에 경기가 후퇴했으나 지금은 카리브 해 군도 중에서 산업 기반이 가장 든든한 국가다.

종교의 자유가 있으며 교회는 트리니다드의 모든 종족 집단을 연결하는 유일한 구조이기도 하다.

교회는 전통 교단과 신생 교단, 카리스마틱 및 오순절 교단 등으로 분열되어 있다.

✚ 기도 제목

1. 정당이 인종별로 나뉘고, 무슬림, 힌두교인, 몇몇 기독교인 가운데 여러 극단주의 소수 종족의 활동으로 인종 간의 조화가 이루어지지 않고 있다. 정부가 모든 종족에게 공정할 수 있도록 기도하자.

2. 교회는 트리니다드의 모든 종족 집단을 연결하는 유일한 구조이다. 아프리카계, 유럽계 트리니다드인과 중국인의 대부분, 인도계 트리니다드인의 20% 이상이 기독교인이다. 교회를 통해 하나 됨이 유지되도록 기도하자.

3. 교회는 매우 분열되어 있다. 전통 교단과 신생 교단, 그리고 성장하며 배가하고 있는 인도인과 흑인 주도의 교단 등으로 갈려 있고 화합을 이루지 못하고 있다. 그리스도를 머리로 하여 생명의 진리로 연합하며 신령과 진정으로 예배가 드려지는 교회로 회복되도록 기도하자.

4. 공립학교의 종교교육은 복음을 전할 수 있는 좋은 기회다. 많은 트리니다드 기독교인이 이 사역에 동참하며 선교단체가 전심전력하여 학생 사역을 섬기고 주일학교 어린이를 위한 훈련이 준비되도록 기도하자.

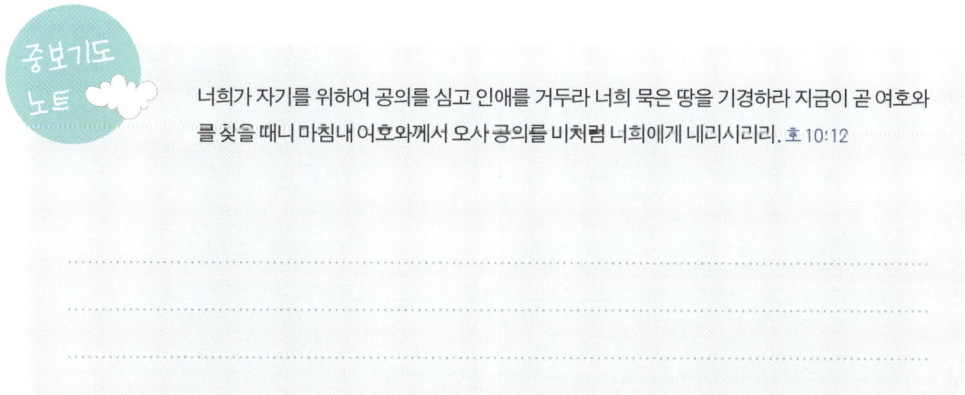

너희가 자기를 위하여 공의를 심고 인애를 거두라 너희 묵은 땅을 기경하라 지금이 곧 여호와를 찾을 때니 마침내 여호와께서 오사 공의를 비처럼 너희에게 내리시리라. 호 10:12

응답 받는 기도가 되려면 하나님의 뜻과 마음의 간절함이 조화를 이루어야 한다. _존 트랩

11월 9일

티모르 로로사에(동티모르)

인도네시아에서 독립한 나라

Timor Lorosa'e

면적 14,874㎢ (한반도의 6.7%)
인구 884,500명
수도 딜리
GNP $400 (2002년)
종족 티모르 96.1%, 인도네시아 2%, 기타 1.9%
공용어 인도네시아어, 테툼어, 포르투갈어
문자해독률 낮음
종교 기독교 89.2%, 전통 종족종교 8.2%, 이슬람교 2.2%

동티모르로 알려진 섬나라로 석유, 천연가스 등 발전 가능성은 있으나 대다수가 극심한 가난 속에 살고 있다.

잇단 내전과 인도네시아의 공격, 가난으로 약 20만 명이 죽었다.

인구의 약 75%가 난민상태로 살아가고 있다. 가톨릭은 동티모르의 활발하고 조직적인 사회 구조로 자리 잡게 되었다.

가톨릭교회는 인도네시아에 대한 국가적 대항의 상징이었기 때문에 빨리 성장했지만, 종족종교의 깊은 신비술이 여전히 강하게 남아 있다.

전통을 버릴 수 있나요?

✚ 기도 제목

1. 티모르가 한 국가로 탄생하기까지는 많은 상처가 있었다. 인도네시아군과 티모르 동맹군이 강압적으로 티모르인을 유괴한 행위는 이들에게 증오와 상처를 남기게 되었다. 복음의 진리를 통해 이 땅에 상처와 고통이 치유되며 회복되어 주께로 더욱 나아오도록 기도하자.

2. 티모르의 미래는 불확실하다. 유엔 임시 행정부는 국가를 보호하고 경제적인 생존과 행정을 위한 구조를 구축하는 일에 자신의 유익을 구하지 않고, 과거의 종족 분열과 최근의 정치 분열에도 불구하고 국가석 연합을 이룩할 수 있는 정부가 이루어지도록 기도하자.

3. 가톨릭교회는 인도네시아에 대한 국가적 대항의 상징이었기 때문에 빨리 성장했지만, 개신교는 인도네시아에서 온 종교라고 인식되고 있다. 티모르에 종교적, 영적 자유가 보장되도록 기도하자.

4. 최근에 개신교 교회가 발판을 마련하게 되었다. 대다수가 명목주의이며 복음에 대한 이해가 부족하다는 것이 특징이다. 교회가 새 생명을 경험하고 티모르의 모든 지역, 모든 종족 가운데 개척되도록 기도하자.

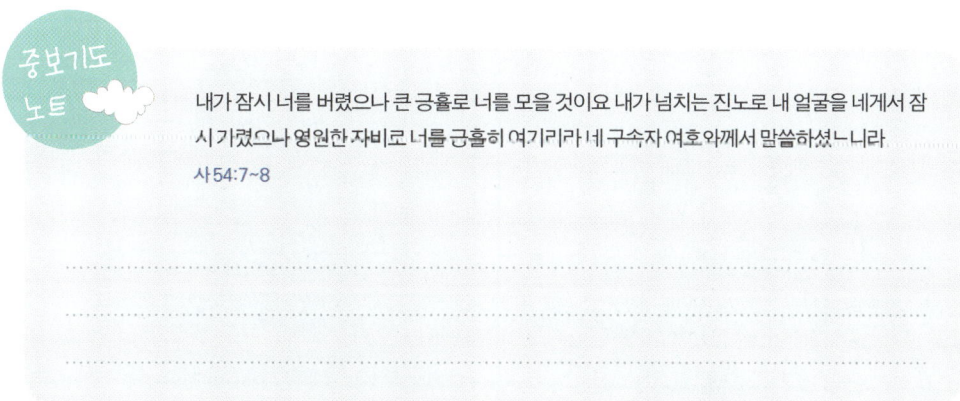

내가 잠시 너를 버렸으나 큰 긍휼로 너를 모을 것이요 내가 넘치는 진노로 내 얼굴을 네게서 잠시 가렸으나 영원한 자비로 너를 긍휼히 여기리라 네 구속자 여호와께서 말씀하셨느니라.
사 54:7~8

좌석에 있는 성도의 기도는 강대상의 목사에게 능력을 부여해준다. _미상

11월 10일   파나마

운하로 재도약을
꿈꾸는 나라

면적 87,177 km² (한반도의 39.4%)
인구 2,855,683명
수도 파나마   **도시화** 55%
GNP $5,900
종족 스페인어 사용 79.2%, 아메리카 인디언 8.1%, 아시아 9%, 영어 사용 3.7%
공용어 스페인어   **문자해독률** 91%
종교 기독교 88.1%, 이슬람교 3.5%, 무종교·기타 3%, 불교 2.1%

Panama

중앙아메리카의 파나마 지협(地峽)에 있는 공화국으로, 파나마 운하로 유명하며, 주민은 메스티소가 많다.

운하 덕분에 파나마의 경제는 활성화 되고 덩달아 서비스 산업도 발달했다.

종교의 자유가 있지만, 가톨릭이 다수를 차지하고 있다.

노리에가 정권과 마약의 악영향에서 벗어나 1990년대에는 빠른 회복을 보이고 있다.

"파나마도 파격적으로 변하고 있습니다."

✚ 기도 제목

1. 이 나라의 모토는 "파나마! 세계로 향한 다리! 우주의 심장!"이다. 잠재력을 극대화하여 열방의 축복의 통로가 되도록 기도하자.

2. 파나마 운하와 미군 기지는 공식적으로 2000년 1월 1일에 완전히 반환되었다. 지도자들이 국가의 산적한 문제들에 잘 대처할 수 있는 지혜를 갖추도록, 전 영역에 부정과 부패가 사라지고 공정하고 정직한 정부가 되도록 기도하자.

3. 최근에 많이 성장하기는 했지만, 지역교회들은 잃어버린 영혼에 대한 전도, 특히 자신들의 지역적 관심을 넘어선 전도보다는 종종 더 큰 건물 교단에 충성과 명예에 집착한다. 잃어버린 영혼에 대한 구원의 열정이 심령 안에 부어지도록 기도하자.

4. 가정의 갈등과 붕괴가 만연해 있다. 72% 이상이 비정상적 가정에서 태어나고, 가정 내의 폭력이 증가하여 심각한 문제가 되고 있다. 성령께서 많은 사람들에게 죄를 깨닫게 하시고 그들을 주님께로 인도하시도록 기도하자.

> **중보기도 노트**
>
> 오직 우리 주 곧 구주 예수 그리스도의 은혜와 그를 아는 지식에서 자라가라 영광이 이제와 영원한 날까지 그에게 있을지어다. _벧후 3:18_

하나님 앞에 무릎 꿇을 때만이 사람 앞에 꼿꼿이 설 수 있다. _미상_

11월 11일 파라과이

영적 각성이
필요한 나라

면적 406,741 ㎢ (한반도의 183.7%)
인구 5,496,453명
수도 아순시온 **도시화** 55%
GNP $1,800
종족 스페인어·과라니어 사용 94%, 아메리카 인디언 1.4%, 소수 이주민 집단 4.6%
공용어 과라니어, 스페인어 **문자해독률** 90%
종교 기독교 98%, 무종교 1%

남아메리카 중남부에 있으며 브라질, 아르헨티나, 볼리비아로 둘러싸인 내륙에 위치한 나라다.

저의 패션 어때요?

바다와 먼 입지조건과 광물자원의 부족이 발전에 장애가 되고 있다.

바다 보고 싶다.

여전히 가톨릭교회가 정치적, 사회적으로 중요한 영향력을 행사하고 있다.

그걸 이제야 알았나요?

파라과이는 진정한 영적 각성이 일어난 적이 없다.

영적 각성 이라는 말 처음 들어봅니다.

✚ 기도 제목

1. 파라과이는 2백 년에 걸친 폭정, 전쟁, 정부의 무능력으로 아직도 어려움을 겪고 있다. 수시로 일어나는 내부의 정치적 투쟁과 강한 도덕적 지도력의 부족은 국가의 진보를 가로막고 있다. 이 복음화 된 나라에 경건한 자들이 일어나 지혜와 공평으로 다스리도록 기도하자.

2. 브라질이나 아르헨티나에서 파라과이로 이주한 열정적이고 주도력을 가진 메노나이트, 오순절, 독립교회 배경의 복음주의 교회가 1990년대에 꾸준히 성장하였다. 이들이 살아 계신 하나님의 말씀에 순종하는 믿음의 삶을 살아가도록 기도하자.

3. 조국의 복음화에 더 깊이 협력하는 복음주의 기독교 지도자들이 증가하고 있다. 이들이 조국의 복음화와 소외받는 교회들과의 연합을 위해 더 깊이 헌신하도록 기도하자.

4. 많은 선교단체들이 소수 인디언 부족들의 마을에 들어가 사역하여 많은 인디언들이 주께로 돌아왔다. 선교단체들은 다양한 개발 사업과 교육, 성경 훈련 등을 통해 신생교회들이 자립하도록 돕고 있다. 신생교회들이 토착문화를 잘 수용하며 반석 위에 견고히 서도록 기도하자.

> **중보기도 노트**
>
> 하나님이 뭇 백성을 다스리시며 하나님이 그의 거룩한 보좌에 앉으셨도다 뭇 나라의 고관들이 모임이여 아브라함의 하나님의 백성이 되도다 세상의 모든 방패는 하나님의 것임이여 그는 높임을 받으시리로다. _시 47:8~9_

하나님과 나 사이에 전화선이 가설된 이후에 전화벨이 한 번도 멈춘 날이 없다. _미상_

11월 12일 파키스탄 1

기독교인을 궁지로
내몰고 있는 나라

면적 803,944㎢ (한반도의 363.1%)
인구 156,483,200명
수도 이슬라마바드
도시화 33%
GNP $910
종족 인도계 아리아 78.8%, 인도계 이란 18.5%
공용어 우르두어 **문자해독률** 38%
종교 이슬람교 96.1%, 기독교 2.3%, 힌두교 1.5%

인도 반도 서북부에 있는 공화국이다. 힌두교와 이슬람교의 대립으로 인도에서 분리 독립했으며 대부분의 국토가 건조한 산악 지대다.

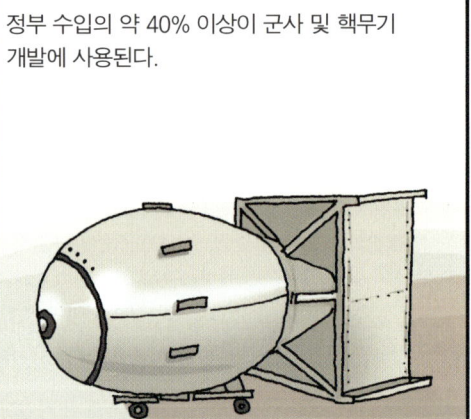

정부 수입의 약 40% 이상이 군사 및 핵무기 개발에 사용된다.

무제한적 인구 증가와 용수 부족, 아프간 전쟁과 난민의 영향, 그리고 심각한 부정부패로 경제적 위기를 겪고 있다.

알라여! 이 나라가 파탄 지경입니다.

특히 이슬람 극단주의 운동이 나라에 깊게 영향을 미치고 있다.

이슬람만이 살길이다. 다른 건 필요 없어!

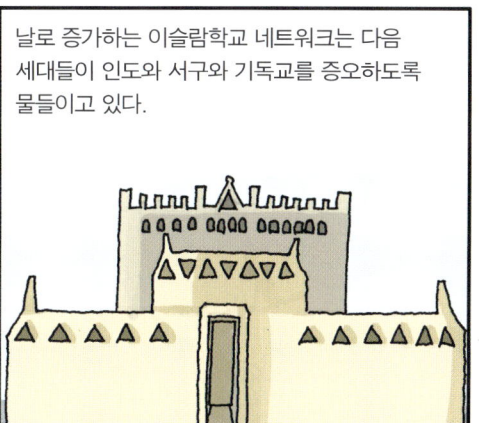

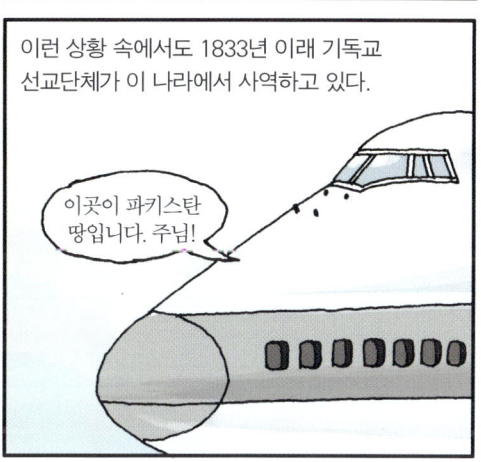

✚ 기도 제목

1. 파키스탄은 반세기에 걸친 혼란을 겪었다. 장기적 발전을 위해 진정한 민주주의를 허용하고, 군사 개발보다는 경제 개발에 국가 수입을 사용하며, 부패를 종식시켜야 한다. 이 나라를 무력하게 만드는 불법과 폭력의 영에 사로잡힌 많은 이들을 위해 기도하고 또 성실한 지도자가 일어나도록 기도하자.

2. 이슬람주의는 경제 및 사회적 단합에 심각한 해악을 끼치고 있다. 이슬람교는 헌법이 보장하는 여성 및 소수의 권리를 짓밟고 법체계를 전복시키며 공포와 폭력을 조장하고 있다. 이슬람 학교들은 다음 세대들이 인도와 서구와 기독교를 증오하며, 이슬람교를 위해서는 기꺼이 죽음도 불사하도록 가르치고 있다. 이런 이념이 깨지고 그 영향력이 무너지도록 기도하자.

3. 이슬람법인 샤리아 법은 부분적으로 실행되고 있지만, 소수 집단에 대한 그 효과는 상당히 크다. 선지자에 대한 무례는 강제 사형, 코란에 대한 신성모독은 무기 징역에 해당한다. 무고한 사람들이 장기 징역을 선고받기도 하며, 이 고소를 기각하려는 판사들은 협박과 위협에 시달린다. 차별 법, 특히 불경죄에 관한 법이 폐지되고 공정한 재판제도가 도입되도록, 경찰력이 법을 공정하게 적용하도록 기도하자.

4. 1833년 이래로 기독교 선교단체가 이 나라에서 사역하고 있다. 1890년에서 1930년 사이 힌두 카스트 30계급 중 천민 카스트 6개 계급에서 많은 사람이 주께 돌아왔다. 이 일은 1904년에 있었던 부흥과 더불어 일어났다. 부흥을 주신 하나님을 찬양하고 선교단체들이 하나님 나라를 위해 연합하도록 기도하자.

5. 기독교인이 되려는 무슬림은 거의 없다. 대부분의 사람들은 이곳 교회를 경멸하고 있다. 이러한 문화, 종교, 역사적 장벽들이 무너지도록 기도하자.

자녀들은 혈과 육에 속하였으매 그도 또한 같은 모양으로 혈과 육을 함께 지니심은 죽음을 통하여 죽음의 세력을 잡은 자 곧 마귀를 멸하시며 또 죽기를 무서워하므로 한평생 매여 종노릇 하는 모든 자들을 놓아주려 하심이니. 히 2:14~15

기도의 궁극적 목적은 하나님이 인생을 보시는 것처럼 그같이 우리도 인생을 보는 데 있다. _칸_

11월 13일

파키스탄 2

기독교인들을 궁지로 내몰고 있는 나라

✚ 기도 제목

1. 많은 기독교인들은 심한 가난 속에서 사회의 소외층으로 살아가고 있다. 교육의 부족, 가난과 문맹으로 성도들의 영적 기준이 낮아졌으며 명목주의, 부패, 신비주의 등의 문제점들이 발생하고 있다. 경제적, 물질적인 수준의 한계를 뛰어넘는 성령 하나님의 역사가 일어나도록 기도하자.

2. 모든 상황이 기독교인을 두렵고 위축되게 만들고 있기에, 무슬림에게 복음을 전해야 한다는 부담을 갖고 있는 사람은 소수이다. 한 선교단체는 많은 신자에게 복음 전도에 참여하도록 도전해왔다. 교회와 성도들이 무슬림에게 복음을 담대하게 전할 수 있도록 기도하자.

3. 파키스탄 복음주의 동맹은 파키스탄의 복음화와 선교를 위해 세워진 연합체이다. 이 단체를 통한 보다 큰 연합이 일어날 뿐만 아니라 선교를 위한 교단, 교회, 단체들 간의 다양한 연합의 움직임이 일어나도록 기도하자.

4. 몇몇 파키스탄 기독교인들은 여러 중동 국가에서 기독교인 모임을 시작했고, 어떤 사람들은 비기독교인들에게 복음을 전하고 있으나, 이 사역에 상당한 분열이 있다. 적지 않은 신변 위협이 뒤따르기도 한다. 타 지역의 선교에 헌신한 파키스탄 사역자들을 위해 기도하자.

5. 기독교인들에 대한 노골적인 차별이 심각하다. 어떤 직업은 기독교인들에게만 금지되어 있고, 투표 시에도 별도의 선거인 명단에 오르는 등 정치적으로 소외되었다. 세상의 차별과 무시에도 하늘의 위로를 받으며 믿음으로 승리하도록 기도하자.

중보기도 노트

인자로 말미암아 사람들이 너희를 미워하며 멀리하고 욕하고 너희 이름을 악하다 하여 버릴 때에는 너희에게 복이 있도다 그날에 기뻐하고 뛰놀라 하늘에서 너희 상이 큼이라 그들의 조상들이 선지자들에게 이와 같이 하였느니라. 눅 6:22~23

우리 날이 계수되었으니 쓸데없는 걱정을 버립시다. _진 귀용

11월 14일　　　　　　　　　　　　　　　　　　　　　　　　　파키스탄 3

기독교인을 궁지로
내몰고 있는 나라

✚ 기도 제목

1. 파키스탄에는 12개의 개신교 신학교와 6개의 가톨릭 신학교 및 몇몇 성경학원과 신학 교육과정이 있다. 더 많은 수의 파키스탄 기독교인 지도자들이 외국 선교단체의 지원 없이도 자국 교회에서 섬길 수 있도록 기도하자.

2. 전 세계 450만 명의 발루치족 가운데 75%가 파키스탄에 산다. 전 세계에 있는 발루치족 중 기독교인으로 알려진 사람은 10명 정도에 불과하다. 이 종족에게 복음을 전하는 선교단체들을 위해 기도하자.

3. 파탄족은 아프가니스탄과의 서북 접경지에 있으며, 호전적이고 배타적이기로 유명하다. 그들은 파키스탄과 아프가니스탄에서 값비싼 마약과 무기 밀매를 주도하고 있다. 이들을 위해 헌신할 사역자들이 필요하다. 추수할 일꾼을 보내달라고 기도하자.

4. 27개 이상의 소수 종족이 카시미르, 코히스탄, 스와트, 디르, 치트랄, 길기트, 훈자 지역의 산 계곡에서 살고 있다. 칼라시족은 대부분 정령 숭배자였으나 1975년 이후 이슬람교로 개종했다. 나머지 종족은 모두 수니파, 시아파, 이스말리파 등의 무슬림이다. 여러 소수 종족과 함께, 특히 훈자에 있는 부루샤스족, 티베트족 계통의 발티족, 치트랄의 코와리족, 시나족 등을 위해 기도하자.

중보기도 노트

우리는 뒤로 물러가 멸망할 자가 아니요 오직 영혼을 구원함에 이르는 믿음을 가진 자니라.
히 10:39

일하기 시작할 때 하나님께 기도드려라. 그러면 당신은 일을 잘해내게 될 것이다. _크세노폰_

11월 15일 　　　　　　　　　　　　　　　　　　　　　　파키스탄 4

기독교인을 궁지로 내몰고 있는 나라

✚ 기도 제목

1. 15세 이하인 사람이 인구의 50%나 된다. 그러나 이런 사역을 위해 준비된 지도자가 거의 없다. 어린이, 청소년, 젊은이들을 대상으로 사역할 헌신된 사역자들이 많이 일어나도록 기도하자.

2. 외국인 사역자들은 대부분 기존 교회와 시설 내에서 사역하고 있고, 소수만이 복음 전도와 교회 개척을 하고 있다. 이들에게 수많은 미전도 종족에 접근할 창의적인 기회가 열리도록 위해서 기도하자.

3. 파키스탄인들은 최근 전 세계로 이민을 가고 있다. 특히 중동, 북미, 영국, 호주로 많이 가다. 이민자들 가운데 의심이 많이 일어나 복음을 듣고 본국으로 돌아가려는 사람들이 나타나도록 기도하자.

4. 성경 전체나 신약은 7개 언어로밖에 번역되지 않아 큰 도전이 되고 있다. 번역 팀이 16개 언어로 작업하고 있으며, 이외에도 3개 언어의 번역은 대대적인 교정이 필요하다. 조사에 따르면, 신약으로 번역되기를 기다리는 언어가 55개 이상이나 된다. 외국인과 현지인들이 번역 작업에 부르심을 받도록 기도하자.

중보기도 노트

흑암에 행하던 백성이 큰 빛을 보고 사망의 그늘진 땅에 거주하던 자에게 빛이 비치도다.
사 9:2

항상 기도하는 사람들은 한 번도 기도해본 적이 없는 사람들에게 필요한 사람이다. _빅토르 위고

11월 16일

파푸아 뉴기니 1

동식물들의
아름다운 서식처

면적 461,693㎢(한반도의 208.5%)
인구 4,806,600명
수도 포트모르즈비
도시화 17%
GNP $990
종족 멜라네시아 99%, 기타 1%
공용어 영어, 토크 피진어 **문자해독률** 43%
종교 기독교 97.3%, 전통 종족종교 1.8%

Papua New Guinea

오스트레일리아 북쪽에 위치하며, 세계에서 두 번째로 큰 섬인 뉴기니의 동쪽 절반과 많은 작은 섬들로 이루어져 있다.

높은 산, 무성한 삼림, 저지대의 늪, 산호섬, 폭포, 수많은 강, 국가의 상징인 극락조를 비롯한 동식물의 아름다운 서식지가 있다.

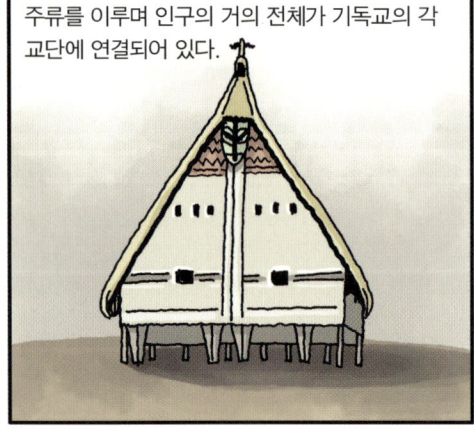

자급 농업과 어업과 차, 커피 생산, 광업이 경제의 주류를 이루며 인구의 거의 전체가 기독교의 각 교단에 연결되어 있다.

하지만 전통 종족종교가 잠재적으로 강한 영향력을 끼치고 있다.

이 젊은 국가는 1997년에 부흥을 위한 국가 기도운동이 시작되었고 1998년 선거에서 기독교인들이 국회로 많이 들어가게 되었다.

파푸아 뉴기니에서 일어나는 교회의 역사가 아름다운 열매를 맺을 수 있도록 기도하자.

✚ 기도 제목

1. 정부는 다양한 종족을 하나의 국가로 통일시켜야 하는 큰 문제를 가지고 있는데, 부게인빌의 전쟁은 이 나라를 하나 되게 하는 데 큰 어려움이 되었고 부족 간의 전쟁은 여전히 계속되고 있다. 이 전쟁이 속히 멈추도록 기도하자.

2. 지난 120년 동안 복음은 파푸아 뉴기니 전역에 전파되어 거의 모든 부족에게 전해졌다. 96% 이상의 사람들이 자신을 기독교인이라고 말하지만 많은 사람들이 변화는 없으며 전통 관습, 도박, 우상 숭배, 혼합 종교로 되돌아가고 있다. 복음으로 변화된 증인들이 세워지길 기도하자.

3. 교회와 선교단체가 수많은 소규모 성경학교를 통해 지도자를 훈련하고 있다. 목회자와 선교사로 하나님의 부르심을 받은 자들이 돈의 유혹을 많이 받고 있는데 유혹을 이기고 영적인 지도자로 훈련될 수 있도록 기도하자.

4. 선교사 연합회는 해외에 나갈 선교사들을 준비시키고 파송하는 일에 힘을 다하고 있으며, 매년 선교대회를 하고 있다. 또한 국가 기도운동을 위해 일하고 있다. 더욱 많은 사람들이 선교사로 세워질 수 있도록 기도하자.

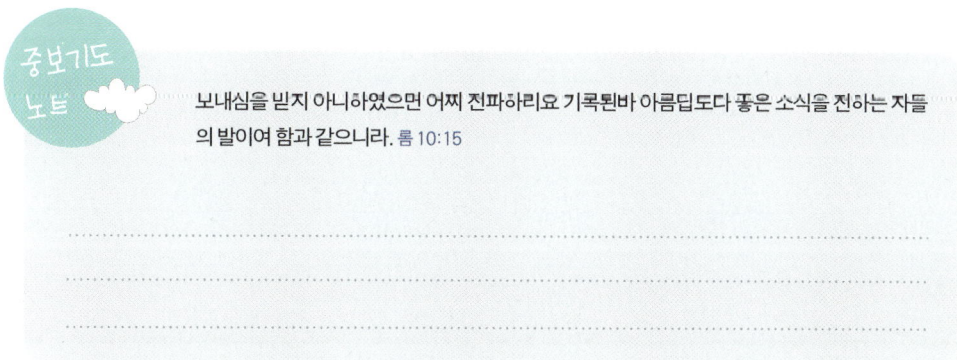

중보기도 노트

보내심을 받지 아니하였으면 어찌 전파하리요 기록된바 아름답도다 좋은 소식을 전하는 자들의 발이여 함과 같으니라. 롬 10:15

믿음이 없는 기도는 열매도 없다. _토머스 왓슨_

11월 17일

파푸아 뉴기니 2

동식물들의 아름다운 서식처

Papua New Guinea

✚ 기도 제목

1. 1백 년 전까지만 해도 선교사들은 교회를 개척하면서 식인종에게 희생되거나 질병으로 많은 어려움이 있었지만 복음 전도, 교회 개척, 의료, 교육, 개발을 위한 이들의 계속된 노력으로 이 나라와 국민을 크게 변화시켰다. 지금도 많은 선교사들이 참여하는 성경 번역, 교육, 제자 훈련, 지도자 훈련을 위해 기도하자.

2. 높은 산과 무성한 밀림 그리고 수많은 강으로 이루어진 이 나라에서 비행기는 선교 사역에 있어 꼭 필요하다. 그러나 밀림과 높은 산악, 짙은 구름, 급변하는 일기 등의 환경으로 일부 지역은 비행하기가 매우 힘들고 위험하다. 많은 위험 가운데 있는 조종사들을 위해 기도하자.

3. 많은 도시 젊은이들이 직장이 없어 일할 기회를 갖지 못하고 폭력 조직에 가담하고 있다. 선교단체들이 고등학교와 대학교에서 이들을 훈련시키고 있는데 젊은이들이 이 나라에 좋은 지도자들로 세워지길 기도하자.

4. 거의 모든 종족에게 복음이 전해졌지만 서파푸아 국경의 스타 산맥과 늪지대의 일부 지역 등 외딴 지역에 살고 있는 종족들은 이제야 발견되고 있다. 아직 발견되지 않은 미전도 종족들에게도 복음이 전해지도록 기도하자.

중보기도 노트

만군의 하나님 여호와시여 나는 주의 이름으로 일컬음을 받는 자라 내가 주의 말씀을 얻어 먹었사오니 주의 말씀은 내게 기쁨과 내 마음의 즐거움이오나. 렘 15:16

성도의 기도가 없으면 하나님은 그 선하신 일에 힘이 없으시다. 마치 배터리 나간 전지처럼._미상

11월 18일 팔레스타인 / 페로 제도

세계의 폭탄, 분노가 깊은 나라

면적 6,243 ㎢(한반도의 2.8%)
인구 3,391,000명
수도 예루살렘
종족 아랍 92%, 유태인 6%, 기타 2%
공용어 아랍어
문자해독률 70%
종교 이슬람교 86.6%, 유대교 9.5%, 두르즈파·기타 2%

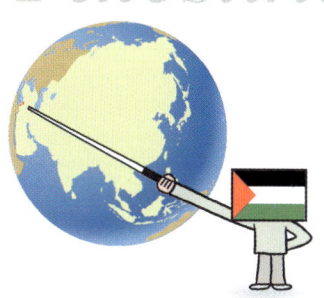

세계의 폭탄 팔레스타인은 아시아 서쪽, 지중해 동남쪽 기슭에 있는 지방으로, 웨스트뱅크와 가자 지구로 이루어졌다.

팔레스타인 자치기구는 주요 도시와 분산된 거주군락들만을 통치한다.

상황이 어떤지 가자 지구로 가보자!

나머지는 이스라엘 군 당국의 통치를 받는 240개의 유대인 정착촌과 지역이다.

이스라엘의 방해로 생활수준이 심각하게 낮아 졌었고, 2000년에는 실업률이 40%까지 올라갔다.

용수 공급 차단으로 우리의 숨통을 끊으려 하고 있소.

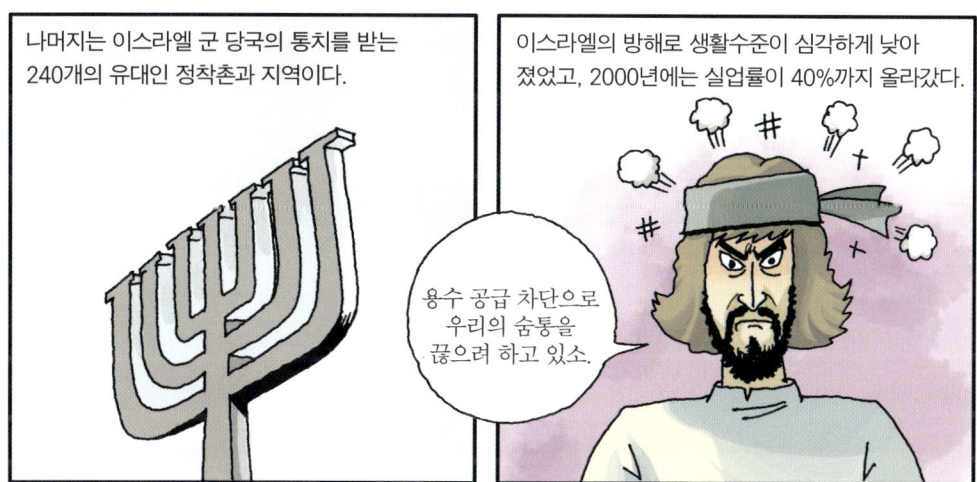

이슬람주의자들은 이스라엘에 대해 뿌리 깊은 분노를 품고 있다. 청년들은 자살 테러도 서슴지 않는다.

이런 가운데에서도 아랍 복음주의자의 교회가 30개 있고 교인은 2천 명에 달한다. 작은 기적을 위해서 기도하자.

✚ 기도 제목

팔레스타인

1. 팔레스타인과 이스라엘은 영토와 물, 그리고 수도 예루살렘을 두고 분쟁하고 있다. 유대 이스라엘과 팔레스타인 아랍이 오직 예수 그리스도를 통해 화해하기를 기도하자.

2. 팔레스타인 기독교인은 1940년부터 그 수가 심각하게 감소하고 있는데, 이는 무슬림의 위협으로 다른 나라로 망명이나 이민을 갔기 때문이다. 이 땅의 소수 그리스도인이 보호받도록 기도하자.

3. 30여 개의 교회와 2천여 명의 소수 복음주의자들은 고립되어 있다. 베들레헴 성경대학에서는 학생을 대상으로 하는 중요한 사역을 하고 있다. 이들이 복음의 증인으로 견고히 서서 하나님의 교회를 세우는 데 헌신하도록 기도하자.

4. 이스라엘과의 분쟁이 가장 심한 가자 지구에는 소망을 잃은 채 살아가는 사람들이 많으나, 복음을 전하는 사람이 거의 없다. 이들에게 복음을 전하고 돌아보는 사람들이 준비되도록 기도하자.

페로 제도

5. 페로 제도의 그리스도인들은 누구나 이 땅에 부흥이 필요하다고 인식하고 있다. 루터 교회는 쇠퇴하고 있으며 소수의 사람들만이 정기적으로 교회에 출석하고 있다. 가정교회들을 중심으로 기도와 선교에 헌신자들이 일어나도록 기도하자.

6. 훈련 부족과 경건한 지도자의 부족, 세속화, 명목주의가 기독교 성장을 방해하고 있다. 필요한 훈련을 통해 경건한 지도자들이 세워질 수 있도록 기도하자.

너희는 사도들과 선지자들의 터 위에 세우심을 입은 자라 그리스도 예수께서 친히 모퉁잇돌이 되셨느니라. 엡 2:20

아무 데도 갈 데가 없이 막연할 때 나는 여러 번 무릎을 꿇게 된다. _링컨

11월 19일 페루 1

안데스 산맥의 품에 안겨 있는 나라

면적 1,285,216㎢(한반도의 580.4%)
인구 25,661,700명
수도 리마
도시화 71%
GNP $3,890
종족 아메리카 인디언 54.7%, 메스티소 32%, 백인 12%, 기타 1.3%
공용어 스페인어, 퀘추아어 **문자해독률** 87%
종교 기독교 90.1%, 무종교·기타 8.3%, 전통 종족종교 1.2%

남아메리카 서북부 태평양 연안에 있는 공화국으로, 잉카 제국의 중심지다.

1990년대 기후 변화와 게릴라 폭동으로 인한 황폐화는 어업, 광산업을 붕괴시켰고, 인구 대다수는 극심한 인플레이션 현상으로 심각한 가난에 빠져들었다.

불안해서 일할 수가 없었어요.

인구의 40% 이상이 극도의 빈곤 속에서 살고 있다. 1978년 헌법은 종교의 자유를 보장했지만, 공식 국교인 가톨릭교회가 특혜를 받고 있다.

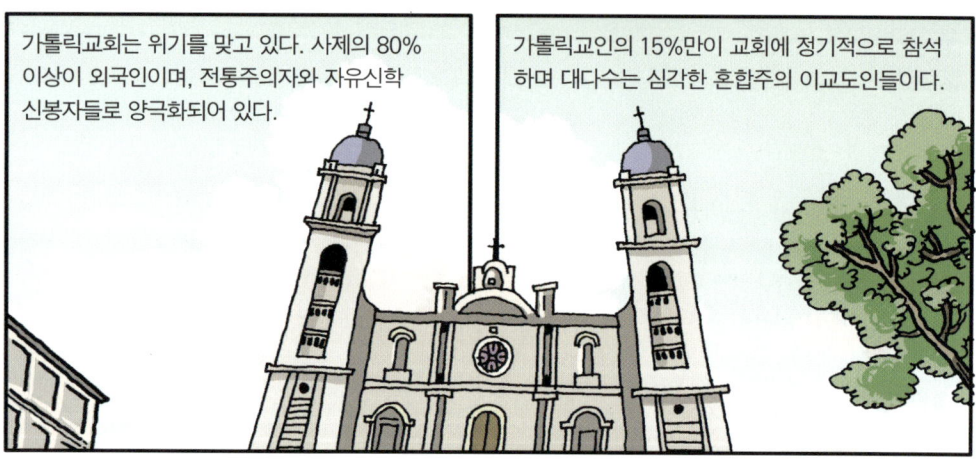

✚ 기도 제목

1. 페루에 민주적인 정부가 세워져 부패, 인종주의, 공정하지 못한 사법 체계 등의 문제를 개선해야 한다. 테러 문제는 아직 끝나지 않았다. 정부와 지도자들이 지혜로운 통치를 할 수 있도록 기도하자.

2. 가톨릭 교인의 15%만이 교회에 정기적으로 참석하며 대다수는 심각한 혼합주의에 빠져 있다. 가톨릭교회 안에 참된 변화가 일어나도록 기도하자.

3. 복음주의자 안에서 예배 방식과 성령의 은사 문제를 놓고 심한 분열이 있다. 무관심과 초기의 열심은 식었고, 1990년 후반에는 교회의 성장도 둔화되었다. 교회가 복음으로 새로워지고 주 안에서 하나 되도록 기도하자.

4. 퀘추아족과 아이마라족은 잉카의 후손들로 수백 년에 걸친 박해와 빈곤 속에서 벗어나고 있다. 퀘추아어가 1975년 공용어로 인정된 후 퀘추아 교회는 급성장하였다. 성경 번역과 이들을 위해 헌신할 일꾼들을 보내주시도록 기도하자.

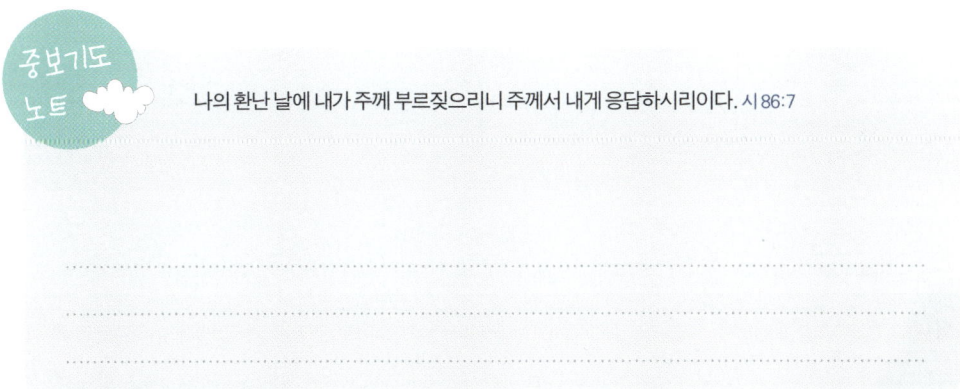

나의 환난 날에 내가 주께 부르짖으리니 주께서 내게 응답하시리이다. 시 86:7

사람이 영적으로 크게 성장하기 위해서는 우선 무릎 꿇는 것을 배워야 한다. _미상

11월 20일 페루 2

안데스 산맥의 품에 안겨 있는 나라

✚ 기도 제목

1. 외국 선교사들은 많은 어려움 가운데 있는데 특히 미국 선교단체는 반미 언론 보도, 협박, 몰몬교와 여호와의 증인의 활동으로 어려운 시기를 겪어왔다. 선교 사역이 활성화되고 더 많은 선교사들을 보내주시길 기도하자.

2. 리마는 라틴 아메리카에서 다섯 번째로 큰 도시이다. 60% 이상이 극빈, 실업, 영양실조로 가득한 도시 주변의 빈민지역에 거주하고 있다. 리마에 있는 빈민과 부랑아, 학대받는 어린이들을 위해 기도하자.

3. 선교에 대한 페루인들의 관심이 높아지고 있으나, 지식과 재정의 부족으로 잘 성장하지 못하고 있다. 1990년대에는 선교 훈련 프로그램들이 증가했다. 이 비전이 커지고 성숙하도록 기도하자.

4. 라디오와 TV, 기독교 서적들은 다양한 계층과 미전도 종족에게 복음을 전하는 데 중요한 역할을 감당하고 있다. 이 일들이 더욱 활성화되도록 기도하자.

중보기도 노트

박해를 받음과 고난과 또한 안디옥과 이고니온과 루스드라에서 당한 일과 어떠한 박해를 받은 것을 네가 과연 보고 알았거니와 주께서 이 모든 것 가운데서 나를 건지셨느니라. 딤후 3:11

신은 오직 행동의 기도만을 들으신다. _김상권

11월 21일   포르투갈 / 포클랜드 제도

EU 가입 이후
발전한 나라

면적 91,642 ㎢(한반도의 41.4%)
인구 9,874,853명
수도 리스본
도시화 30%
GNP $21,020
종족 포르투갈 97%, 토착 소수종교 1.1%, EU 시민 0.5%, 기타 1.4%
공용어 포르투갈어 **문자해독률** 92%
종교 기독교 94.4%, 무종교·기타 5%

유럽 남부 이베리아 반도 서쪽 끝에 있는 공화국으로, 스페인과 함께 이베리아 반도의 15%를 차지한다.

독재정치와 식민전쟁으로 쇠약해졌다가 1986년 EU 가입 아래 생활수준이 급속히 향상되고 있다.

1974년 이후 종교의 자유가 있으나 로마 가톨릭 교회가 그 특권을 유지하고 있다.

종교의 자유가 생긴 25년 동안 복음주의자는 꾸준히 크게 성장하여 1975년 5만 5천 명에서 2000년에는 30만 7천 명이 되었다.

할렐루야, 주님이 하셨습니다.

✚ 기도 제목

포르투갈

1. 1975년에 주어진 종교적, 정치적 자유는 이 나라를 변화시켰지만, 옛날부터 내려오는 내적 속박이 남아 있다. 많은 사람들이 이런 속박에서 풀려나도록 기도하자.

2. 로마 가톨릭교회는 매우 전통적이며 큰 영향력을 미치고 있지만 부흥이 필요하다. 성령의 새롭게 하심으로 많은 이들이 성경의 가르침에 마음을 열고 예수 그리스도와 인격적인 교제를 나누도록 기도하자.

3. 많은 교회에 신학과 영적 성숙을 갖춘 전임 사역자가 부족하다. 신학교 연장과정과 성경 통신과정으로 교회에 필요한 사역을 충족시킬 수 있도록 기도하자. 외국 선교단체들은 포르투갈을 선교하기 쉽지 않은 나라로 평가하고 있다. 브라질 출신 선교사들이 이 나라에서 많은 열매를 맺도록 기도하자.

포클랜드 제도

4. 1982년 충격적인 아르헨티나 침공과 영국군과의 연이은 참패는 한때 자기만족에 빠져 있던 포클랜드 거주민들에게 결정적인 영향력을 가져왔다. 이곳에 활동적으로 복음을 증거하는 기독교인이 소수 있다. 이들이 동료 원주민들과 유전과 어업으로 섬 근해에서 일하는 여러 국적의 외국인들에게 복음을 전하도록 기도하자.

5. 황량하고 바람 부는 섬에 주둔하고 있는 영국군들은 외롭고 보람 없는 생활을 하고 있다. 이들이 그리스도 안에서 인생의 참된 의미를 발견하도록 기도하자.

너희로 지극히 선한 것을 분별하며 또 진실하여 허물없이 그리스도의 날까지 이르고 예수 그리스도로 말미암아 의의 열매가 가득하여 하나님의 영광과 찬송이 되기를 원하노라.
빌 1:10~11

어려운 때의 기도가 최고 재질의 기도이다. _봅슬레이

11월 22일　　　　　　　　　　　　　　　　　　폴란드 1

역사의 고난을 딛고 일어서는 나라

면적 312,758㎢(한반도의 141.2%)
인구 38,765,100명
수도 바르샤바
도시화 62%
GNP $11,040
종족 슬라브 99.1%, 기타 0.9%
공용어 폴란드어　**문자해독률** 99%
종교 기독교 90.3%, 무종교 9.6%

동유럽 북부 발트 연안에 있는 공화국으로, 역사적으로 고난을 많이 당했다.

1990년대의 개혁은 폴란드의 경제를 동유럽에서 가장 강건한 나라로 변화시켰다.

EU 회원국인 우릴 누구도 무시 못할걸.

폴란드 국민들은 자본주의가 자신들을 행복하게 해주리라고 굳게 믿고 있었다.

그러나 범죄와 폭력, 부도덕이 젊은 세대에 증가하는 것을 보고 자본주의의 한계를 깨달았다.

복음주의 기독교인들은 오랫동안 소수에 불과했으나 최근 들어서 교회 개척이 늘고 있다. 	성경 지식의 부족으로 외국 이단 종파의 종교가 급증하고 있다. 
여호와의 증인은 복음주의자보다 수적으로 많으며,  폴란드를 이단으로부터 지켜내자!	뉴에이지 운동과 이교 운동의 추종자들이 급속히 늘어나고 있다. 
성경의 진리에 도전하는 모든 이념이 무너지고, 예수 그리스도의 능력과 주 되심이 드러나도록 기도하자. 	아직도 복음 전도자가 없는 수천 개의 도시가 있다. 

✚ 기도 제목

1. 쉽게 부를 이루리라는 자본주의의 꿈은 쉽게 사라지는 공허한 것임이 입증되었다. 범죄와 폭력, 부도덕이 특히 젊은 세대에 증가하고 있다. 하나님을 찾는 것을 우선으로 여기도록 기도하자.

2. 폴란드 가톨릭에서 가장 중요한 최종 순례지는 '검은 마돈나'가 있는 체스토초바이다. 그리스도만이 경배와 감사의 대상이 되도록 기도하자.

3. 1980년대에 일어난 부흥운동의 영향으로 성경 공부 모임이 많이 생겼고 그 결과 많은 이들이 그리스도에 대한 인격적 신앙을 회복했다. 성경의 가르침과 가치들이 유지되고 왕성해지도록 기도하자.

4. 복음주의 기독교인들은 최근 들어서 크게 성장하고 있다. 복음 전도와 교회 개척이 늘었다. 그러나 복음주의의 연합에 한계가 있었다. 그중에도 1999년 폴란드 복음주의 연합의 설립은 큰 기쁨이었다. 복음주의 연합운동의 성장을 위해 기도하자.

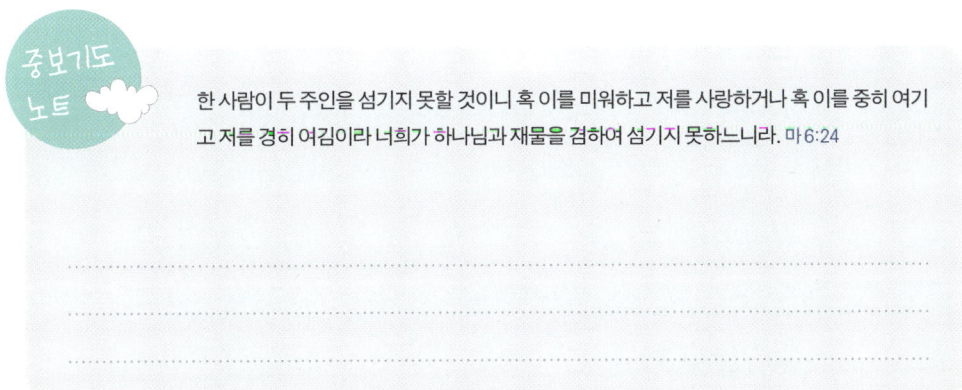

아침의 기도는 저녁의 찬송으로 이끌어준다. _미상

11월 23일   폴란드 2

역사의 고난을 딛고 일어서는 나라

✚ 기도 제목

1. 젊은이와 대학생은 조직화된 종교에는 회의적이지만 예수의 복된 소식에 대해서는 수용적이다. 폴란드 기독 청소년 단체들을 위해 기도하자. 정치적 자유를 처음으로 맛본 이 세대가 오직 그리스도 안에서 이루어지는 자유를 깨닫는 데도 첫 세대가 되도록 기도하자.

2. 복음 전도자가 없는 수천 개의 도시와 마을은 종종 공허한 전통에 빠져 있다. 폴란드 복음주의자들이 구령의 열정을 갖도록 기도하자.

3. 외국 선교단체는 공산 체제 아래서 교회를 지원해왔다. 많은 선교단체들이 잘 사역하고 있지만 이들이 더욱 겸손하게 헌신하도록 기도하자.

4. 문서 사역이 계속 성장하고 있다. 기독 주석서와 서적들이 폴란드어로 번역되어 대량으로 인쇄되고 있다. 기독교 라디오와 TV 프로그램은 전국 및 지방 방송망으로 복음을 송신하고 있다. 이 프로그램들이 많은 사람들의 가슴을 파고드는 복음의 통로가 되도록 기도하자.

그가 그 피조물 중에 우리로 한 첫 열매가 되게 하시려고 자기의 뜻을 따라 진리의 말씀으로 우리를 낳으셨느니라. 약 1:18

육신은 금식을 통해 영혼에 순종하는 법을 배우고, 영혼은 기도를 통해 육신을 다루는 법을 배운다. _윌리엄 세커

11월 24일 푸에르토리코

국론의 하나 됨이
필요한 나라

면적 9,104㎢(한반도의 4.1%)
인구 3,868,600명
수도 산후안
도시화 75%
GNP $8,200(2000년)
종족 유럽계 아메리카 74.6%, 아프리카계 카리브 25.5%, 기타 0.2%
공용어 스페인어, 영어　**문자해독률** 90%
종교 기독교 97%, 무종교·기타 2%

도미니카 공화국과 버진 아일랜드 사이에 있는 대앤틸리스 제도로 천연자원이 거의 없으며 인구밀도가 높고, 산이 많다.

미결 상태에 있는 푸에르토리코 미래에 관한 문제가 나라를 분열시키고 있다.

미연방에 들어가 하나의 주가 되자고 하는 자들과, 완전한 독립을 주장하는 자들로 갈라졌다.

편히 살자구.
쓸개 빠진 인간!

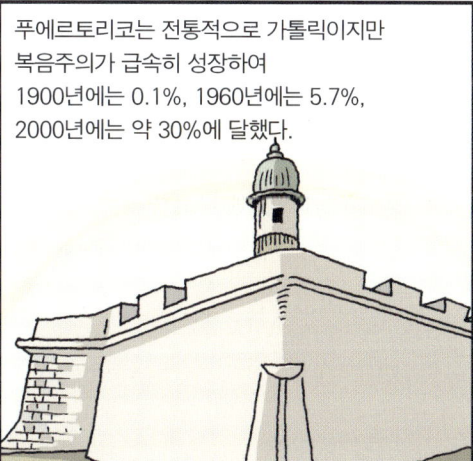

푸에르토리코는 전통적으로 가톨릭이지만 복음주의가 급속히 성장하여 1900년에는 0.1%, 1960년에는 5.7%, 2000년에는 약 30%에 달했다.

✚ 기도 제목

1. 푸에르토리코는 전통적으로 가톨릭이지만 복음주의가 급속히 성장하여 1900년 0.1%에서 2000년에는 약 30%에 달했다. 복음주의 교회가 꾸준히 성장해가도록 기도하자.

2. 사회적 문제들이 기독교인들의 참여를 기다리고 있다. 에이즈, 알코올 중독, 마약, 부패, 범죄, 가난의 비율이 아메리카 대륙에서 가장 높은 나라에 속한다. 기독교인들이 사회를 변화시키도록 기도하자.

3. 교회는 새로운 비전이 필요하다. 지역적으로는, 효과적인 제자 훈련과 성경으로의 복귀와, 세계적으로는 효과적인 지원과 선교에 대한 비전의 성장을 위해 기도하자.

4. 몇몇 캠퍼스에서 기도 모임이 만들어지고 있다. 학생 전도 활동이 부족한 다른 캠퍼스로 나아가는 개척 사역이 필요하다. 학생 선교 사역이 활발하게 이루어지도록 기도하자.

5. 인구 과잉과 실업으로 3백만 명의 푸에르토리코인들이 미국으로 이민하게 되었다. 많은 사람들이 절망 때문에 폭력, 마약, 부도덕 등으로 내몰리고 있다. 이들을 향한 사역을 위해 기도하자.

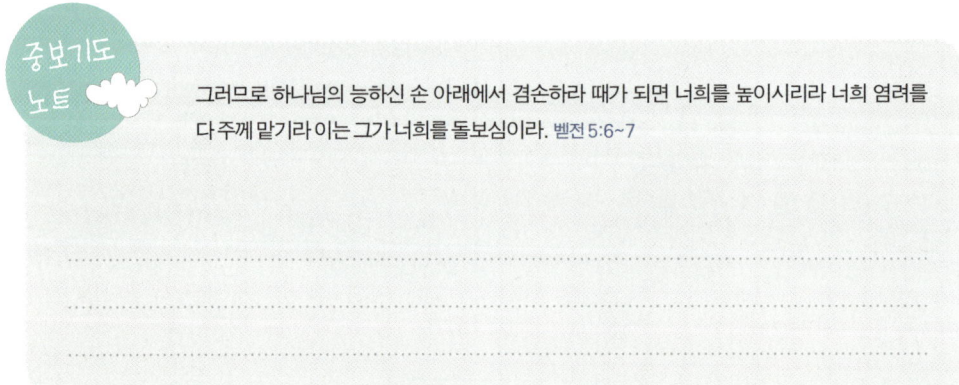

그러므로 하나님의 능하신 손 아래에서 겸손하라 때가 되면 너희를 높이시리라 너희 염려를 다 주께 맡기라 이는 그가 너희를 돌보심이라. _벧전 5:6~7

자녀들에게 기도하는 법을 가르치는 부모들보다 더 좋은 국민은 없다. _미상

11월 25일 프랑스 1

개신교도를 잔인하게 박해한 나라

면적 543,965㎢ (한반도의 245.7%)
인구 59,079,700명
수도 파리
도시화 73%
GNP $41,510
종족 토착인 84%, 국제 소수 인종 16%
공용어 프랑스어 **문자해독률** 99%
종교 기독교 67.7%, 무종교 19.8%, 이슬람교 10%, 유대교 1.2%

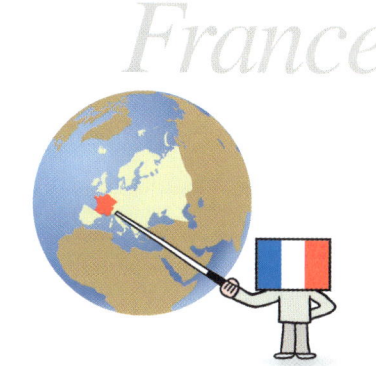

유럽 대륙의 서부, 지중해와 대서양 사이에 위치하며, 유럽에서 세 번째로 큰 나라이다. 안정과 성장을 통해 높은 생활수준을 유지하고 있다.

강력한 산업과 농업에 기반을 둔 세계 5대 경제 대국으로 서비스업이 오늘날 경제의 70%를 차지하고 있다.

EU의 핵심 회원국으로서 협조적인 유럽 연방국이면서 또한 자신들 고유의 주체성과 문화를 유지하고 있다.

16, 17세기에 위그노(프랑스 개신교)에 대한 잔인한 박해가 있었다.

위대한 프랑스의 슬프고 치명적인 오점이오.

313

많은 사람들이 죽임을 당했고 20만 명이 다른 나라로 도주했다.

위대한 개혁자이며 학자인 칼뱅과 같은 이가 프랑스인이지만 프랑스에서 쫓겨났다.

기독교 인구의 손실은 나중에 프랑스 대혁명의 발발에 원인을 제공했다.

1789~1801년 프랑스 대혁명은 시민혁명의 전형으로서 세계사에 한 획을 그은 사건이다.

이 혁명이 좋은 결과를 가져다주기도 했지만 엄청난 폭력, 세계에 대한 지배욕, 인본주의를 낳았으며,

궁극적으로는 온갖 사상(ideology)들이 태동하여 2백년간의 세계사를 일그러뜨렸다.

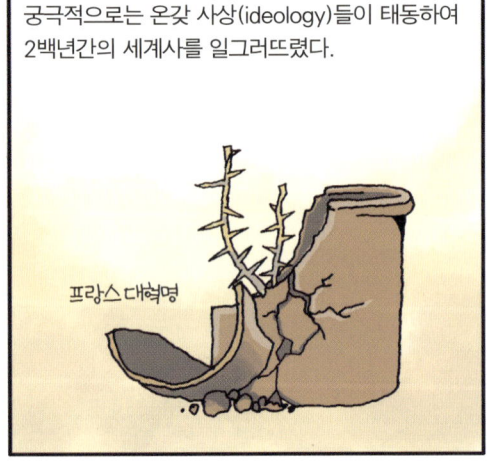

프랑스는 50만 명에 이르는 마술사들이 활동하고 있어 기독교 사역자 3만 5천 명보다 훨씬 많다.

인간들아, 그만 해! 입 아파.

지난 40년간 사회의 거대한 세속주의 물결, 교회의 사회참여 쇠퇴, 무관심에도 불구하고, 복음주의 기독교는 성장해가고 있다.

성경적 기독교가 희망입니다.

✚ 기도 제목

1. 지난 40년간 세속주의와 교회에 대해 무관심이 심각한 이 나라에서 복음주의 기독교는 성장하고 있는 것은 놀라운 사건이다. 프랑스에서 복음주의 교회가 무럭무럭 성장해가도록 기도하자.

2. 신비주의 주술사들의 가르침이 사회 전반에 영향을 끼치고 있다. 이런 죄악 된 세력들이 프랑스를 사로잡고 있다. 이런 어둠의 권세가 깨어지도록 기도하자.

3. 프랑스는 가톨릭 교인이 대부분이지만 지금은 사회에서 영향력을 상실하고 있다. 가톨릭교회가 개혁되어 성경으로 돌아가도록 기도하자.

4. 프랑스는 인본주의 철학의 고향이다. 복음을 대적하는 사상이 이곳에서 흘러나와 세계를 적시고 있다. 이 어둠의 땅에 기독교 철학자가 나오도록 기도하자.

만군의 여호와가 이와 같이 말하노라 그날에는 말이 다른 이방 백성 열 명이 유다 사람 하나의 옷자락을 잡을 것이라 곧 잡고 말하기를 하나님이 너희와 함께하심을 들었나니 우리가 너희와 함께 가려 하노라 하리라 하시니라. 슥8:23

젊은 세대의 최고의 안전장치는 늙은 세대의 기도이다. _미상

11월 26일 프랑스 2

개신교도를 잔인하게 박해한 나라

✚ 기도 제목

1. 복음주의 기독교인은 아주 적은 수이지만 점점 증가하고 있다. 그러나 많은 프랑스인들에게 복음주의는 광신자들로 오해받기도 해서 복음 전도가 더욱 어렵다. 오해와 편견이 깨어지도록 기도하자.
2. 복음주의 단체들도 분열되어 있다. 모두가 하나되고 협력하도록 기도하자.
3. 소수의 기독교인만이 진리가 주는 자유 안에서 기뻐하고 있다. 많은 신자들은 복음을 전하는 것을 두려워한다. 기독교인들은 세상과 타협하고, 불신자와 결혼하며 교회는 서로 분열되어 있다. 프랑스에 진정한 가정교회들이 생겨나도록 기도하자.
4. 프랑스 사회에는 복음이 들어가지 않은 지역들이 많이 있다. 5천만 명의 사람들이 아직도 교회와 상관없이 살아가고 있으며, 교회가 거의 없는 큰 도시들도 많이 있다. 이곳에 교회가 세워지도록 기도하자.

중보기도 노트

비방이 나의 마음을 상하게 하여 근심이 충만하니 불쌍히 여길 자를 바라나 없고 긍휼히 여길 자를 바라나 찾지 못하였나이다. _시 69:20_

하나님과 우리 사이의 거리는 기도만큼 떨어져 있다. _미상_

11월 27일 프랑스 3

개신교도를 잔인하게 박해한 나라

✚ 기도 제목

1. 프랑스에는 12개의 복음주의 성경학교와 신학교에서 약 250명의 신학생들이 공부하고 있다. 그러나 여전히 기초적인 성경 지식이 심각하게 부족하다. 신학적 지식과 영적인 성숙 모두를 갖춘 일꾼들이 많이 배출되도록 기도하자.

2. 복음주의자들은 많지 않지만 51개국에 3백 명의 선교사를 파송했다. 교회가 세계 복음화에 대한 꿈을 품고 선교에 대해 더 많은 관심을 갖도록 기도하자.

3. 복음 전파와 교회 개척에 헌신할 프랑스인 전임 사역자들이 부족하다. 연매 맺기가 어렵고 실망스러워서 중도에 포기하는 외국 선교사들도 많다. 프랑스 문화를 이해하고 인내하면서 영적인 능력을 갖춘 일꾼들을 달라고 기도하자.

4. 결손 가정이 정상 가정보다 훨씬 많으며 도덕 기준이 무너진 사회 안에서 젊은이들은 지루해하거나 혼란스러워하고 있다. 어린이, 청소년, 그리고 68개의 종합 대학교와 2천만 명이 넘는 대학생 및 대학원생들과 이들을 위해, 또 그들에게 복음을 전하는 교회와 선교단체를 위해 기도하자.

중보기도 노트

여호와께서 자기를 위하여 경건한 자를 택하신 줄 너희가 알지어다 내가 그를 부를 때에 여호와께서 들으시리로다 너희는 떨며 범죄하지 말지어다 자리에 누워 심중에 말하고 잠잠할지어다 (셀라). 시 4:3~4

모든 것이 감당하기에 너무 벅찰 때 나는 기도하게 된다. _링컨

11월 28일

위성 발사대가 있는 나라

면적 83,534㎢(한반도의 39.1%)
인구 181,300명
수도 카옌 **도시화** 73%
GNP $10,580(2000년)
종족 아프리카계 카리브 70%, 유럽 11%, 아시아 8%, 브라질 8%, 아메리카 인디언 2.3%
공용어 프랑스어 **문자해독률** 83%
종교 기독교 84.9%, 무종교·기타 9.5%, 전통 종족종교 2%, 이슬람교 2%

프랑스령 기아나 / 프랑스령 폴리네시아

French Guiana

남아메리카 동북부에 있는 해안 밀림지역으로 인구밀도가 낮은 편이다. 40만 종의 다양한 동식물군이 있다.

좁은 해안선을 따라 부분적으로 발달했으나 정글은 오지로 남아 있다.

그래서 내가 살 수 있지.

이곳에는 쿠루 위성 발사대가 있어서 국가의 주 수입원이 되고 있다.

아직도 프랑스령으로 존립하고 있다. 독립에 대한 열망이나 의욕은 전혀 없다.

이대로가 좋다니깐요.

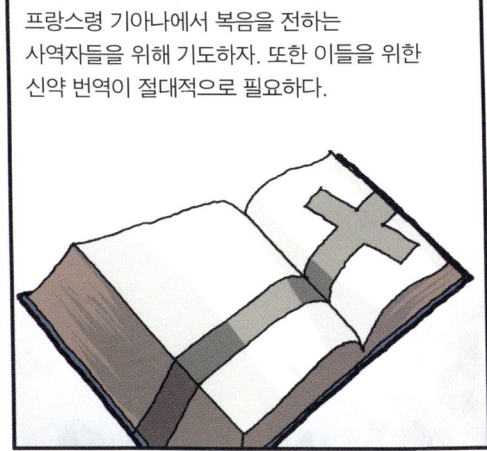

✚ 기도 제목

프랑스령 기아나

1. 출생아의 80% 이상이 사생아이며 사람들은 대부분 영적인 것에 무관심하다. 이들을 위해 복음을 전하는 선교단체와 교회들이 지혜와 믿음으로 하도록 기도하자.
2. 복음을 거의 전해 듣지 못하는 종족들에게 복음을 전파할 일꾼들을 보내달라고 기도하자.

프랑스령 폴리네시아

3. 과거에는 태평양 전 지역에 선교사들을 보내던 기독교 국가였다. 그러나 지금은 성적인 타락, 매춘, 알코올 중독, 마약 복용, 가정 파괴로 무너지고 있다. 젊은이들은 혼란과 좌절 속에 빠져 있다. 이 나라는 더이상 선교사를 보내지 않는다. 이 나라에 대각성운동이 일어나도록 기도하자.
4. 진실한 신앙을 가진 자가 거의 없다. 이단과 미신에 빠지고 세상과 타협하며 이름뿐인 기독교인들이 대부분이다. 복음주의 신자가 극소수이며 전도는 매우 약하게 이루어지고 있다. 이곳에 복음주의 단체가 생겨나 세상과 대적하도록 기도하자.

중보기도 노트

또한 모든 것을 해로 여김은 내 주 그리스도 예수를 아는 지식이 가장 고상하기 때문이라 내가 그를 위하여 모든 것을 잃어버리고 배설물로 여김은 그리스도를 얻고 그 안에서 발견되려 함이니 내가 가진 의는 율법에서 난 것이 아니요 오직 그리스도를 믿음으로 말미암은 것이니 곧 믿음으로 하나님께로부터 난 의라. 빌 3:8~9

성도는 기도로 신앙을 키워야 한다. 그러고 난 후에는 신앙이 기도를 낳을 것이다. _바바소 포웰

11월 29일

피지

이주 정책의 비극

면적 18,272 ㎢ (한반도의 8.3%)
인구 816,900명
수도 수바
도시화 12%
GNP $3,920
종족 멜라네시아 50.8%, 인도 43.7%, 폴리네시아 1.7%, 기타 3.8%
공용어 영어 **문자해독률** 92%
종교 기독교 58.3%, 힌두교 33%, 이슬람교 7%

태평양 남부, 320여 개의 섬으로 이루어진 나라이며 모든 섬은 화산섬이거나 산호섬이다. 토착 피지인과 인도 이주민 사이에 갈등이 있다.

갈라서자!

주요 수입원은 관광업과 설탕 판매이다.

인도인 공동체가 거의 모든 상권을 장악하고 있지만, 토지 소유는 금지하고 있기 때문에 장기적인 안전 보장은 없다.

인도인
이 땅은 우리 거야.
피지인

✚ 기도 제목

1. 1999년 헌법은 기독교인들에 대한 차별을 금지했다. 10년 동안의 차별을 끝마치신 하나님께 감사하고 이 법이 계속 유지되도록 기도하자.

2. 1870년 이후 들어오고 있는 인도인 노동자들은 두려움과 불안정한 감정이 많고 기독교인들을 신뢰하지 않는다. 피지인들 또한 인도인 노동자들에 대해 불만이 많고 차갑게 대하기도 한다. 이들의 화해를 위해 기도하자.

3. 피지인은 1백 년 전에 기독교를 받아들였지만 진정한 믿음이 없다. 몰몬교와 여호와의 증인 같은 이단이 많고 알코올 중독과 가정 해체 같은 사회 문제가 있다. 피지가 완전한 복음을 온전한 믿음으로 누리게 되기를 기도하자.

4. 적지만 꾸준히 그리스도인이 되고 있는 힌두교인, 복음 전도 활동이 거의 없는 시크인과 펀자브인, 복음에 강하게 저항하고 신자들을 박해하는 무슬림 공동체, 특별한 사역이 없는 중국인들을 위해 기도하자.

5. 지도자를 세우는 신학교들, 젊은이 사역, 여러 선교단체들을 위해 기도하자. 이들이 말씀에 뿌리를 두고 오직 복음으로 연합할 수 있도록 기도하자.

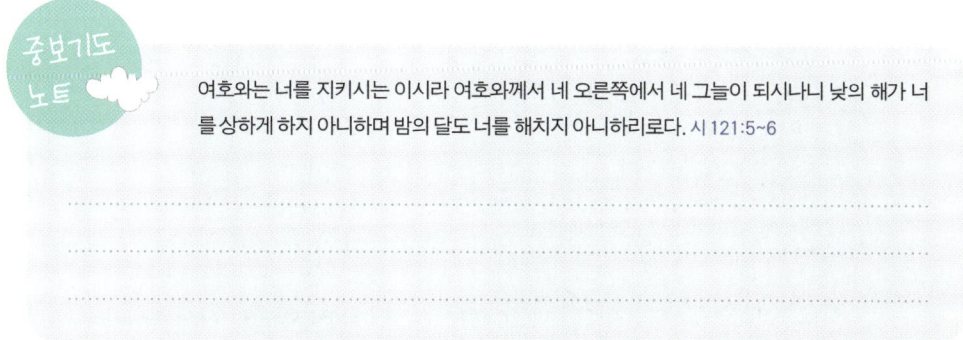

여호와는 너를 지키시는 이시라 여호와께서 네 오른쪽에서 네 그늘이 되시나니 낮의 해가 너를 상하게 하지 아니하며 밤의 달도 너를 해치지 아니하리로다. 시 121:5~6

성경은 우리가 항상 설교해야 한다고 말하고 있지 않다. 그러나 우리가 항상 기도해야 한다고 말하고 있다. _라이스

11월 30일 핀란드

노키아로 더
유명한 나라

면적 338,145㎢ (한반도의 152.7%)
인구 5,175,700명
수도 헬싱키
도시화 66%
GNP $46,600
종족 핀-우그릭 92.5%, 게르만 5.7%, 기타 1.8%
공용어 핀란드어, 스웨덴어 **문자해독률** 100%
종교 기독교 87.1%, 무종교 12.6%

Finland

유럽 북부 스칸디나비아 반도에 있는 공화국이다. 국토의 70%가 삼림으로 목재, 제지, 펄프 공업과 금속, 기계, 화학 공업이 발달했다.

전통적인 루터 교회 국가지만 세속적 인본주의가 강한 영향력을 끼치고 있다.

최근 이슬람교와 여호와의 증인, 몰몬교가 급성장하고 있다.

과거 부흥운동의 유산인 루터 교회는 유럽에 있는 다른 국가 교회들보다 더 복음적이다.

✚ 기도 제목

1. 구소련 공산주의의 붕괴로 전례 없는 복음 증거의 기회가 주어졌고 에스토니아(인종적으로 가까움)와 러시아에 있는 기독교인들을 격려할 수 있었다. 신생 교회를 제자화할 수 있는 장기 사역자를 보내주시도록 기도하자.

2. 세속적 인본주의가 강한 영향력을 끼치고 있으며, 영적 다원주의가 널리 퍼져 있다. 현재 이슬람교, 여호와의 증인, 몰몬교가 가장 빠르게 성장하고 있다. 악의 세력은 멈추고 복음주의가 번성하도록 기도하자.

3. 루터 교회는 유럽에 있는 다른 국가 교회들보다 더 복음적이다. 깊고도 오래 지속될 수 있는 부흥이 루터 교회 전체에 임하도록 기도하자.

4. 핀란드 교회는 진정한 영적 성장이 필요하다. 신자들이 그리스도의 몸에 연합하며 복음화와 선교를 위한 헌신과 연합을 할 수 있도록 기도하자.

5. 젊은이 사역을 위해서 기도하자. 지도자들이 믿음 안에서 행하는 경건한 모습의 본을 보일 수 있도록 기도하자.

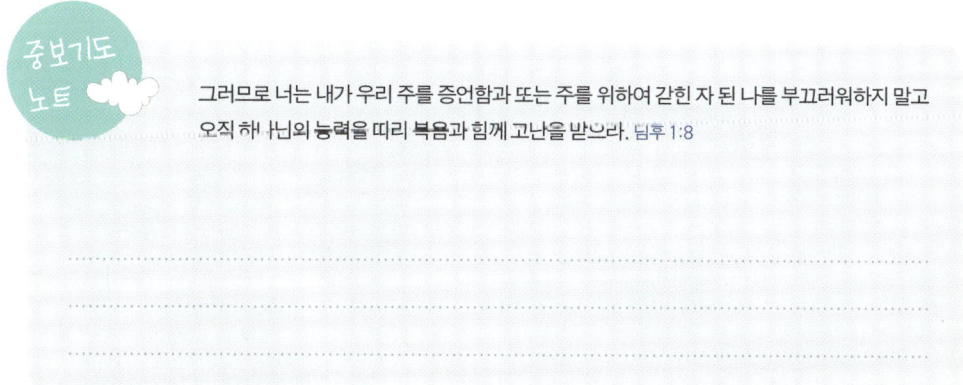

밤에 하는 나의 기도는 낮 동안의 원기의 샘물이다. _나이팅게일

12월 1일 필리핀 1

빈곤, 실업, 분열을 극복하라

면적 299,536 km² (한반도의 135.3%)
인구 75,966,500명
수도 마닐라 **도시화** 58%
GNP $1,630
종족 말레이 인도네시아 필리핀 94.2%, 혼혈 종족 3.5%, 중국 2.1%, 기타 0.2%
공용어 필리핀어, 영어 **문자해독률** 95%
종교 기독교 93.2%, 이슬람교 5%, 무종교 1.1%

✚ 기도 제목

1. 정의와 공평을 적극적으로 실현하는 정부가 되도록 기도하자. 수뇌부의 요지에 중요한 기독교인들이 있는데, 이들이 결정적으로 이 나라에 선한 영향력을 끼칠 수 있도록 기도하자.

2. 정치문화의 변화가 만연한 탐욕과 부패를 몰아내고 편파주의 종식, 토지개혁 착수와 국가의 사회 기본시설에 투자함으로써 가난한 사람들의 건강과 복지를 향상시키도록 기도하자.

3. 소외되어 적개심에 차 있는 민다나오 섬의 무슬림과 정부와 지역 기독교인 간에 평화가 이루어지도록 기도하자.

4. 적절한 제자 훈련 없는 급속한 성장으로 교단 내에 해를 끼치는 분열, 잘못된 가르침, 혼합주의 세계관, 피상적 경향이 야기되고 있다. 자기만족과 2세대의 명목주의인 교회의 영적 건강을 위해 기도하자.

5. 해외 원조금 사용과 외국인에 대한 기대는 수동적이고, 하나님보다 사람을 더 의지하려는 경향을 조장할 수 있다. 이 신자들이 하나님을 의지함으로써 영적으로 부유해지도록 기도하자.

그가 땅 끝까지 전쟁을 쉬게 하심이며 활을 꺾고 창을 끊으며 수레를 불사르시는도다 이르시기를 너희는 가만히 있어 내가 하나님 됨을 알지어다 내가 뭇 나라 중에서 높임을 받으리라 내가 세계 중에서 높임을 받으리라 하시도다. 시 46:9~10

주변이 아무리 시끄럽고 혼란스럽다 하더라도 기도하는 나의 마음에는 위대한 평정이 뒤따른다. _브라더 로렌스

12월 2일

필리핀 2

빈곤, 실업, 분열을 극복하라

✚ 기도 제목

1. 새로운 지도자들을 양성하고 훈련하는 것이 급선무이다. 1백 개 이상의 신학교와 성경학교조차 그 수요를 따라가지 못하고 있다. 하나님께서 경건하고 헌신된 지도자들을 계속적으로 일으키시도록 기도하자.

2. 하루 평균 빈민 5천 명 이상이 마닐라로 이주해오고 있다. 이 사람들은 복음에 대해 열려 있지만, 대부분의 교회는 부유층 지역에 자리 잡고 있다. 가난한 자들을 위한 교회들이 마닐라에 세워지도록 기도하자.

3. 6만 명 이상의 어린이와 50만 명 이상의 여성들이 성매매에 관련되어 있으며, 많은 이들이 악덕 매매업자에 의해 다른 나라로 팔려가고 있다. 하나님께서 필리핀 여성들을 불쌍히 여겨주셔서 이들에게 참된 자유함을 주시도록 기도하자.

4. 650만 명 이상이 아시아, 중동, 서방 국가들에서 간호사, 기술자, 집사, 유모, 하층 노동자로 일하고 있고, 그리스도를 증거하기 어렵거나 닫혀 있는 국가에 있다. 24만 4천 명의 필리핀 선원들이 세계 각지에 흩어져 있다. 이들이 일어나 빛을 발하도록 기도하자.

중보기도 노트

너희는 나그네를 사랑하라 전에 너희도 애굽 땅에서 나그네 되었음이니라. 신 10:19

이제 기도에 대해 말하는 것을 그만 하고 기도에 전념할 때가 되었다. _먼로

12월 3일
필리핀 3

빈곤, 실업, 분열을 극복하라

✚ 기도 제목

1. 중국인은 85만 명, 대부분 부유해서 범죄와 납치의 표적이 되고 있다. 대다수가 가톨릭이며 복음주의 기독교인은 3%로 78개의 복음주의 교회와 1만 8천 명의 신자가 있다. 5백 명의 전임 사역자와 3만 명의 예배자를 세워주시도록 기도하자.

2. 펀자브인의 대다수는 시크교도(3만)이며, 그 나머지는 무슬림과 힌두교인이다. 이들 가운데 영적 각성의 기회가 마련되고 소수의 신자들이 배가되도록 기도하자.

3. 스리랑카인은 타밀과 신할라로 그 수가 1만 2천 명이다. 10명의 알려진 신자들이 있다. 이들이 복음을 들을 수 있는 환경과 이들을 위한 사역자들을 보내주시도록 기도하자.

4. 다양한 언어종이 존재하는 이곳에 성경이 없는 51개 언어를 번역할 만한 번역 팀이 절실히 필요하다. 헌신할 수 있는 전문 사역자들을 허락해달라고 기도하자.

5. 접근이 어려운 아시아 국가와 지역, 특히 중국, 시베리아, 인도차이나, 미얀마에 필리핀이 통로가 되어 복음이 전파되도록 기도하자.

> 너희 중에 누구든지 지혜가 부족하거든 모든 사람에게 후히 주시고 꾸짖지 아니하시는 하나님께 구하라 그리하면 주시리라. 약 1:5

세상의 기도를 누구라도 막으려 한다면 이는 아버지 면전에서 아이의 입을 틀어막으려 함과 같다. _훼치너

12월 4일　　　　　　　　　　　　　　　　　　　　　　　　　　　한국 1

반기독교 정서를
극복하고 선교의 나라로!

면적 99,067㎢(한반도의 44.7%)
인구 46,844,000명
수도 서울
도시화 85%
GNP $19,750
종족 한국 99.8%, 기타 0.2%
공용어 한국어　**문자해독률** 100%
종교 무종교 35%, 기독교 31.7%, 불교 23.9%, 토착종교 8%

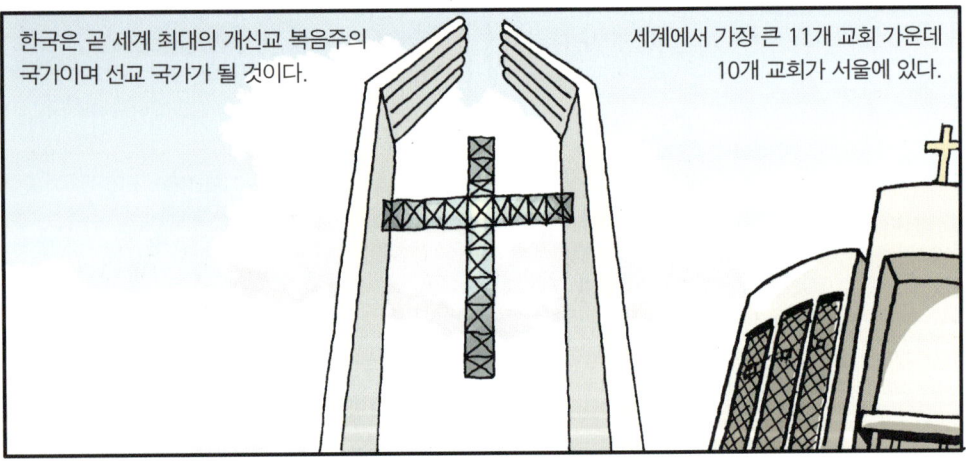

✚ 기도 제목

1. 한국 교회는 건전한 토착 원리에 기초하여 세워졌고, 연이은 부흥으로 축복을 받음과 동시에 핍박을 받아 정화되었다. 이제 한국은 세계에서 선교의 비전에서 앞서가는 나라에 속하게 되었다. 2007년에 일어난 아프가니스탄 피랍사건은, 한국 사회 내에서 교회의 선교활동에 대한 부정적인 인식과 비판이 거세어지는 계기가 되었다. 이로 인해 교회가 위축되지 않고 다가올 핍박과 고난을 예견하며 개인의 신앙 회복과 복음 전파의 사명을 담대히 감당하도록 기도하자.

2. 열정적인 한국인들의 기도와 헌신으로 많은 개신 교회가 세워졌다. 세계에서 가장 큰 11개 교회 가운데 10개의 교회가 서울에 있으며, 세계에서 제일 큰 신학교가 세워지는 놀라운 결과를 안겨주었다. 한국 교회가 만민을 위한 기도의 집으로서 교회의 본질을 회복하도록 기도하자.

3. 2008년을 시작으로 불어닥친 세계적인 경제 위기는 정치, 산업, 경제, 교회를 비롯한 전 영역에 걸쳐 엄청난 파장을 일으키고 있다. 물질주의와 교만에 찌든 한국 교회가 깨어나 회개하는 역사가 일어나고, 하나님 앞에서 겸허해짐과 동시에 교회가 그 본분을 회복하도록 기도하자.

4. 북한은 최고 지도자인 김정일의 건강 문제로 위기상황에 직면한 가운데 후폭풍이 예고되고 있다. 정치계, 교계 지도자들이 이에 대비하고 한국을 위한 최선의 지혜로운 결정을 내릴 수 있도록 기도하자.

5. 새벽기도, 산기도, 교회 중심 성경공부, 복음 전도 프로그램, 가정에서 모이는 구역 모임, 주일에 함께하는 식사를 통해 한국 교회는 강한 성장을 이루었다. 이런 신앙적인 유산을 잃어버리지 않도록, 그리고 부흥의 불씨가 다시 타오르도록 기도하자.

너는 그리스도 예수의 좋은 병사로 나와 함께 고난을 받으라 병사로 복무하는 자는 자기 생활에 얽매이는 자가 하나도 없나니 이는 병사로 모집한 자를 기쁘게 하려 함이라. 딤후 2:3~4

하나님을 버튼만 누르면 언제나 대기해 있다가 나타나는 우주의 벨 보이로 간주하지 마라. _포스딕

12월 5일   한국 2

반기독교 정서를 극복하고 선교의 나라로!

✚ 기도 제목

1. 그동안 한국 교회에서는 성공과 번영이 하나님께서 주시는 축복이라는 믿음이 널리 퍼져 있었다. 통계상 나타난 성장 수치, 교회 건물의 규모와 기관에 대한 교만이 실제보다 부풀려졌을 뿐만 아니라 십자가를 높이기보다 성공, 부, 학위를 추구하려는 유혹이 더 컸다. 현재 거의 모든 교단이 분열로 인해 고투하고 있는 상황인데, 교회 모든 분야에서 겸손과 화해, 새로운 화합이 있도록 기도하자.

2. 교회가 규모 이상으로 커지는가 하면, 목회를 위해 준비된 신학생들이 포화 상태에 다다랐다. 한국에는 거의 280개의 신학교가 있는데, 도시에 위치한 교회는 신학대학원 졸업생들을 모두 수용할 수 없는 상태이다. 가난한 시골 교회에서 섬기는 우수한 신학생들이 시골의 목회자로 겸손히 헌신하고, 타 문화권 선교를 통해 세계를 축복하도록 기도하자.

3. 젊은이들은 세계를 향해 더욱 크게 눈을 돌리고 있다. 994개의 캠퍼스에 소속된 대학생 수는 250만 명 이상이다. 현재 한국의 기독학생단체에는 각각 1~5천 명의 학생들이 소속되어 활동 중이다. 젊은이들이 주를 위해 기꺼이 삶을 헌신하도록 기도하자.

4. 선교사 훈련생들이 효과적으로 준비되어 모든 젊은이들이 선교전선에 서도록 기도하자. 단일 문화와 단일 언어를 사용하는 데 익숙한 한국의 선교사들이 타 문화권에서 적응을 잘할 수 있도록 기도하자.

중보기도 노트

내 이름으로 일컫는 내 백성이 그들의 악한 길에서 떠나 스스로 낮추고 기도하여 내 얼굴을 찾으면 내가 하늘에서 듣고 그들의 죄를 사하고 그들의 땅을 고칠지라. 대하 7:14

죄 없는 그분도 기도를 하는데 죄인인 우리는 얼마나 더 많은 기도를 해야 하겠는가! _키프리안_

12월 6일
헝가리 1

종교개혁의 피가 흐르는 나라

면적 93,030 ㎢ (한반도의 42%)
인구 10,035,400명
수도 부다페스트
도시화 64%
GNP $13,760
종족 마자르(헝가리인) 88.8%, 소수종족 11.2%
공용어 헝가리어　**문자해독률** 99%
종교 기독교 92%, 무종교·기타 7.1%

Hungary

다뉴브 강 상류의 육지로 둘러싸인, 동유럽 중부에 위치한 국가로서,

1998년 경제 구조조정의 뼈아픈 세월을 보낸 후 경제는 성장하고 있다.

헝가리는 더 이상 헝그리하지 않습니다.

1600년 헝가리의 90%가 개신교였으나 반종교개혁과 차별대우로 많은 사람들이 가톨릭으로 돌아섰다.

얀 후스의 고향이 이곳 아닙니까?

공산주의 시절을 거치면서 기독교인에 대한 많은 핍박이 있었다.

그때 저항이 만만치 않았지.

급변하는 사회 속에서 많은 사람들이 알코올 중독자가 되거나 자살, 신생 이단 종교에 빠져들었다.

헝가리는 공식적으로 기독교 사역을 할 수 있는 기회가 주어졌으며, 또한 점점 부흥의 조짐이 보이고 있다. 하나님께 감사하자.

✚ 기도 제목

1. 급변하는 사회 분위기 속에서 헝가리인들은 삶의 해결 방안을 마련하느라 분투하고 있다. 스트레스를 이기지 못한 많은 사람들이 알코올중독자가 되거나 자살을 택하고, 신생 이단종교에 빠져들었다. 교회가 잃어버린 사람들에게 구세주에 대한 확신을 보여줄 수 있도록, 헝가리 사회에 적절한 복음의 증인이 되도록 기도하자.

2. 마르크스주의의 부산물로 형성된 의심, 불신, 분열은 국민들의 태도와 교회 내에 여전히 남아 있는 상태이다. 내외적인 면에서 갈등에 빠진 모든 교단에 성령의 바람이 불어 회개와 화해와 갱신이 일어나도록 기도하자. 진정한 교회의 특징으로서 용서와 신뢰와 합력이 있도록 기도하자.

3. 1939년과 1946~50년에 걸쳐 헝가리에 부흥이 있었다. 이는 다가올 핍박을 위해 교회를 준비시키시려는 하나님의 예정하심에 의해 개신교회가 감화 감동을 받은 것이다. 중보사역이 발전하고 있다. 이 나라가 하나님과 화해를 누리도록, 그리고 성령의 새롭게 하심과 회복과 부흥이 사회의 전 영역에 영향을 미치도록 기도하자.

4. 복음 전도자가 많이 필요하다. 교회는 열등의식을 극복하고 더욱 성숙해진 전도 양식으로 담대하게 복음을 전해야 한다. 대다수의 사람들이 복음을 받아들이길 거부하는 상황에서, 성령의 인도하심으로 복음 사역이 진행되고 창조적인 방법이 고안되도록 기도하자. 하나님께서 많은 사역자를 일으키시고, 신자들이 사역자들을 열심히 후원할 수 있도록 기도하자.

> **중보기도 노트**
>
> 그들이 주의 나라의 영광을 말하며 주의 업적을 일러서 주의 업적과 주의 나라의 위엄 있는 영광을 인생들에게 알게 하리이다. 시 145:11~12

세상이 지쳐 있는 표시는 하나님을 향한 말 없는 아우성이다. _뭔쳐

12월 7일　　　　　　　　　　　　　　　　　　　　　　　　헝가리 2

종교개혁의 피가
흐르는 나라

✚ 기도 제목

1. 젊은이는 복음에 잘 반응하는 집단에 속한다. 진리의 복음이든 사이비 종교든, 영적인 것에 개방적인 자세를 취한다. 복음의 교사들을 예비하시도록, 교회 내의 어린이와 청년을 위한 프로그램, 복음 전도와 후속 양육 사역 등을 위해 기도하자.

2. 기독교인과 화해가 필요한 유대인, 영적 돌파구가 필요한 로마(집시) 공동체, 구 유고슬라비아에서 쫓겨온 20만 명의 난민들, 해외 헝가리인 등 이들 소수파가 그 나라의 다양한 다수 종족들과 화해하도록 기도하고, 해외에 살고 있는 헝가리 기독교인들이 동족들에게 나아가도록 기도하자.

3. 1990년대에 해외 선교사가 증가했지만 이후로는 더 늘지 않고 있다. 해외 선교사들은 주로 지도자 훈련을 한다거나 교회 내 선교회에서 멘토 역할을 하고, 평신도를 무장시키며, 선교의 비전을 나누는 사역을 하고 있다. 선교사들이 헝가리 교회를 돕기 위해 노력하는 진정한 종의 태도와 민감함을 가질 수 있도록 기도하자.

4. 성경이 잘 배포될 수 있도록, 활발한 기독교 문서 사역을 위해, 영화 〈예수〉 사역을 위해 기도하고, 기독교 라디오 방송이 24시간 전파될 수 있도록, 여러 기독교 지원 사역을 위해 기도하자.

중보기도 노트

> 오호라 너희 모든 목마른 자들아 물로 나아오라 돈 없는 자도 오라 너희는 와서 사 먹되 돈 없이, 값없이 와서 포도주와 젖을 사라. 사 55:1

지팡이를 달라고 기도하지 말고 날개를 달라고 기도하라. _필립 브룩스

12월 8일　　　　　　　　　　　　　　　　　　　　　　　　　　호주 1

다원주의로
가고 있는 나라

면적 7,682,300㎢(한반도의 3,469.3%)
인구 18,879,500명
수도 캔버라　**도시화** 86%
GNP $45,180
종족 앵글로계 켈트 67.8%, 기타 유럽 20%, 아시아 6%,
　　　중동 3.0%, 호주 원주민 2%
공용어 영어　**문자해독률** 99%
종교 기독교 67.5%, 무종교·기타 28.2%, 불교 1.4%, 이슬람교 1.3%

오스트레일리아 대륙의 대부분을 차지하는 영연방의 자치국이다. 이민자들이 급격히 늘어나면서 전보다 훨씬 더 다원주의 사회가 되고 있다.

여러 인종이 살다 보니 화합하려면 다원주의가 적합하지요.

세속주의, 여가생활, 쾌락, 부유함 등은 호주를 특징짓는 말들이다.

환경 천국, 호주로 오세요.

호주인의 68%가 스스로 기독교인이라고 주장한다.

하지만 대부분 교회를 싫어하던데요?

복음은 의미 있지만, 현대 사회에서는 복음이 필요하지 않다고 본다.

교회보다 요가 배우러 많이 가죠.

영성에 관해 폭넓은 흥미를 갖고 있으나, 영성을 교회에서 찾으려 하지 않는다.

교회 출석률이 1966년의 35%에서 1990년에는 12%까지 지속적으로 감소하였다.

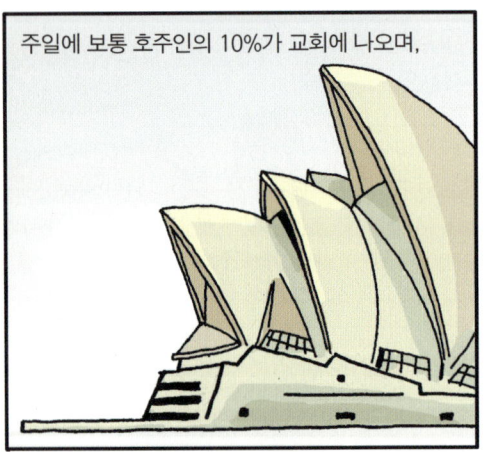
주일에 보통 호주인의 10%가 교회에 나오며,

크고 전통적인 교회에서는 감소율이 더 두드러지게 나타난다.

선교에 대해 바른 시각을 가지고 있지만, 대부분의 교회들이 선교에 대한 비전이 약하다.

무슬림, 중국인, 베트남인, 구유고슬라비아에서 온 다양한 종족이 복음 전파 대상자이다.

✚ 기도 제목

1. 세속주의와 쾌락, 여가 생활, 부유함 등은 호주를 특징짓는 말이다. 호주인의 68%는 스스로 기독교인이라고 주장하지만, 이들 대부분은 교회의 권위와 전통에 대해 부정적인 태도를 취하고 있으며, 복음 자체는 의미가 있지만 교회는 현대 사회에 불필요하다고 본다. 많은 사람들이 주 예수 그리스도와 맺은 관계 속에서 정체성을 찾고 삶의 문제에 대해 해답을 발견하도록 기도하자.

2. 교회 출석률이 전반적으로 감소하는 추세에 있다. 10%의 호주인이 주일예배를 지키고, 18~20%는 교회 생활을 규칙적으로 하고 있다. 그들이 경험해보지 못한 하나님의 은혜와 성령의 역사로 이 땅에 부흥이 임하도록 기도하자.

3. 여러 주요 교회에서는 복음주의자들이 다수를 차지하지만 그 외 교회에서는 소수의 복음주의자들이 활동하고 있다. 주요 교회 중에는 여성목사 안수 문제, 동성애 문제, 교회의 전통적 구조의 문제로 앞으로 더 분열될 가능성이 있다. 교회가 포스트모더니즘 시대를 이해하고, 이 시대에 맞게 복음을 더 효과적으로 전할 수 있도록 또 기독교 공동체의 성장을 위해 기도하자.

4. 선교에 대해 바른 시각을 가진 교회도 있지만, 대부분의 교회가 선교에 대한 비전을 상실한 상태이다. 다양한 연령층의 학생들이 변화되고 있으며, 선교사를 파송하거나 직접 선교사로서 사역하고 있다. 이들로 인해 교회가 열정을 가지도록 이들과 교회를 위해 기도하자. 선교사, 특히 개척지역으로 간 선교사들을 위해 기도하자.

> 너희가 자기를 위하여 공의를 심고 인애를 거두라 너희 묵은 땅을 기경하라 지금이 곧 여호와를 찾을 때니 마침내 여호와께서 오사 공의를 비처럼 너희에게 내리시리라. 호 10:12

인간에게 기도는 자연스러운 일이므로 어떠한 것도 이를 막을 수 없다. _클라크

12월 9일 호주 2

다원주의로 가고 있는 나라

✚ 기도 제목

1. 서구 문명과 탐욕을 맛본 35만 명의 토착 원주민은 도덕적으로 타락한 이후, 자신들의 땅과 유산을 제대로 지켜내지 못한다는 사실에 절망하고 있다. 이들을 위해 사역하는 단체가 정치적인 위협을 받는 상황에서도 복음의 능력을 담대히 선포할 수 있도록 기도하고, 녹음과 카세트 사역, 성경 번역을 위해 기도하자.

2. 36개 종합대학교와 63만 명의 대학생들에게 근근이 복음이 전해지는 상황이다. 이들을 위한 선교단체들이 성령으로 일어서게 하시고 학생들 가운데 복음에 대한 열정이 뜨거워지도록 기도하자. 또한 하나님 나라를 위한 수확이 더욱 많아지며, 세계로 나아가는 선교사가 많이 배출되도록 호주의 젊은이들을 위해 기도하자.

3. 주일학교 출석률이 급격히 떨어지는 가운데, 청년 세대에게 다가갈 대안을 발견해야 할 필요성이 시급해졌다. 기독교 학교가 성장하는 추세에서 많은 선교 단체들은 젊은이들을 복음화하는 데 애쓰고 있다. 이 땅에서 살아갈 다음 세대들을 위해 기도하자.

4. 방송 허가를 받기 위해 노력 중인 라디오 사역, 문서사역이 젊은 세대에게 영향을 줄 수 있도록, 복음 증거의 한 통로로 제작 중인 비디오 사역, 〈예수〉 영화 사역 등 선교 지원 사역을 위해 기도하자.

중보기도 노트

> 내가 친히 내 양의 목자가 되어 그것들을 누워 있게 할지라 주 여호와의 말씀이니라. 겔 34:15

> 천사는 베드로를 감옥에서 나오게 했지만, 천사를 나오게 한 것은 기도였다. _토머스 왓슨

12월 10일

오디오 카세트테이프 사역

음성으로
역사하시는 하나님

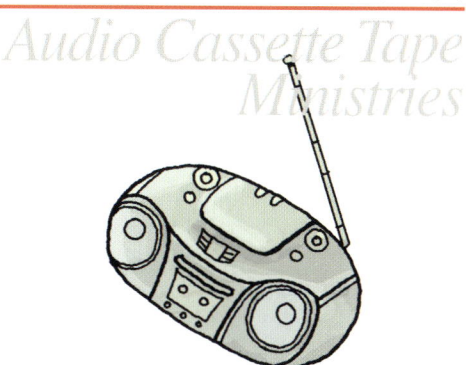

✚ 기도 제목

1. 1999년까지 GRN은 5천 개의 언어로 테이프에 복음을 담았다. 대부분 아프리카, 남아시아, 중국, 남태평양에 존재하는 수천 개 이상의 방언으로도 녹음해야 한다. 메시지 녹음이 더 늘어나고 잘 활용되도록 기도하자.

2. 테이프를 통한 교육과 교회 성장을 위해 기도하자. 지구 상에 영적으로 어려운 많은 지역의 소수 기독교인은 고립되어 있으며 새로운 찬송을 배우거나 적절한 교육을 받을 기회가 거의 없다. 테이프에 녹음된 메시지들은 그 공백을 채울 수 있다. 필요한 장비와 비품, 적절한 메시지가 준비되도록 기도하자.

3. 새로운 번역 성경은 많은 축복 속에 테이프로 녹음되어 배포된다(오디오 성경 사역, 호산나, IMB, 루터 성경 번역, UBS, WBT). 이 사역은 특히 글을 읽을 줄 모르는 전 세계 20억의 사람, 자기들만의 말로 된 성경을 갖지 못한 사람, 정치적인 이유로 하나님의 말씀을 인쇄, 보급하는 데 위협을 받는 지역을 위한 것이다. 성경 테이프 사역이 활발하게 이루어지도록 기도하자.

4. 다양한 기독교 단체가 복음을 전달하기 위한 새로운 기술을 혁신적으로 개발하고 있다. 대표적인 예는 캐나다 Galcom의 태양 에너지를 이용하는 값싼 소형 라디오와 카세트 플레이어이다. 이 사역을 통해 복음이 제대로 미치지 못한 지역의 사람들이 복음을 이해하고 받아들이는 기회가 늘어나도록 기도하자.

여호와께서 이와 같이 말씀하시니라 너희는 여러 민족의 앞에 서서 야곱을 위하여 기뻐 외치라 너희는 전파하며 찬양하며 말하라 여호와여 주의 백성 이스라엘의 남은 자를 구원하소서 하라. 렘 31:7

당신은 기도의 응답이 지연되는 것과 거절당하는 것 사이를 구별해야 한다. _토머스 브룩스

12월 11일 기독교 라디오

라디오를 통해
일하시는 하나님

Christian Radio

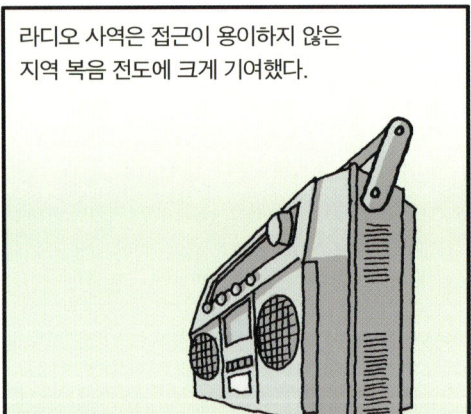

라디오 사역은 접근이 용이하지 않은 지역 복음 전도에 크게 기여했다.

구소련의 교회들이 다시 태어나는 데 큰 역할을 한 라디오는,

오늘날 이슬람 세계와 접근이 제한된 동아시아 지역에 중요한 역할을 담당하고 있다.

기독교 라디오 사역의 결실로, 중국과 베트남 같은 나라에서 거대한 가정교회 네트워크가 형성되었다.

"라디오로 복음을 들었습니다."

사역 계획, 연구, 기금 마련, 원어민 발굴 및 훈련, 녹음실 장비, 사역 유지와 확장을 위해 필요한 여러 가지 일을 위해 기도하자.

라디오 방송을 통해 많은 영혼이 구원받고, 기존의 신자들이 견고해지며, 교회가 세워진 곳의 신자들이 잘 훈련되도록 기도하자.

✚ 기도 제목

1. 북아메리카 외에 국제 및 지역 방송을 송출하는 복음 방송국은 수십 군데에 이른다. 지금은 이 기독교 방송이 다양해져서 2000년에는 전 세계를 통틀어 565개의 언어로 5,500시간 동안 전파를 탔다. 기독교 라디오 방송 사역이 더 원활하게 이루어지도록 기도하자.

2. 대부분의 방송이 중파와 FM 방송국을 통해 송출되지만 상당 부분은 단파로 송출되고 있다. 송신 시스템이 향상될 수 있도록 기도하자.

3. 전 세계에는 25억 개의 라디오 수신기가 있으며, 대부분의 사람은 라디오를 수신하는 데 별 무리가 없다. 라디오 방송을 통해 많은 영혼이 구원받고, 기존 신자들이 견고해지며, 초신자들이 잘 훈련되도록 기도하자.

4. 라디오 방송국과 프로그램 제작 단체에는 매년 수많은 청취자로부터 수백만 통의 팩스와 이메일 등이 날아온다. 이러한 사역이 원활히 이루어지도록 기도하자.

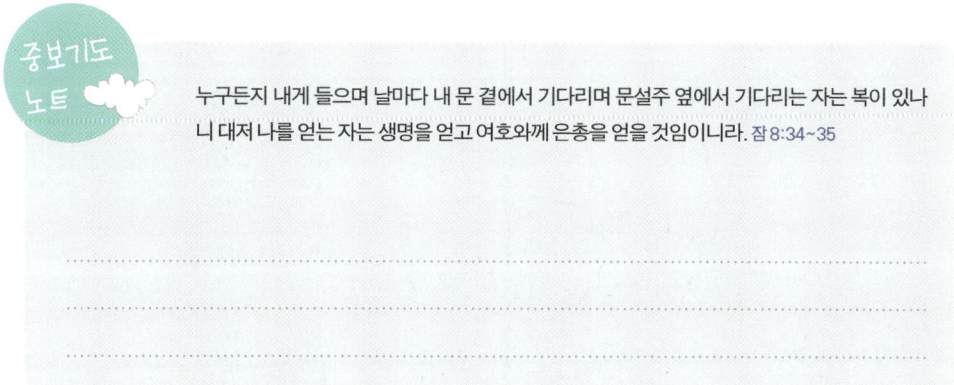

누구든지 내게 들으며 날마다 내 문 곁에서 기다리며 문설주 옆에서 기다리는 자는 복이 있나니 대저 나를 얻는 자는 생명을 얻고 여호와께 은총을 얻을 것임이니라. 잠 8:34~35

신실한 기도 속에 새로운 느낌, 새로운 의미, 새로운 용기가 주어진다. 기도는 사실 교육이다. _도스토예프스키_

12월 12일   기독교 TV

TV를 통해
일하시는 하나님

Christian Television

라디오와 마찬가지로 기독교 TV 역시 복음 전파에 전략적인 도구로서 잠재력이 풍부하다.

지상파 및 위성 TV를 시청하는 인구가 과거 어느 때보다 늘어나고 있다.

TV를 통해 비기독교인에게 복음을 증거하고, 기독교인을 훈련시키며 격려할 수 있는 저력은 사실상 무한하다.

장경동 목사님 설교 언제 하시나?

TV는 제한 접근 지역인 아랍 국가에 복음을 전달할 수 있는 몇 안 되는 방법 가운데 하나이다.

✚ 기도 제목

1. 서구의 비기독교권은 TV를 이용해 쾌락, 탐욕, 부도덕과 같은 죄악을 전 세계에 퍼뜨렸다. 이제 기독 사역자들이 협력하여 비서구권 세계에서 빛과 소금의 역할로 TV를 온전히 이용할 수 있도록, 그 결과 곳곳에 있는 비기독교인들이 복음을 듣고 사탄에게 속했던 영역에서 벗어나도록 기도하자.

2. 연예 분야는 복음을 정직하게 나누는 것에 대해, 마치 사람들을 개종시키고 모집하고 주작하는 것인 듯 조롱하는 경향이 있다. 다원주의가 만연하고 절대 윤리가 상실된 시대에, 방송을 통해 전해지는 복음주의자들의 메시지는 희석되고 거부당하기 마련이다. 더 많은 기독교인이 세속적인 방송 분야에 뛰어들어 활발하게 사역을 감당하도록 기도하자.

3. 기독교 라디오 방송의 경우 현지인들이 제작한 프로그램의 비율이 늘어나면서, 더 많은 청취자들의 마음에 깊이 다가섰다. 기독교 TV도 라디오 사역의 전례를 따를 수 있도록 기도하자. 더 많은 현지인 사역자를 부르시고, 그들에게 재능을 허락하시며, 필요한 훈련과 장비를 공급해주시도록 기도하자.

4. 최근 알제리 신문인 〈Milat Horizons〉지는 상당수의 알제리 어린이들이 이슬람에서 기독교로 개종하고 있다는 사실을 보도했다. 기사에 따르면, 많은 아이가 학교에서 아랍어 기독교 위성방송인 SAT-7의 프로그램을 시청하고 있다고 한다. 성령께서 방송 프로그램 가운데 역사하셔서 그들이 평생의 길을 인도받도록 기도하자.

무릇 더러운 말은 너희 입 밖에도 내지 말고 오직 덕을 세우는 데 소용되는 대로 선한 말을 하여 듣는 자들에게 은혜를 끼치게 하라. 엡 4:29

세상 사람들이 상상하는 것보다 더 큰 일이 기도에 의해서 이루어진다. _미상

12월 13일

영화 〈예수〉

더 많은 사람에게
이 영화를 보게 하라

Jesus Film

국제 CCC의 사역인 〈예수〉 영화 프로젝트(The Jesus Film Project)는 전 세계 모든 사람에게 그들의 언어로 예수 영화를 상영하는 것이 목표다.

누가복음을 근거로 하여 제작된 예수의 생애는 최근에 강력한 복음 전도의 수단이 되었으며, 역사상 가장 많이 시청한 필름이 되었다.

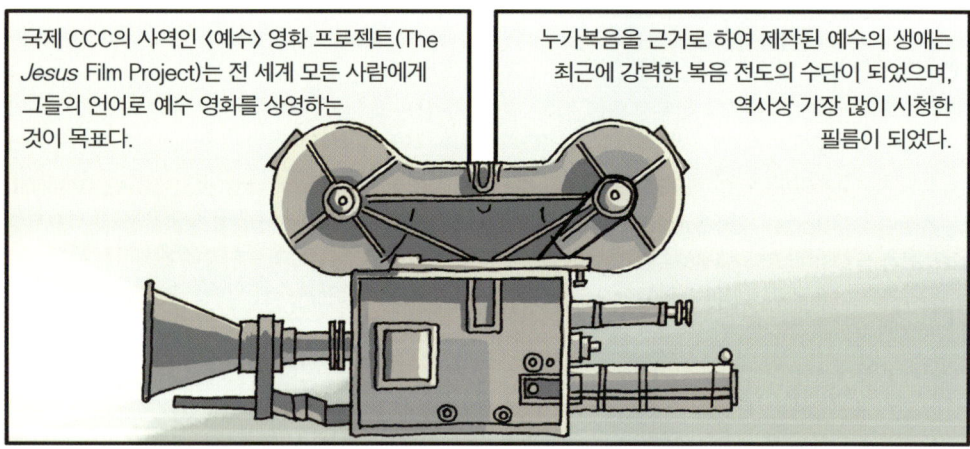

2001년까지 영화 〈예수〉를 시청한 사람의 수는 40억에 달하며 이들이 보인 반응은 대단했다.

CCC의 추산에 따르면, 1억 2,800명에 이르는 사람이 이 영화를 통해 예수 그리스도를 영접하기로 결단했다.

예수님, 사랑해요.

 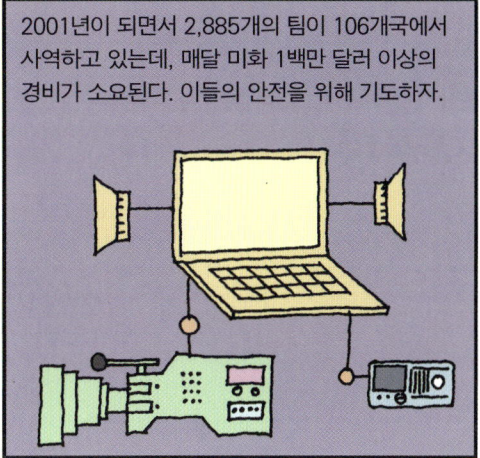

✚ 기도 제목

1. 2001년부터 2,885개의 팀이 106개국에서 사역하고 있는데, 그 경비로 매달 미화 1백만 달러 이상이 소요된다. 이들의 안전을 위해 기도하자.
2. 전 세계에서 수백만 명의 사람들이 영화, 연극, 야외 상영, TV 매체를 통해 〈예수〉 영화를 본다. 특히 과거 공산권 국가에서 대단히 많은 사람들이 이 영화를 관람했다. 전국 TV 방송망을 통해, 특히 크리스마스나 부활절 같은 절기에 이 영화가 상영될 기회가 늘어나도록 기도하자.
3. 〈예수〉 영화 비디오는 억압된 상황에서 가정의 복음 전도를 위해 쓰임 받는 훌륭한 도구이다. 또한 이 영화에 대한 반응도 기대 이상이었다. 복음을 전하기 어려운 지역이 복음에 대해 부분적으로나마 열리도록 기도하자.
4. DVD로 된 〈예수〉 영화 상영과 배포 전략을 위해 기도하자.

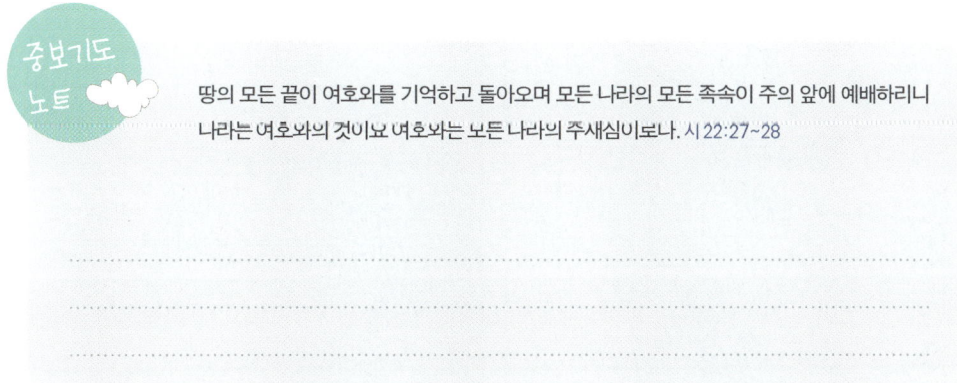

중보기도 노트

땅의 모든 끝이 여호와를 기억하고 돌아오며 모든 나라의 모든 족속이 주의 앞에 예배하리니 나라는 여호와의 것이요 여호와는 모든 나라의 주재심이로다. 시 22:27~28

불에 피운 향이 인간의 생명을 상쾌하게 하는 것처럼 기도는 인간의 마음에 희망을 북돋워준다. _괴테

12월 14일 　　　　　　　　　　　　　　　　　　　　　　　　　인터넷

복음 전도의
강력한 도구

The internet

인터넷은 복음 전도를 위해서도 효과적으로 사용할 수 있는 강력한 도구이다.

인도나 중국 같은 나라에서 인터넷의 성장은 놀라울 정도이며, 인터넷은 더 이상 부유한 서구 국가의 전유물이 아니다.

중국의 인터넷 사용자는 수억 명에 이를 것이다.

인터넷 때문에 용의 왕국이 망한다.

남미와 아시아 국가들 역시 대부분 급속도로 '전산' 공동체가 되어가고 있다.

버스에서도 인터넷!

✚ 기도 제목

1. 많은 기독교 단체와 교회가 인터넷상에서 서로 의견을 교환하지만, 특별히 비기독교인을 대상으로 운영되는 웹사이트는 극히 드물다. 더 많은 기독교인이 최신식 전도 방법의 잠재력을 깨닫도록 기도하자.

2. 인터넷상에서 영어를 가장 많이 사용하지만, 다른 언어를 사용하는 사이트도 급속히 늘고 있다. 그러나 수십억 명의 사람은 여전히 영어를 모르고 그들의 언어로 복음을 소개하는 웹사이트는 극히 드물다. 웹을 이용한 전도 사역에서 언어의 제약이 따르지 않도록 기도하자.

3. 사우디아라비아를 제외하면 대부분의 중동지역에서 인터넷 접속이 가능하다. 인터넷은 무슬림에게 그리스도의 말씀을 전하는 데 덜 위협적이며, 익명성 때문에 안전 문제에서도 유리하다. 무슬림을 대상으로 더 많은 웹 사역이 일어나도록 기도하자.

4. 기하급수적으로 늘어나는 포르노 관련 사이트를 완전히 없애버리는 것은 불가능하다. 기독교인을 주축으로 이를 근절하려는 사람들을 위해 기도하자.

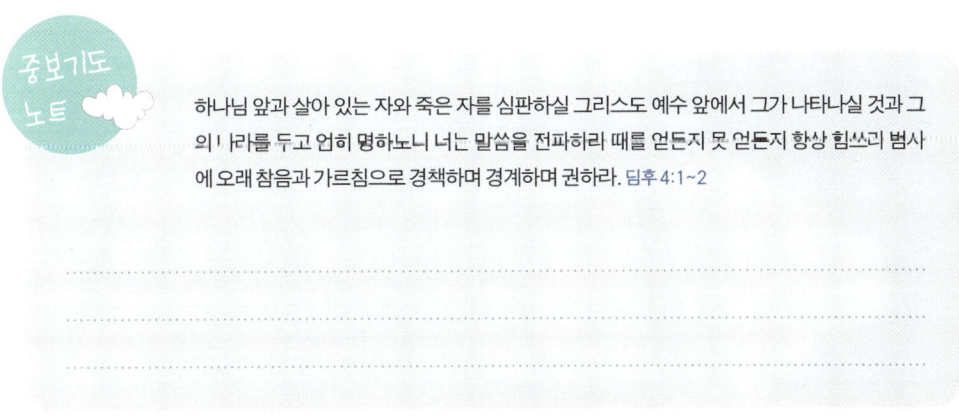

하나님 앞과 살아 있는 자와 죽은 자를 심판하실 그리스도 예수 앞에서 그가 나타나실 것과 그의 나라를 두고 엄히 명하노니 너는 말씀을 전파하라 때를 얻든지 못 얻든지 항상 힘쓰라 범사에 오래 참음과 가르침으로 경책하며 경계하며 권하라. 딤후 4:1~2

믿음이란 근육과 같고 기도는 이를 강하게 하는 운동이다. _미상

12월 15일

가장 중요한 일, 성경 번역과 보급!

성서공회와 성경 번역

Bible Societies and Bible Translation

세계 각국의 언어로 성경을 번역하고 보급하는 일보다 더 중요한 게 있을까?

없다.

세계에 존재하는 7,148개의 언어 중 신약성경을 번역하지 않은 언어는 아직도 최소한 2천 개에 이른다.

우리 언어로도 빨리 번역해줘.

세계 각 종족의 언어로 하나님 말씀을 공급하는 것은 세계 복음화를 위해서도 필수적이다.

2000년 기준으로 2백 개 이상의 나라와 지역에서 137개의 성서공회가 사역하고 있다.

할렐루야!

모든 종족의 언어로 성경을!

✚ 기도 제목

1. 2000년 기준으로 2백개 이상의 나라와 지역에서 137개의 성서공회가 사역하고 있다. 간사들이 여러 업무에 대해 전문적인 능력을 갖추도록 기도하자. 또한 이들이 하나님과 동행하고, 번역과 인쇄 계획이 원활히 이루어지며 다른 기독교 단체들과 좋은 관계를 유지하도록 기도하자.
2. UBS 사역자들은 선교사와 현지인들에게 새로운 언어, 현대어, 번역 프로그램에 대해 많은 격려와 조언을 주고 있다. 여러 부분에서 발생하는 문제점들을 해결하기 위해 더 많은 지혜가 필요하다. UBS는 1999년 672개의 번역 계획에 참여했는데, 이 중 462개 언어가 초판 번역이었다. UBS 사역자들에게 지혜와 능력을 덧입혀주시고, 선교사와 현지인들을 섬기는 자들로 역할을 잘 감당하도록 기도하자.
3. 성경 인쇄에는 많은 어려움이 따른다. 어떤 지역에서는 비용이 많이 들고 어떤 지역에서는 설비나 재료가 부족하다. 성경은 헌금 대비 측면에서 저렴하게 공급되고 있다. 필요한 만큼의 자금이 준비되도록 기도하자.
4. 종이, 기계 수입 등 성경을 완성하는 데는 많은 수고와 노력이 든다. 전쟁의 폐해, 정치적 위기, 적대적인 정부는 협상 자체를 어렵게 만들고 그마저 지연시키고 있다. 이러한 어려움이 해결되도록 기도하자.

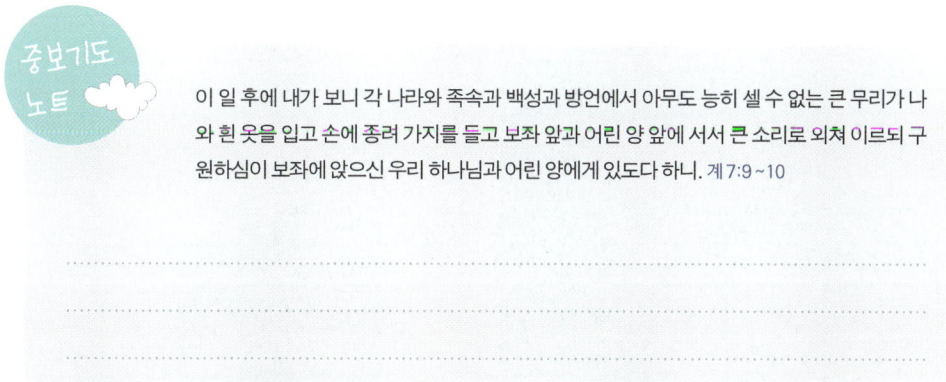

중보기도 노트

이 일 후에 내가 보니 각 나라와 족속과 백성과 방언에서 아무도 능히 셀 수 없는 큰 무리가 나와 흰 옷을 입고 손에 종려 가지를 들고 보좌 앞과 어린 양 앞에 서서 큰 소리로 외쳐 이르되 구원하심이 보좌에 앉으신 우리 하나님과 어린 양에게 있도다 하니. 계 7:9~10

예수님이 기도하신 것처럼 기도하라. _미상

12월 16일 / 기독교 문서

여호와를 아는 지식을 온 땅에!

Christian Literature

전자 출판 시대가 도래했는데도 불구하고, 과거 어느 때보다도 많은 책이 출간되고 있다.

책은 기독교인뿐만 아니라 믿지 않는 이들에게도 여전히 의사소통의 중요한 수단이다.

기독교 문서는 전통적인 방법으로 선교 사역이 불가능한 국가에 복음을 나눌 때도 유용하다.

영어, 스페인어, 독일어로 된 기독교 문서가 과잉으로 공급되는 데 비해, 그 밖의 다른 언어로 된 문서는 거의 없다.

제가 읽을 책은 없나요?

✚ 기도 제목

1. 전통적인 방법으로 선교 사역이 불가능한 국가에서 복음을 전할 때에 문서 사역만큼 좋은 것이 없다. 문서 사역이 더욱 많은 지역에서 활발해지도록 기도하자.

2. 영어, 스페인어, 독일어로 된 기독교 문서가 과잉 공급인 데 반하여 이를 제외한 언어로 쓰인 문서는 찾기 어려운 실정이다. 전 세계 각 지역에서 성숙한 기독교인 저자가 많이 배출되도록 기도하자.

3. 기독교 문서 공급이 금전적인 위축, 배포상의 어려움, 걷잡을 수 없는 인플레와 서구의 값비싼 원자재 사용에 따른 인쇄비용으로 커다란 위기를 맞고 있다. 출판 인쇄의 자립을 위해 유라시아, 아프리카, 아시아의 가난한 나라들이 기금 조성 방안을 마련하도록 기도하자.

4. 문서 사역 선교사가 부족한 상태이다. 집필, 편집, 인쇄, 보급 등 각 분야에서 재능 있는 사람들이 부르심을 받도록 기도하자.

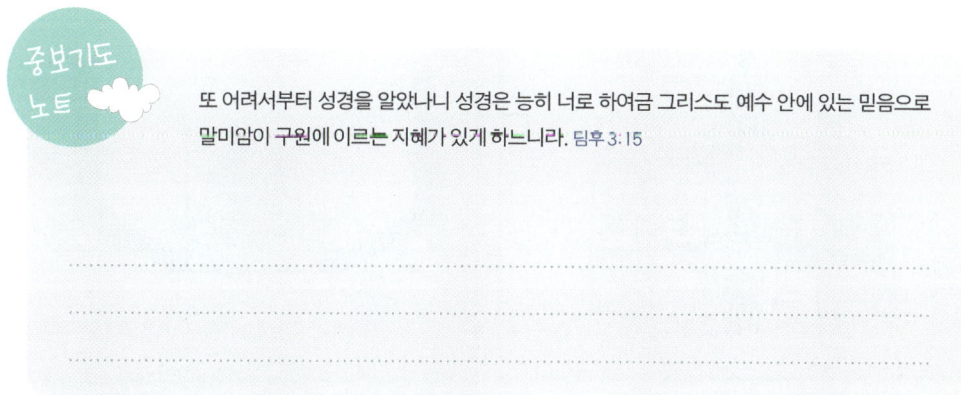

모든 것이 하나님께 달려 있는 것처럼 기도하라. 그러나 모든 것이 사람에게 달려 있는 것처럼 일하라. _프랜시스 스펠만

12월 17일

바른 신학이
교회를 살린다

신학 연장 교육

Theological Education by Extension: TEE

기독교 사역자 훈련을 위한 서구식 신학교육 기관과 성경대학은 비용이 많이 든다.

이런 교육은 훈련 속도가 느리며, 세계의 다른 곳에서 급속도로 성장하고 있는 교회를 돕는 데 적절하지 않다는 것이 밝혀졌다.

TEE 과정은 사역 중인 목사를 훈련시키는 한 방법으로 남미에서 시작되었다.

성경적, 목회적, 사회적 관심 분야에 맞는 적절한 과정을 폭넓게 개설함으로써 모자란 부분을 보충하고 있다.

현재 전 세계 수백 개의 TEE 센터에서 수만 명의 학생이 교육받고 있다.

동기, 훈련, 성경의 가르침에 대해 열린 마음을 갖도록, 궁극적으로 많은 사역의 열매를 맺을 수 있도록 기도하자.

✚ 기도 제목

1. 국제적인 연합, 자료 공유, 자격의 표준화와 국가적 신학교육계로 TEE 과정이 통합되도록 기도하자. 몇몇 나라의 TEE 과정은 이런 통합이 이루어지지 않아 신뢰를 잃고 그 효과가 퇴색하고 있다. 국제적인 주요 TEE 단체를 위해 기도하자.

2. 지역 차원에서 TEE의 효과를 높이고자 교육과정을 기획하는 사역자의 공급과 조정자를 위해서 기도하자. TEE 과정을 공부하는 학생들이 교육 수준에 따라 잘 적응할 수 있도록, 그들을 돕고 용기를 북돋워주기 위해 과정을 계획하는 데 지혜를 주시도록 기도하자.

3. TEE 과정을 공부하는 학생들은 가난과 힘든 육체노동에 시달리며 학습 자료의 부족, 사역자로서의 과중한 부담 등 열악한 학습 환경에 놓여 있다. 성경의 가르침에 대한 열린 마음을 지니며 궁극적으로 많은 사역의 열매를 맺을 수 있도록 기도하자.

4. 아래 괄호 안에 표기한 기관들은 TEE 과정의 발전에 특별한 공헌을 한 곳으로, 사역 효과 면에서 널리 인정받고 있는 단체이다. 이들 단체가 더욱 발전되어 가도록 기도하자.
   (TAFTEE, SEAN International, LOGOI, LOGOS, ACTEA, BEE International.)

중보기도 노트

지혜를 버리지 말라 그가 너를 보호하리라 그를 사랑하라 그가 너를 지키리라. 잠 4:6

모든 것을 위해 기도하라. 모든 것에 대해 감사하라. _무디

12월 18일 　　　　　　　　　　　　　　　　　　성경 통신 과정

우편의 위력이
오지를 살린다

Bible Correspondence Courses: BCCs

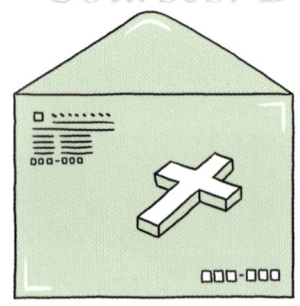

성경 통신 사역은 문서 보급과 기독교 라디오 프로그램을 통해 가장 효과적인 양육 수단으로 발전했다.

정치·종교적으로 민감한 세계 전 지역에 우편물을 사용하여 전하는 하나님의 말씀은 학생들에게 큰 영향을 끼쳤다.

어떤 학생들은 이를 통해 회심하였고, 어떤 이들은 기독교인으로서의 삶에 힘을 공급받게 되었다.

"성경 통신, 너무 좋아요."

이 과정은 무슬림 회심자를 얻는 데 최상의 수단임이 입증되었다.

"비밀인데, 저는 성경 통신 수강생이에요."

✚ 기도 제목

1. 3백개가 넘는 센터가 복음적인 BCCs를 발송하고 있다. 교육 자료를 준비하는 데 참여하는 사역자와 우편물을 통해 학생을 돕는 사역자를 위해서 기도하자.

2. 소책자와 라디오 프로그램의 영향력을 받지 못하며 선교사가 들어갈 수 없는 지역에 살고 있는 학생들에게 다른 지역의 학생들을 통해 BCCs가 홍보되도록 기도하자.

3. 지역 단위의 기독교인이 학생을 효과적으로 개인 양육하며, 학생은 기독교인의 모임에 잘 적응하도록 기도하자.

오직 우리 주 곧 구주 예수 그리스도의 은혜와 그를 아는 지식에서 자라가라 영광이 이제와 영원한 날까지 그에게 있을지어다. 벧후 3:18

매일의 기도는 영혼의 체조이다. _미상

12월 19일

구호와 함께 가는 복음 전파

구호와 개발

Relief and Development

빈부 차는 갈수록 심해지고 재앙의 빈도는 매년 증가하고 있다.

전쟁, 기아, 자연재해, 잔인한 행위가 불러온 고통을 우리는 생생하게 보고 있다.

갈수록 무서운 일이 많아져.

식량, 물, 연료 문제가 심각한 국제 문제로 제기되고 있다.

부유한 무역 강국의 이기적인 태도로 가난한 국가의 자립적인 경제 개발 기회는 갈수록 줄어들고 있다.

이익 없는 것들은 필요 없어.

시장 경제학의 세계화가 가난한 국가에 이익을 주는지에 대해서는 아직 미지수다.

세계화 때문에 더 가난해지고 있어요.

다시 창궐하고 있는 말라리아와 결핵 및 에이즈 등은 심각한 상황이다. 기독교 구호와 사역자들이 더 많이 더 많은 지역에 파송되어야 한다.

지금 우리가 갑니다.

✚ 기도 제목

1. 기독교인들이 헌금해서 모인 자금이 지혜롭게 사용되도록 기도하자. 사역을 하는 데 필요한 자금과 구호물품, 사회 기본 질서에 들어가는 비용을 지혜롭게 사용하도록 기도하자.

2. 오늘날 아프리카는 하나님의 말씀에 대한 기근이 식량에 대한 기근보다도 훨씬 더 심각한 상태이다. 기근이나 재난으로 고통받는 사람들을 위한 기독교인들의 원조는 권장할 만하지만, 아프리카 현지 교회의 영적 필요에 대해서도 동일한 일들이 나타나야 한다. 영적 필요도 함께 공급되도록 기도하자.

3. 정직하고 겸손하며, 그리스도를 사랑하고, 동시에 전통적인 기술을 갖춘 헌신된 사역자가 많이 필요하다. 이러한 사역을 위해서 부름받은 많은 이들을 위해 기도하자. 그리고 이들의 수고로 복음을 나눌 기회가 생기도록 기도하자.

4. 세계 곳곳에서 그 파급력이 커지는 HIV/에이즈 위기에서 벗어나 지역 개발의 장애 요소가 되지 않도록 기도하자. 교회가 일어나서 과거와 다른 생활방식을 교육하고, 직접 보여주며, 에이즈에 대해 훈련시키고, 현재 에이즈 환자인 사람들과 고아들을 잘 돌보도록 기도하자.

하나님 아버지 앞에서 정결하고 더러움이 없는 경건은 곧 고아와 과부를 그 환난 중에 돌보고 또 자기를 지켜 세속에 물들지 아니하는 그것이니라. 약 1:27

많은 사람이 비를 달라고 기도한 후 물통 뚜껑을 열어놓지 않는다. _미상

12월 20일

가장 오래된 기독교 사역

의료 선교

Medical Mission Work

의료 선교 사역은 오랫동안 현장에서 해온 중요한 기독교 사역이었다.

많은 개척 선교사들은 병원과 일반 진료소 및 나환자 진료소 등에서 선교를 시작하는 데 수고하고 있다.

의사 선교사님들, 힘내세요.

의료 사역을 통해 영혼 구원이 일어날 수 있도록 의학적인 필요와 영적인 필요가 올바른 균형을 이루도록 기도하자.

영혼도 구원해야 할 텐데.

중국, 예멘, 아프가니스탄, 부탄과 같은 여러 나라에서는 의료 사업만이 입국과 전도 활동이 가능한 수단이다.

의사는 입국을 허락한다.

✚ 기도 제목

1. 중국, 예멘, 아프가니스탄, 부탄과 같은 여러 나라에서는 의료 사업만이 입국과 전도 활동이 가능한 수단이다. 이 의료 선교사들의 전략적인 전도 활동으로 많은 회심자들이 생기고 지역교회가 개척되도록 기도하자.

2. 예수님이 직접 나환자들을 고치시기도 했지만, 나환자 사역은 앞으로도 상당 기간 동안 많은 기독교인이 헌신해야 할 사역이다. 매년 7만 종류의 신종 나병 사례가 발견되며, 전 세계에서 4백만 명이 나병을 앓거나 발병할 위기에 처해 있다. 나환자들의 신체적, 정신적, 사회적, 영적 필요와 나병으로 인해 불편을 겪는 지역 공동체를 위해서 수고하며, 인간의 존엄성을 높이고 나병을 퇴치하기 위해 예수 그리스도의 이름으로 사역하는 나환자 선교회(Leprosy Mission), 미국 나환자 선교회(American Leprosy Mission) 등을 위해 기도하자.

3. 중부 및 남부 아프리카, 인도, 동남아시아 등지에서 에이즈의 확산은 전 세계를 위협하고 있다. 에이즈는 향후 의료 선교 사역과 지역교회 사역의 주요 과제가 될 가능성이 높다. 에이즈 환자와 유가족들을 대상으로 사역하려면 새로운 기술과 영적 은사들이 필요하다. 에이즈의 예방교육과 에이즈 환자를 돌보는 사역을 위해 기도하자.

중보기도 노트

믿음의 기도는 병든 자를 구원하리니 주께서 그를 일으키시리라 혹시 죄를 범하였을지라도 사하심을 받으리라. _약5:15_

만일 그대가 무릎을 꿇고 기도한다면 비틀거릴 수 없을 것이다. _미상_

12월 21일　　　　　　　　　　　　　　　　　　　　　　　비행 선교

복음 전파에서
빼놓을 수 없는 사역

Missionary Aviation

비행 선교는 놀라울 만큼 복음 전도와 교회 성장에 중요한 기여를 해왔다.

세계 대부분의 지역은 비행 이외의 방법으로는 접근하기가 어렵다.

현재 5백여 대의 항공기가 기독교 사역자와 필수품, 병원 환자와 구호품을 수송하고 있다.

어서 비행기를 불러줘.

현재 1천 명이 넘는 조종사, 정비사, 보조 요원이 사역 중이다. 이 고된 사역에는 고도의 기술과 효율성이 필요하다.

헌신이 필요합니다.

✚ 기도 제목

1. 현재 1천 명이 넘는 조종사, 정비사, 보조 요원이 사역 중이다. 이 고된 사역에는 고도의 기술과 효율성이 필요하다. 이 비행 선교는 여러 독특한 기회를 통해 활발하게 영적 사역을 할 수 있다. 이 사역을 위해 기술적으로나 영적으로 준비된 사역자들이 공급되도록 기도하자.

2. 항공선교회(Mission Aviation Fellowsip)는 4개의 지부를 통해 32개국 이상의 나라에서, 152대의 비행기로 매년 5만 7천 시간 이상의 비행을 기록하는 항공 선교의 선구적인 단체이다. 이 단체를 위해 기도하자.

3. 비행으로 전체적인 시간과 재정은 절약되지만 이 사역은 고도의 기술이 필요한 선교 사역이며 운행 관리자와 사용자 모두에게 많은 비용이 든다. 필요한 모든 물품 공급이 잘되도록 기도하자.

4. 전반적으로 지금까지의 기록은 좋지만, 비극적인 사고도 일부 있었다. 비행사는 종종 거친 지형이나 위험한 기후에서 그 지역 최초의 활주로를 이용해야 한다. 비행사나 정비사의 실수가 엄청난 참극을 낳을 수 있다. 따라서 이런 위험 요소들이 생기지 않도록 기도하자.

중보기도 노트

내가 산을 향하여 눈을 들리라 나의 도움이 어디서 올까 나의 도움은 천지를 지으신 여호와에게서로다. _시 121:1~2_

만일 그대가 기도하기 힘들다고 느낄 땐 가장 열심으로 기도하라. _미상_

12월 22일   해양 선교

고립된 섬나라에
생명력을 공급하라

Maritime Ministry

이동하면서 하는 사역인 해양 선교는 성령께서 사용하시는 주요한 수단임이 증명되었다. 하나님께서는 이 사역을 통해 교회가 새로워지고, 제자 훈련이 불가한 지역의 젊은 기독교인들을 깊이 있게 훈련시키려 하신다.

둘로스 호와 로고스 II호를 위해 기도하자. 이 국제 선교선들의 주요 사역은 문서 배포, 지역교회 격려 및 물품 제공, 복음 전파, 제자 훈련이며, 초문화적으로 접촉하고 있다.

✚ 기도 제목

1. 해양 선교 사역의 목적은 문서 배포, 지역교회 격려 및 물품 제공, 복음 전파, 제자 훈련, 초문화적 접촉이다. 둘로스 호와 한 번에 평균 5백 명을 태우는 로고스Ⅱ호의 사역을 위해 기도하자.

2. YWAM의 병원 복음선(Mercy Ships)인 아나스타시스 호와 그보다 좀 작은 굿 사마리탄 호를 위해 기도하자. 이 두 선교선은 평균 6백 명을 태우고 제자 훈련, 구호, 이동 의료 사역을 하고 있다. 필요한 기술을 갖춘 승무원과 사역자들을 보내주시도록 기도하자.

3. 해양 사역의 경우에, 여러 국가에서 온 사람들은 공동생활을 하며 전도해야 한다. 1988년 케이프 혼 근처에서 침몰한 로고스Ⅰ호의 손실은 위험의 가능성을 분명히 말해주고 있다. 이 사역에 참여하고 있는 모든 사람들의 영적 건강, 성장, 안전을 위해 기도하자.

4. 전 세계에 약 1천만 명의 항해자와 어부가 있는데, 이들은 거의가 복음을 접하지 못했다. 한국외항선교회(Korea Harbour Evangelism)와 기타 여러 단체를 위해 기노하자.

그들이 평온함으로 말미암아 기뻐하는 중에 여호와께서 그들이 바라는 항구로 인도하시는도다. 시 107:30

1백 년을 살 것처럼 일하고 내일 죽을 것처럼 기도하라. _벤저민 프랭클린

12월 23일

전문인 선교사

21세기 선교사의 길

Christian Tentmakers

전문인 선교사의 선구자인 바울 이래로 평신도 전문인 사역은 가장 적절하고 필요한 사역이다.

"바울도 텐트 메이커였어요."

미개방 지역과 닫힌 사회에 가장 적합한 사역이 전문인 사역이다.

"우리한테 오려면 기술을 익히시오."

선교사가 입국조차 하기 어려운 나라에서 가장 주요한 방법이 바로 전문인 선교이다.

"가려 내기가 어려워…"

서구, 중동, 아시아, 아프리카에서 수십만 명의 의사, 간호사, 컴퓨터 전문가, 농업 전문가 등이 활동하고 있다.

"농사도 선교가 됩니다."

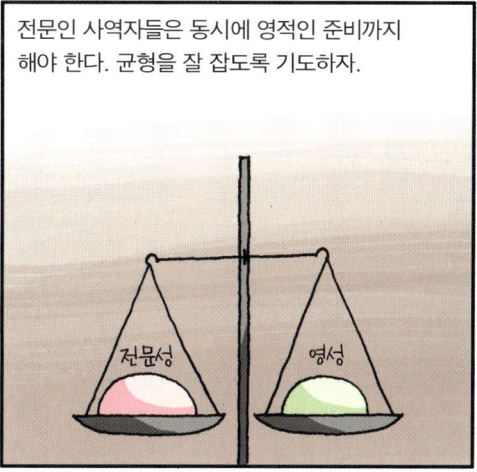

✚ 기도 제목

1. 서구, 중동, 아시아, 아프리카에서 수십만 명의 기독교인이 의사, 간호사, 간호조무사, 컴퓨터 전문가, 강사, 교사, 기술자, 농업 전문가, 가사도우미, 청소부 등의 일자리와 교육의 기회를 찾아 해외로 떠났는데, 대부분이 개인적인 이유에서 이주를 결심했다. 이들이 현지인 공동체에서 영적 필요를 보게 될 때, 비기독교인에게 복음을 전하고자 하는 마음이 일어나도록 기도하자.

2. 문이 닫힌 국가들, 특히 이슬람 국가, 아시아의 공산권 국가, 구소련 연방 국가에서 섬기기에 적절한 은사를 갖춘 전문 직업의 기독교인들이 소명을 받도록 기도하자.

3. 필수 전문 지식을 습득하는 동안, 적절한 문화적, 영적 준비까지 하기가 어렵지만 반드시 필요하다. 이런 특별한 사역을 감당할 사람을 뽑기 위해서는 후보를 엄선해야 하는데, 이 과정을 위해 기도하자. 파송 교회들이 이런 전략적인 사역을 위해 하나님께 부르심 받은 자들을 격려하고 지지하도록 기도하자.

4. 전문인 선교사들은 종종 기독교에 대해 적대감을 가진 정부와 국민이 있는 지역으로 가곤 한다. 그 지역의 영적 생명력과 열매를 위해 교제와 목회적 관리가 필수이지만 때때로 어려움이 따른다. 특히, 고독하고 억압받는 상황에서 살고 있는 전문인 선교사를 위해 기도하자.

중보기도 노트

이제 내가 너를 바로에게 보내어 너에게 내 백성 이스라엘 자손을 애굽에서 인도하여내게 하리라. 출 3:10

마귀는 기도 없는 학문과 종교, 기도 없는 성전을 비웃지만 기도 앞에서는 꼼짝 못한다. _채드윅

12월 24일 단기 선교사

선교사의 삶을 경험하라

Short-Term Workers(STWs)

세계가 점점 좁아지면서, 과거 어느 때보다도 많은 젊은이들이 해외로 여행을 떠난다.

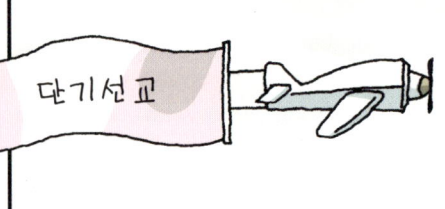

기독교인들은 단기 선교 사역으로 여행을 떠나는 경우가 많다.

경험이 미숙하고, 정신적으로 성숙해 있지 못하거나, 타 문화권에 대한 체험이 부족하면, 충격을 받을 수 있다.

"터키에서의 감옥 경험은 정말 무서웠어요."

부적절하고 제대로 준비되지 않은 단기 선교들은 장기 선교사들의 사역을 방해하고,

"나는 그런 적 없어요."

🞥 기도 제목

1. 단기 선교사들이 분명한 하나님의 부르심에 입각하여 파송되도록 기도하자.
2. 단기 선교 사역의 목적은 사역의 열매보다는 한 개인의 변화에 있다. 현지에서 선교하는 일보다는 단기 선교사 자신의 믿음 향상을 위해 노력하도록 기도하자.
3. 세상은 갈수록 더 위험한 곳이 되고 있다. 단기 선교사들이 이런 위험을 은혜로 경험하고 선교지에 대한 뜨거운 목자의 마음을 품도록 기도하자.
4. 단기 선교를 경험한 사람들이 타 문화권 장기 사역으로 헌신하거나, 국내에서 선교 동원 사역에 동참할 수 있도록 기도하자.

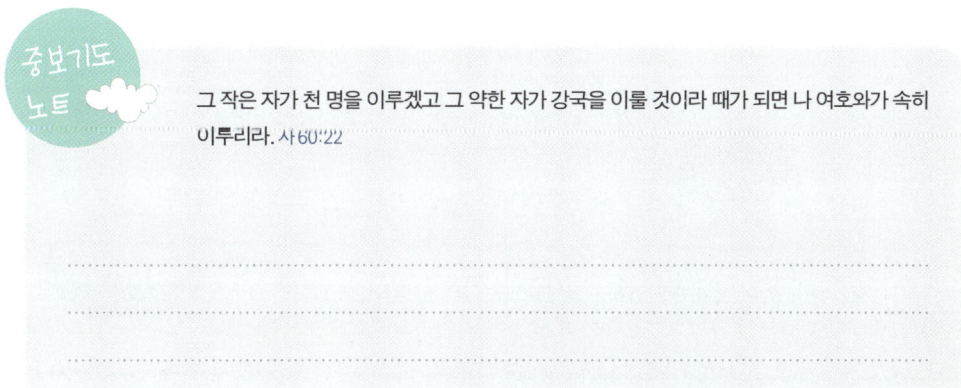

그 작은 자가 천 명을 이루겠고 그 약한 자가 강국을 이룰 것이라 때가 되면 나 여호와가 속히 이루리라. 사 60:22

뜨거움이 없는 기도는 항상 하늘에 닿기 전에 얼어버린다. _토머스 브룩스

12월 25일

학생 사역

학생이 변하면
나라가 변한다

Student Ministries

현재 전 세계에는 5천만 명 이상의 학생들이 4만 6천여 종합대학 및 단과대학에서 공부하고 있다.

아직도 몇몇 지역에서 학생들은 기독교의 영향을 받지 않은 채 공부하고 있다.

"미션 스쿨은 말만 들어 봤지요."

학생들의 세계는 지난 10년 동안 급진적으로 변했다.

"학생들이 너무너무 많이 변했어요."

진보를 주장하던 고등교육 기관들은 쾌락주의의 전당으로 변했다.

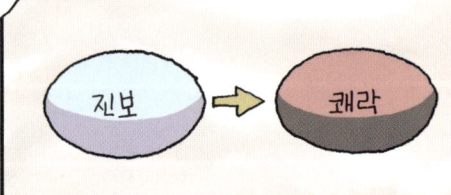

372

✚ 기도 제목

1. 현재까지 아무런 사역도 이루어지지 않은 대학에 복음 전도자가 공급되도록 기도하자. 특히 라틴아메리카, 무슬림 세계, 프랑스어권 아프리카, 유라시아 대학에 보급되도록 기도하자.

2. 바른 지도력이 급속히 변하는 학생 세계에 발휘되도록 기도하자. 고문, 순회 간사, 학생 지도자를 위해 기도하자.

3. 기독 학생과 주님 안에서의 성장을 위해, 이들 중에 전임으로 주님을 섬길 사람들이 생기도록 기도하자.

4. 수년 동안 학생 선교대회를 통해 많은 학생이 세계에 대한 비전을 품게 되었다. 주요 선교대회는 3년마다 열리는 미국 IVF(IFES)의 어바나 대회와 네덜란드에서 유럽 젊은이를 대상으로 역시 3년마다 열리는 TEMA 대회이다. 나이지리아, 한국의 선교한국, 라틴아메리카에서도 규모나 질적인 측면에서 세계적인 선교대회가 조직되고 있다. 이런 대회들을 통해 많은 청년이 세계 복음화를 위해 헌신하도록 기도하자.

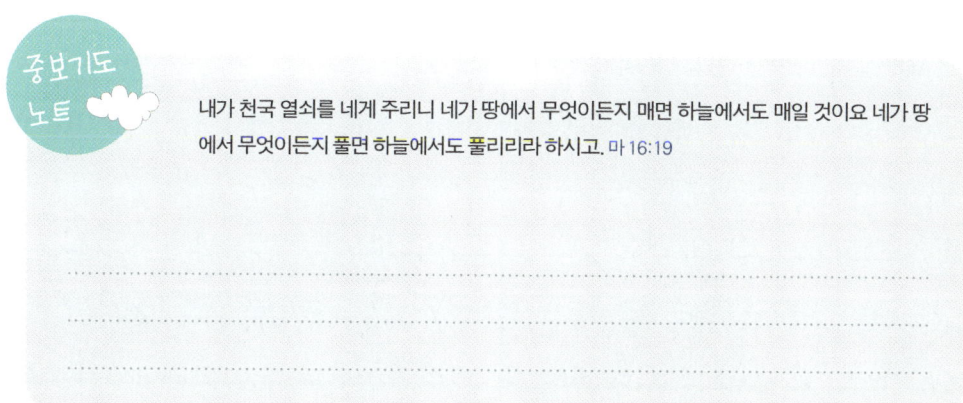

대부분의 기도가 하나님을 바꾸는 것이 아니라 기도하는 이를 바꿔준다. _미상

12월 26일　　　　　　　　　　　　　　　　　　　　　　어린이 사역

어린이는
나라의 미래다

Ministry to Children

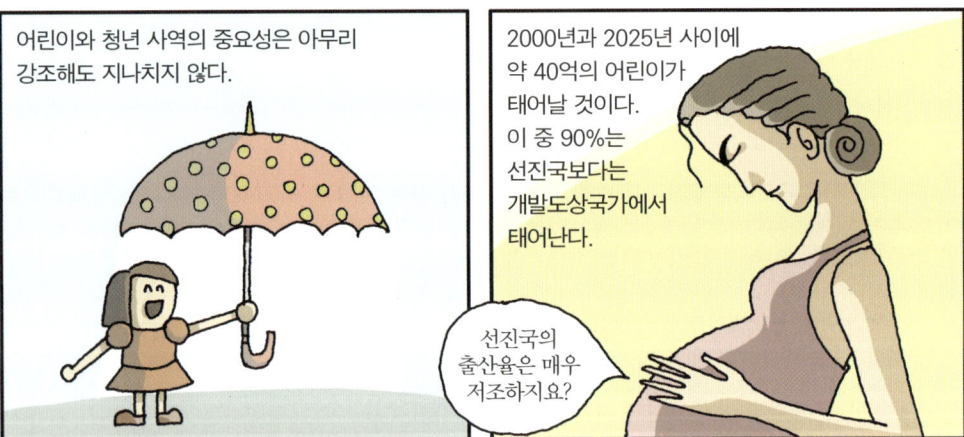

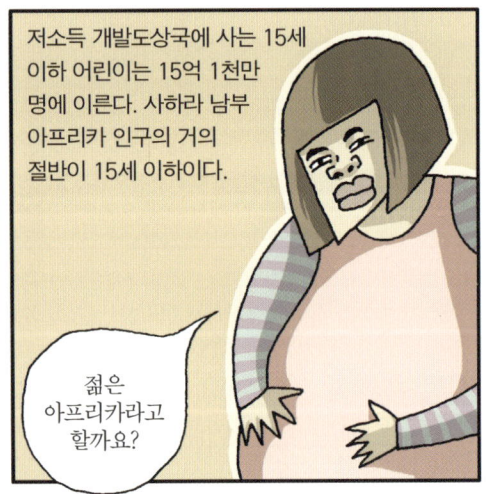

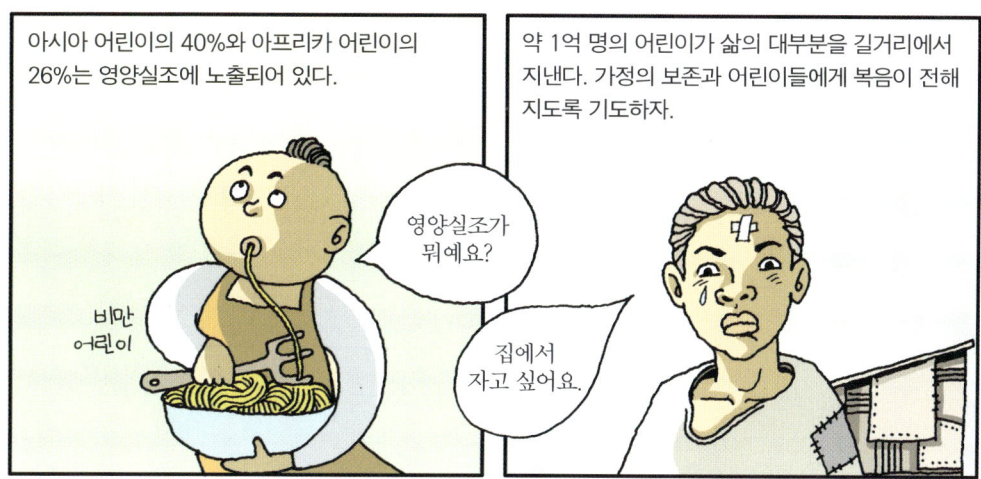

🟦 기도 제목

1. 가정의 울타리가 세계적으로 위협받고 있다. 서양에서는 부모가 모두 있는 안정된 가정은 특별하게 여겨질 정도이며 어린이들은 거의 복음을 접해본 적이 없다. 빈곤한 나라의 부모들은 계속되는 가난, 질병, 문맹, 불안한 삶에 지쳐서 자녀들을 돌아볼 여유조차 없다. 가정이 바로 서는 것이 어린이를 돌보는 것이다. 온 세상의 가정이 바로 서도록 기도하자.

2. 빚을 갚기 위해서 대략 1억 명의 어린이가 노예로 팔리거나 노동력으로 거래되었고, 이 가운데 1천만 명은 매춘부가 되었다. 2000년 60개 이상의 국가에서 무장 분쟁에 동원된 어린이는 30만 명에 이른다. 가련한 어린이들이 속박에서 벗어나 어린이답게 자라가도록 기도하자.

3. 전 세계에서 가족과 전혀 연락을 안 하거나 최소한의 연락만 하며 거리에서 지내는 어린이가 대략 1억 명에 달한다. 그중 대다수는 라틴아메리카 아이들이다. 어린이 난민의 수는 1992년 7백만 명에서, 2000년 전 세계 2150만 난민 중 18세 미만이 1천만 명으로 증가했다. 거리에서 지내는 아이들이 집으로 돌아갈 수 있도록 기도하자.

4. 1998년 한 해 동안 매일 8,500명 이상의 어린이와 젊은이들이 에이즈에 감염됐다. 아프리카 어린이 중 거의 8백만 명이 고아가 되었고, 최소한 1백만 명이 감염됐다. 1분마다 6명의 젊은이가 새로 에이즈에 감염된다. 에이즈에 걸린 어린이들을 위해 기도하자.

5. 선교사 자녀(MKs)들을 위해 기도하자. 선교사 자녀는 많은 훈련이 필요하다. 선교사 자녀가 예수 그리스도와 맺은 친밀한 관계를 통해 아동기를 영적으로 풍요롭게 보내도록 기도하자. 또한 많은 어린이가 활동적인 주님의 종으로 성장하도록 기도하자.

마땅히 행할 길을 아이에게 가르치라 그리하면 늙어도 그것을 떠나지 아니하리라. 잠 22:6

나의 생애는 기도의 응답으로 성립되어 있다. _찰스스펄전_

12월 27일

바른 신학의 확산이
이단을 누른다

이단 종파에 대한 복음 전도

Outreach to Sects or Cults

동서양에서 출발한 이단 종파가 전 세계적으로 증가하고 확산한 것은 20세기의 두드러진 현상이며,

21세기에도 이런 추세가 이어질 듯하다. 이것은 종교 다원주의 현상과 동시에 나타나고 있다.

몰몬교인 수는 1100만 명으로 폴리네시아와 라틴아메리카에서 놀라운 성장세를 보이고 있다.

몰몬교 선교사는 2000년 기준으로 150개국에서 약 6만 명이 사역 중이다.

✚ 기도 제목

1. 유사 기독교 운동에 빠진 사람들을 위해 기도하자. 일부는 영적인 무지 때문이고, 거듭난 기독교인들이 먼저 돌보지 못했기 때문이기도 하다. 이러한 이단을 버리고 그리스도 안에서 참된 자유를 맛보도록 기도하자.

2. 뉴에이지와 동양 종교 사상을 선호하는 서양 대중매체의 편견이 사라지고 기독교인들이 잘못된 사상을 잘 분별하도록 기도하자.

3. 구소련 등 과거 무신론 국가들의 영적 공허함은 그리스도의 진리로만 채울 수 있다. 진리가 온전히 선포되어 모든 사람이 거짓된 것을 바로 분별하도록 기도하자.

4. 기독교인들에게 이단 종파에 대한 정보를 제공하고, 이단에 빠진 사람들을 전도하며, 이단에 빠질 위험이 있는 사람들에게 경종을 울리기 위해서 세계 주요 언어로 적절한 문서와 비디오가 준비되도록 기도하자. 국내에서 이단과 싸우는 단체들을 위해 기도하자.

중보기도 노트

여호와께서 내게 이르시되 이스라엘 자손이 다른 신을 섬기고 건포도 과자를 즐길지라도 여호와가 그들을 사랑하나니 너는 또 가서 타인의 사랑을 받아 음녀가 된 그 여자를 사랑하라 하시기로. 호 3:1

"주님, 내가 당신을 사랑합니다"라는 기도처럼 높이 올라가는 기도는 없다. _캐슬

12월 28일　　　　　　　　　　　　　　　　　　　　　　　　도시 복음화

도시 복음화가
세계 선교의 길

Urban Evangelization

세계 인구의 절반이 도시나 도시 근교에 거주하는 것은 역사상 전례가 없는 일이다.

AD 2000 운동에 의하면, 1천만 이상이 사는 도시가 20개,

4백만 이상이 사는 도시가 60개, 1백만 이상이 사는 도시가 402개이다.

전 세계 인구의 거의 90%가 도시에서 거주하게 될 것이므로 21세기에는 세계 선교의 최대 과제는 도시가 될 것이다.

도시 선교

✚ 기도 제목

1. 전 세계 주요 비기독교 도시 복음화를 위한 적절한 전략을 위해 기도하자. 인종적, 종족적, 언어적, 사회적, 종교적 요소들이 복잡하게 얽힌 현대 도시에서 모든 집단에게 복음을 전하려면 전면적으로 총력을 기울여야 한다. 도시 선교의 성취를 위해 반드시 협조가 필요한 많은 교회와 선교단체가 도시 선교를 강조하는 선교대회들을 통해서 효과적인 협력 관계를 맺도록 기도하자.

2. 도시 빈민은 도시 선교의 가장 큰 과제이다. 남미, 아프리카, 아시아의 여러 지역에서 광대한 빈민가와 무허가 판자촌이 우후죽순처럼 생겨났다. 열악한 조건과 지저분한 환경 때문에 기독교 사역이 쉽지 않지만, 교회가 이들을 도울 수 있는 방법에 대한 지혜를 주시도록 기도하자.

3. 풍요를 누리고 있는 서구의 많은 도시가 그 중심에서부터 부패하고 있다. 실업, 가난, 마약 남용, 범죄와 절망이 만연되어 있다. 도시 선교에 힘을 기울이는 많은 기관을 위해 기도하자.

4. 수억 명의 사람들이 가능한 한 빠르고 효과적인 방법으로 그리스도의 말씀을 들어야 한다. 모든 매체들이 동원되어 도시의 영적 기후를 바꿀 수 있도록 기도하자.

중보기도 노트

내가 나와 나의 종 다윗을 위하여 이 성을 보호하여 구원하리라 하셨나이다 하였더라.
_왕하 19:34_

다른 이를 위해 기도하는 것이 곧 자신을 위해 기도하는 것이다. _유대 속담_

12월 29일 | 세계 복음화를 위한 국제 협력

다양한 협력이 세계 복음화를 앞당긴다

International Cooperation for World Evangelization

세계 선교운동은 더 이상 서구의 것만이 아닌 세계적인 것이 되었으며, 다양한 협력 사역이 필요하다.

각종 문화적, 신학적 차이에도 불구하고, 그리스도의 몸으로서 영적 연합을 이루도록 기도하자.

지역교회, 선교단체, 신학교육 기관 간의 협력이 이루어져야 한다.

"저도 참여할래요."

많은 교회, 선교단체, 신학교가 지상명령의 성취를 위해 독불장군처럼 애쓰다가 다른 공동체에 해를 입히기도 한다.

"우리가 다 할 거야."

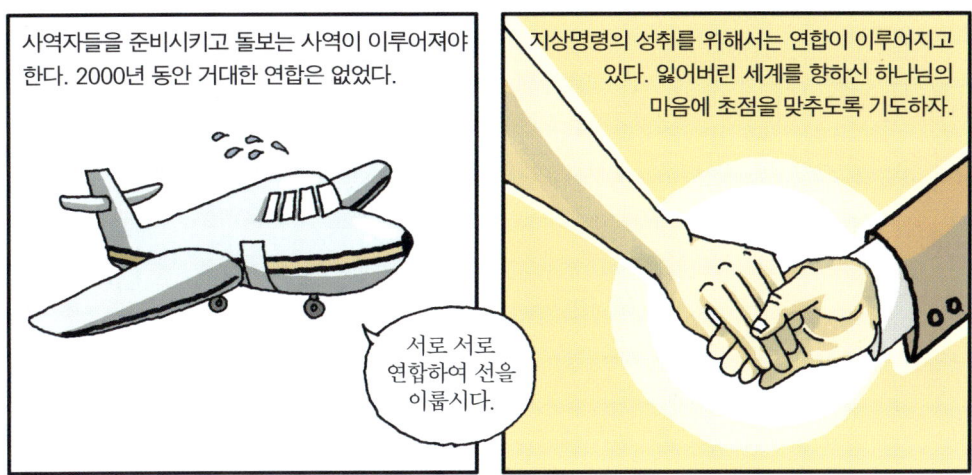

✚ 기도 제목

1. 세계가 각종 문화적, 신학적 차이에도 불구하고 그리스도의 몸으로서 영적 연합을 이루도록 기도하자. 이는 그리스도께서 직접 기도하신 것이므로 우리도 동일하게 기도해야 한다. 모든 지역에서 영적 연합이 분명하게 드러나도록 기도하자.

2. 2,000년 동안 여러 대회에서 신학적, 구조적, 관계상의 문제들에 대해 씨름했지만 지상명령의 성취만을 위해서 회의를 소집한 것은 최근의 일이다. 세계 복음화에 마음을 모아 잃어버린 세계를 향하신 하나님의 마음에 이르도록 기도하자.

3. 1966년 베를린에서 회의가 열린 이후 복음주의 진영에서는 세계 대회를 통해 협력 관계가 증진되었고, 비전을 품었으며, 네트워크가 힘을 얻게 되었다. 모든 대회와 회의가 성령님의 인도하심에 따라 올바른 지도자 및 참석자들을 주축으로 진행되도록 기도하자.

4. AD 2000 운동의 효과적인 후속 사역이 있어야 한다. 1990년대에 복음 전도가 미미한 지역과 적극적인 단체 및 교회들의 네트워크에 초점을 맞춘 사역으로 놀라운 결과를 얻은 AD 2000 사역이 계속 이어져 나가도록 기도하자.

중보기도 노트

몸이 하나요 성령도 한 분이시니 이와 같이 너희가 부르심의 한 소망 안에서 부르심을 받았느니라. 엡 4:4

당신은 기도를 운전대로 아는가? 아니면 스페어타이어로 아는가? _데이비드 김

12월 30일 　　　　　　　　　　　　　　　　　　　세계기도정보

세계를 가슴에 품고 기도하라

Operation World

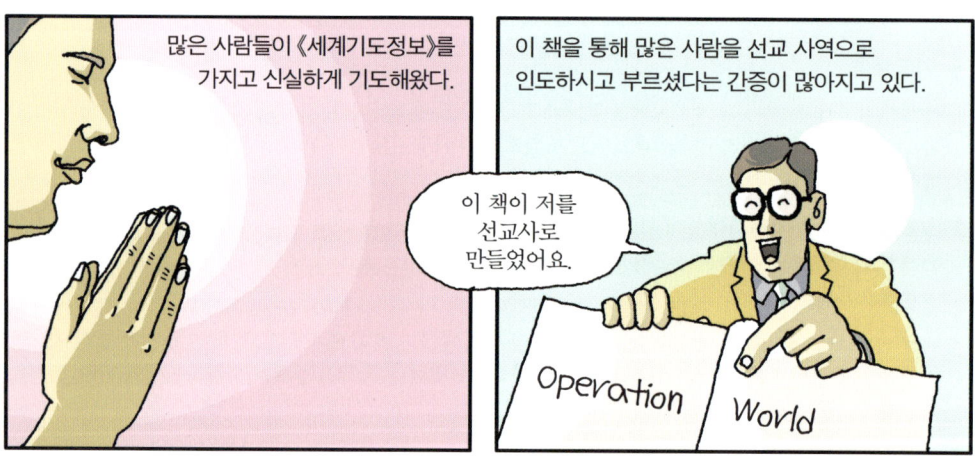

✚ 기도 제목

1. 영어 6판은 지금까지 발간된《세계기도정보》중 최대 규모일 것이다. 이 책을 수많은 기독교인들에게 전달하려는 과감한 배포 계획이 실현되도록 기도하자. 경제적으로 어려운 국가들에도 보조금을 통해 이 책이 배포되는 기회가 생기도록 기도하자.

2. 한국에서 누구나 쉽게 기도할 수 있도록 만들어진《만화 열방기도정보》를 통해 많은 사람이 기도에 동참하여 세계적인 기도 네트워크가 형성되도록 기도하자.

3. 청소년과 젊은이를 위해, 웹사이트에서 열람이 가능한 전자판《세계기도정보》를 내자는 논의가 이루어지고 있다. 이러한 논의의 결과로, 15~25세의 젊은이들을 자국과 해외에서 선교에 적극적으로 동참시키려는 도전의 도구로 사용할 수 있는, 문화적으로 적절한 개정판이 나오도록 기도하자.

4. 이제는 과거처럼 한 사람이 계속 이 책을 만들지 않고, 불특정한 팀 사역을 통해 이 책이 만들어질 것이다. 다음 판《세계기도정보》를 위해서 적합한 사람들이 비전, 강한 동기, 인내를 가지고 연합하도록 기도하자.

중보기도 노트

야베스가 이스라엘 하나님께 아뢰어 이르되 주께서 내게 복을 주시려거든 나의 지역을 넓히시고 주의 손으로 나를 도우사 나로 환난을 벗어 내게 근심이 없게 하옵소서 하였더니 하나님이 그가 구하는 것을 허락하셨더라. 대상 4:10

네가 생명을 사랑한다면 기도를 사랑하라. _존 낙스_

12월 31일　　　　　　　　　　　　　　　　　　　　　　　주의 재림

주 예수여, 오시옵소서

The Lord's Return

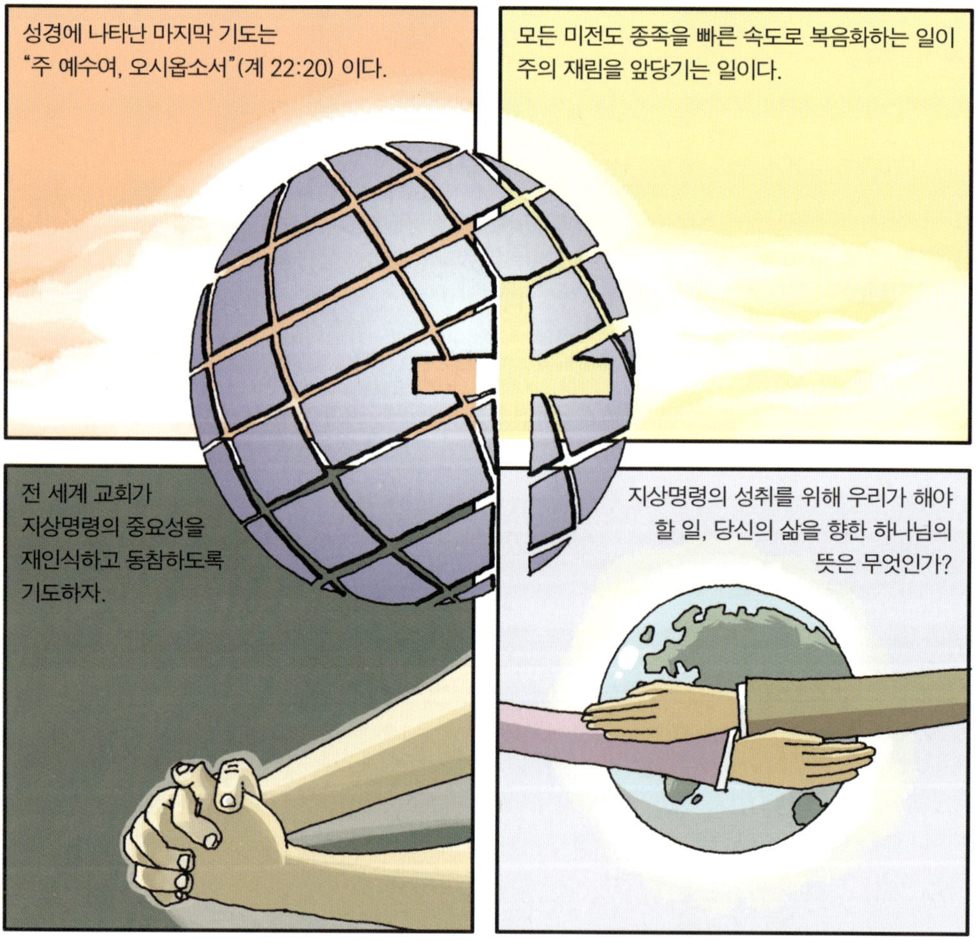

성경에 나타난 마지막 기도는 "주 예수여, 오시옵소서"(계 22:20) 이다.

모든 미전도 종족을 빠른 속도로 복음화하는 일이 주의 재림을 앞당기는 일이다.

전 세계 교회가 지상명령의 중요성을 재인식하고 동참하도록 기도하자.

지상명령의 성취를 위해 우리가 해야 할 일, 당신의 삶을 향한 하나님의 뜻은 무엇인가?

✚ 기도 제목

1. 모든 미전도 종족, 지역, 도시, 국가를 최대한 빠른 속도로 복음화시킬 수 있도록 기도하자.
2. 전 세계 교회가 사역에서 지상명령의 중요성을 재인식하고 기도로 동참하도록 기도하자.
3. 지상명령의 성취를 위해 우리가 해야 할 일은 무엇인가? 당신의 삶을 향한 하나님의 뜻은 무엇인가를 분별하여 하나님께서 진 세계의 필요와 관련해 어떤 일을 명하시더라도 순종할 준비를 할 수 있도록 기도하자.
4. 한국 교회가 선교를 향한 열정을 갖고, 선교를 위해 더 헌신하도록 기도하자.

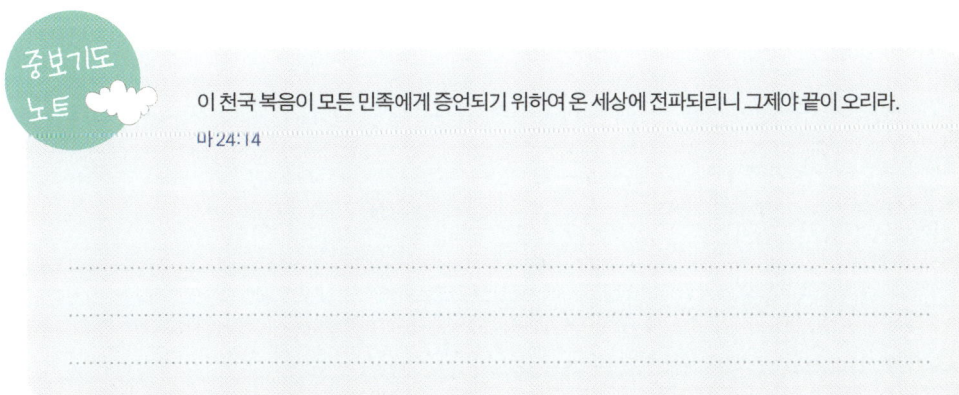

기도 속에는 마음 없는 말보다 말 없는 마음이 더 요긴하다. _존 번연

감사의말

이 책은 시작부터 마지막까지 주님이 하셨습니다. 《세계기도정보》의 저자인 패트릭 존스톤의 수고 없이는 이 책이 만들어질 수 없었습니다. 손수 추천까지 해주셔서 감사합니다. 또한 순회선교단의 김용의 선교사님과 '기도 24·365 본부'의 조완순 선교사님, 그리고 수많은 기도자들의 기도를 잊을 수 없습니다.

또한 이 책을 만들기로 용단을 내리시고 후원하신 도서출판 넥서스의 임준현 사장님, 자기 일처럼 매달려 수고해주신 김정일 목사님에게 감사드리며, 함께 작업한 박상철 형제와 김지혜, 엄혜옥 자매, 그 밖의 편집부 여러분에게도 감사드립니다. 또한 뒤에서 말없이 기도해주신 나정숙 목사님, 신학적 배경이 되어주신 백금산 목사님, 그리고 가장 가까이에서 응원을 아끼지 아니한 아내와 두 아들에게도 고마움을 표합니다.

무엇보다 내 속에서 착한 일을 시작하신 성삼위 하나님께 영광을 돌립니다.

2008년 12월
기도에 빚진 자
김종두

부록

로잔 언약(1974)

이 언약은 1974년 7월 16일부터 25일까지 스위스 로잔에서 모였던 세계 복음화 국제대회의 대표 3천7백여 명(150여 국가로부터 모였음)이 합의하고 서명한 것이다. 이 글의 초안은 세계적인 복음주의자 존 스토트가 작성하였다.

머리말

로잔에서 열린 세계 복음화 국제 대회에 참가하기 위하여 150여 개 나라에서 온 예수 그리스도의 교회의 지체인 우리는 그 크신 구원을 주신 하나님을 찬양하며, 하나님께서 우리로 하나님과 교제하게 하시며 우리 상호 간에 교제하게 하심을 기뻐한다. 우리는 하나님께서 우리 시대에 행하시는 일에 깊은 감동을 받으며 우리의 실패를 통회하고 아직 미완성으로 남아 있는 복음화 사역에 도전을 받는다. 우리는 복음이 온 세계를 위한 하나님의 좋은 소식임을 믿으며 이 복음을 온 인류에 선포하여 모든 민족으로 제자 삼으라 분부하신 그리스도의 명령에 순종할 것을 그의 은혜로 결심한다. 그러므로 우리는 이 신앙과 그 결단을 확인하고 이 언약을 공포하려 한다.

1. 하나님의 목적

우리는 세상의 창조주이시며 주 되신 영원한 한 분 하나님, 곧 성부, 성자, 성령에 대한 우리의 신앙을 확인한다. 하나님은 그의 뜻과 목적에 따라 만물을 통치하신다. 그는 자기를 위하여 세상으로부터 한 백성을 불러내시며 다시금 그들을 세상으로 내보내시어 그의 나라의 확장과 그리스도의 몸의 건설과 그의 이름의 영광을 위하여 그의 부름 받은 백성을 그의 종과 증인이 되게 하신다.

우리는 종종 세상에 동화되거나 세상으로부터 도피함으로 우리의 소명을 부인하고 우리의 선교 사역에 실패하였음을 수치스럽게 생각하며 이를 고백한다. 그러나 복음은 비록 질그릇에 담겼을지라도 귀중한 보배임을 기뻐하며 성령의 능력으로 이 보배를 널리 선포하는 일에 우리 자신을 새롭게 헌신하려고 한다. (사 40:28; 마 28:19; 엡 1:11; 행 15:14; 요 17:6,18; 엡 4:12; 고전 5:10; 롬 12:2; 고후 4:7)

2. 성경의 권위와 능력

우리는 신구약 성경이 하나님의 영감으로 기록되었음을 믿으며 그 진실성과 권위를 믿는다. 성경은 그 전체가 기록된 하나님의 유일한 말씀으로서 그 모든 가르치는(affirm) 바에 전혀 착오가 없으며, 신앙과 행위에 있어 유일하고 정확 무오한 규준임을 믿는다. 하나님의 말씀은 또한 그의 구원 목적을 이루시는 하나님의 능력이다. 성경 말씀은 온 인류를 위한 것이다. 이는 그리스도와 성경에 나타난 하나님의 계시는 불변하기 때문이다. 그 계시를 통하여 성령은 오늘도 말씀하신다. 성령은 어떤 문화 속에서나 하나님의 모든 백성의 마음을 깨우치사 그들의 눈으로 친히 이 진리를 새롭게 보게 하시고 하나님의 여러 모양의 지혜를 온 교회에 더욱더 풍성하게 나타내신다. (딤후 3:16; 벧후 1:21; 요 10:35; 사 55:11; 고전 1:21; 롬 1:16; 마 5:17~18; 유 3; 엡 1:17~18; 3:10,18)

3. 그리스도의 유일성과 보편성

우리는, 전도의 방법은 여러 가지이나 구세주는 오직 한 분이시요, 복음도 오직 하나임을 확인한다. 우리는 자연에 나타난 하나님의 일반 계시를 통해서 모든 사람이 하나님에 관한 어느 정도의 지식이 있음은 인정한다. 그러나 우리는 사람이 이것으로 구원받을 수 있다는 주장은 부인한다. 이는 사람이 자신의 불의로써 진리를 억압하고 있기 때문이다. 우리는 또한 여하한 형태의 혼합주의를 거부하며, 그리스도께서 어떤 종교나 어떤 이네올로기를 통해서도 통일한 말씀을 하신다는 식의 대화는 그리스도와 복음을 손상시키므로 이를 거부한다. 예수 그리스도는 유일하신 신인(神人)으로 죄인을 위한 유일한 대속물로 자신을 주셨고, 하나님과 사람 사이의 유일한 중보자이시다. 예수 이름 외에 우리가 구원받을 다른 이름은 없다. 죄로 말미암아 모든 사람이 멸망하고 있다. 그러나 하나님은 모든 사람을 사랑하시어 한 사람도 멸망하지 않고 모두가 회개할 것을 원하신다. 그럼에도 불구하고 그리스도를 거절하는 자는 구원의 기쁨을 거부하며 스스로를 정죄함으로써 하나님으로부터 영원히 분리된다.

예수를 '세상의 구주'로 전파함은 모든 사람이 자동적으로 혹은 궁극적으로 구원받게 된다는 말이 아니며 또 모든 종교가 그리스도 안에 있는 구원을 제공한다고 보장하는 것은 더욱 아니다. 예수를 '세상의 구주'로 전하는 것은 오히려 죄인들이 사는 세상을 향한 하나님의 사랑을 선포하는 것이며 마음을 다한 회개와 신앙의 인격적인 결단으로 예수를 구세주와 주로 영접하도록 모든 사람을 초청하는 것이다. 예수 그리스도는 모든 다른 이름 위에 높임을 받으셨다. 우리는 모든 사람이 그 앞에 무릎을 꿇게 되고 모든 입이 그를 주로 고백하게 되는 날이 오기를 고대한다. (갈 1:6~9; 롬 1:18~32; 딤전 2:5~6; 행 4:12; 요 3:16~19; 벧후 3:9; 살후 1:7~9; 요 4:42; 마 11:28; 엡 1:20~21; 빌 2:9~11)

4. 전도의 본질

전도한다는 것은 기쁜 소식을 널리 전파하는 것이며, 기쁜 소식이라 함은 예수 그리스도께서 성경대로 우리 죄를 위하여 죽으시고 죽은 자로부터 다시 살아나시사 통치하시는 주로서 지금도 회개하고 믿는 모든 이들에게 사죄와 성령의 자유하게 하시는 은사를 공급하신다는 것이다. 전도하기 위하여 우리 그리스도인이 이 세상에 있어야 함은 불가피하며, 마찬가지로 상대방을 이해하려면 대화를 경청하는 것은 불가피한 일이다. 그러나 전도 그 자체는 사람들로 하여금 인격적으로 하나님께 나아가 하나님과 화목하도록 설득하기 위하여 역사적 성서적 그리스도를 구세주요, 주로 선포하는 것이다. 복음에로 초대함에 있어 제자 된 값을 치러야 한다는 사실을 무시해서는 안 된다. 예수께서는 오늘도 당신을 따르는 모든 사람으로 하여금 자기를 부인하고 자기 십자가를 지고 그의 새로운 공동체에 속하였음을 분명히 하도록 부르신다. 전도의 결과는 그리스도께 대한 순종과 그의 교회와의 협력, 세상에서의 책임 있는 봉사를 포함한다. (고전 15:3~4; 행 2:32~39; 요 20:21; 고전 1:23; 고후 4:5; 5:11,20; 눅 14:25~33; 막 8:34; 행 2:40,47; 막 10:43~45)

5. 그리스도인의 사회적 책임

우리는 하나님이 모든 사람의 창조주이신 동시에 심판주이심을 믿는다. 그러므로 우리는 인간 사회 어디서나 정의와 화해를 구현하시고 인간을 모든 압박으로부터 해방시키시려는 하나님의 관심에 동참하여야 한다. 사람은 하나님의 형상대로 창조되었기 때문에 인종, 종교, 피부색, 문화, 계급, 성 또는 연령의 구별 없이 모든 사람은 천부적 존엄성을 지니고 있으며 따라서 사람은 서로 존경받고 섬김을 받아야 하며 누구나 착취당해서는 안 된다. 이 사실을 우리는 등한시하여 왔고, 또는 종종 전도와 사회 참여가 서로 상반된 것으로 잘못 생각한 데 대하여 뉘우친다. 사람과의 화해가 곧 하나님과의 화해는 아니며, 또 사회 참여가 곧 전도일 수 없으며, 정치적 해방이 곧 구원은 아닐지라도, 전도와 사회·정치적 참여는 우리 그리스도인의 의무의 두 부분임을 인정한다. 이 두 부분은 모두 하나님과 인간에 대한 교리와 이웃을 위한 사랑, 그리고 예수 그리스도에 대한 우리의 순종의 필수적 표현들이기 때문이다. 구원의 메시지는 모든 소외와 압박과 차별에 대한 심판의 메시지를 내포한다. 그러므로 우리는 악과 부정이 있는 곳에서는 어디서나 이것을 공박하는 일을 두려워해서는 안 된다. 사람이 그리스도를 영접하면 그의 나라에 다시 태어난다. 따라서 그들은 불의한 세상 속에서 그 나라의 의를 나타낼 뿐만 아니라 그 나라의 의를 전파하기에 힘써야 한다. 우리가 주장하는 구원은 우리로 하여금 개인적 책임과 사회적 책임을 총체적으로 수행하도록 우리를 변화시켜야 한다. 행함이 없는 믿음은 죽은 것이다. (행 17:26,31; 창 18:25; 사 1:17; 시 45:7; 창 1:26~27; 약 3:9; 레 19:18; 눅 6:27,35; 약 2:14~26; 요 3:3,5; 마 5:20; 6:33; 고후 3:18; 약 2:20)

6. 교회와 전도

하나님 아버지께서 그리스도를 세상에 보내신 것과 같이 그리스도는 그의 구속받은 백성을 세상으로 보내심을 우리는 확인한다. 이 소명은 그리스도께서 하신 것과 같이 세상 깊숙이 파고드는 희생적인 침투를 요구한다. 우리는 우리 교회의 '울타리'를 헐고 불신 사회에 침투해 들어가야 한다. 교회가 희생적으로 해야 할 일 중에서 전도는 최우선적인 것이다. 세계 복음화는 온 교회가 온전한 복음을 온 세계에 전파할 것을 요구한다. 교회는 하나님의 우주적 목적의 바로 중심에 서 있으며 복음을 전파할 목적으로 하나님께서 지정하신 수단이다. 그러나 십자가를 설교하는 교회는 스스로 십자가의 흔적을 지녀야 한다. 교회가 만일 복음을 배반하거나 하나님께 대한 산 믿음이 없거나 혹은 사람에 대한 진실한 사랑이 없거나 사업 추진과 재정을 포함한 모든 일에 있어서 철저한 정직성이 결여될 때, 교회는 오히려 전도의 장애물이 되어버린다. 교회는 하나의 기관이라기보다 하나님의 백성의 공동체이다. 따라서 어떤 특정한 문화적, 사회적 또는 정치적 체제나 인간의 이데올로기와 동일시되어서는 안 된다. (요 17:18; 20:21; 마 28:19~20; 행 1:8; 20:27; 엡 1:9~10; 3:9~11; 갈 6:14,17; 고후 6:3~4; 딤후 2:19~21; 빌 1:27)

7. 전도를 위한 협력

교회가 진리 안에서 보기에도 참으로 분명한 일치를 이루는 것이 하나님의 목적임을 우리는 확인한다. 전도는 또한 우리를 하나가 되도록 부른다. 이는 우리의 불일치가 우리가 전하는 화해의 복음을 손상시키듯이 우리의 하나 됨은 우리의 증거를 더욱 힘 있게 만들기 때문이다. 조직적 일치는 여러 형태가 있으나 그것이 반드시 전도를 위한 것이 아닐 수도 있음을 시인한다. 그럼에도 불구하고 동일한 성서적 신앙을 소유한 우리는 교제와 사역과 전도에 있어서 긴밀하게 일치단결하지 않으면 안 된다. 우리의 증거나 때로는 사악한 개인주의와 불필요한 중복으로 인하여 누를 입을 경우가 많음을 고백한다. 우리는 진리와 예배와 거룩함과 선교에 있어서 보다 깊은 일치를 추구할 것을 약속한다. 우리는 교회의 선교 사역을 확장하기 위하여, 전략적 계획을 위하여, 상호 격려를 위하여 그리고 자원과 경험을 서로 나누기 위하여 지역적이며 기능적인 협력을 개발시킬 것을 촉구한다. (요 13:35; 17:21,23; 엡 4:3~4; 빌 1:27; 요 17:11~23)

8. 교회의 선교 협동

선교의 새 시대가 동트고 있음을 우리는 기뻐한다. 서방 선교의 주도적 역할은 급속히 사라져가고 있다. 하나님은 신생 교회 중에서 세계 복음화를 위한 위대하고도 새로운 자원을 불러일으키고 계신다. 그리하여 전도의 책임이 그리스도의 몸 전체에 속해 있음을 밝히 보여주신다. 그러므로 모든 교회는 개교회가 속해 있는 지역을 복음화함과 동시에 세계의 다른 지역에도 선교사를 보내기 위하여 무엇을 해야 할 것인가를 하나님과 자신에게 물어야 할 것이다. 우리의 선교 책임과 선교 역할에 대한 재평가는 계속되어야 한다. 이렇게 하여 교회들 간의 협동은 더욱 강화될 것이며, 그리스도 교회의 보편성은 더 분명하게 드러나게 될 것이다. 우리는 또한 성서 번역, 신학 교육, 매스미디어, 기독교 문서 사업, 전도, 선교, 교회 갱신, 기타 특수 분야에서 일하는 여러 기관으로 인하여 하나님께 감사한다. 이런 기관들도 교회 선교의 한 사역자로서 그 효율성을 평가하기 위하여 지속적인 자기 검토를 해야 한다. (롬 1:8; 빌 1:5; 4:15; 행 13:1~3; 살전 1:6~8)

9. 복음 전도의 긴박성

인류의 3분의 2 이상에 해당하는 27억 이상의 인구가 아직도 복음화되어야 한다. 우리는 이토록 많은 사람이 아직도 등한시되고 있다는 사실을 부끄럽게 생각한다. 이는 우리와 온 교회에 대한 끊임없는 견책이다. 그러나 오늘날 세계 도처에서는 주 예수 그리스도에 대하여 전례 없는 수용 자세를 보이고 있다. 지금이야말로 교회와 모든 교회 기관들이 복음화되지 못한 이들의 구원을 위하여 열심히 기도하고 세계 복음화를 성취하기 위한 새로운 노력을 시도해야 할 때임을 확신한다.

이미 복음이 전파된 나라에 해외 선교사와 선교비를 감축하는 일은 토착 교회의 자립심을 기르기 위하여 혹은 아직 미복음화 지역으로 그 자원을 회전시키기 위하여 때로는 필요한 경우도 있을 것이다. 선교사들이 겸손한 섬김의 정신으로 더욱더 자유롭게 육대주 전역에 걸쳐 교류되어야 할 것이다.

목표는, 가능한 모든 수단을 총동원하여, 되도록 빠른 시일 안에 한 사람도 빠짐없이 이 좋은 소식을 듣고, 깨닫고, 받아들이게 할 기회를 제공하는 일이다. 희생 없이 이 목적을 성취한다는 것은 기대할 수가 없다. 수천 수백만이 당하고 있는 빈곤에 우리 모두가 충격을 받으며, 이 빈곤의 원인인 불의에 대하여 분개한다. 우리 중에 풍요한 환경 속에 살고 있는 이들은 검소한 생활양식을 개발하여 구제와 전도에 보다 많이 공헌하는 것이 우리의 의무임을 확신한다. (요 9:4; 마 9:35~38; 롬 9:1~3; 고전 9:19~23; 막 16:15; 사 58:6~7; 약 1:27; 2:1~9; 마 25:31~46; 행 2:44~45; 4:34~35)

10. 전도와 문화

세계 복음화를 위한 전략 개발에는 대범한 개척적 방법이 요청된다. 하나님의 뜻을 따라 복음 전도의 결과, 그리스도 안에 깊이 뿌리내리고 동시에 그들의 문화에 밀접하게 적응된 여러 교회들이 일어날 것이다. 문화는 항상 성경을 표준으로 검토되고 판단받아야 한다. 사람은 하나님의 피조물이기 때문에 인류문화의 어떤 것은 매우 아름답고 선하다. 그러나 인간의 타락으로 인하여 그 전부가 죄로 물들었고 어떤 것은 악마적이다. 복음은 한 문화가 다른 어떤 문화보다 우월하다고 전제하지 않는다. 오히려 복음은 모든 문화를 그 자체의 진리의 정의를 표준으로 평가하고 모든 문화에 있어서 도덕적 절대성을 주장한다. 선교는 지금까지 복음과 함께 이국 문화를 수출하는 일이 너무 많았고, 교회는 종종 성경에 매이기보다 문화에 매이는 경우가 많았다. 모름지기 그리스도의 전도자는 겸손하게 자기를 온전히 비우기를 힘써야 한다. 다만 그의 인격의 가장 진실한 것만을 간직하여 다른 사람의 종이 되어야 한다. 그리하여 교회는 문화를 변형시키고 풍요하게 만들기에 힘쓰되 모든 것을 하나님의 영광을 위해서 해야만 한다. (막 7:8~9,13; 창 4:21~22; 고전 9:19~23; 빌 2:5~7; 고후 4:5)

11. 교육과 지도력

우리는 때때로 교회 성장을 추구한 나머지 교회의 깊이를 포기하는 결과를 가져왔고, 또한 전도를 신앙적 육성으로부터 분리시켜왔음을 고백한다. 또한 우리 선교 단체 중에는 현지 지도자로 하여금 그들의 마땅한 책임을 감당할 수 있도록 준비시키고 격려하는 일에 매우 소홀했음을 인정한다. 그러나 이제 우리는 토착화 원칙을 믿고 있으며 모든 교회가 현지 지도자들을 등용하여 그들로 하여금 지배자로서가 아닌 봉사자로서의 기독교 지도자상을 제시할 수 있기를 갈망한다. 신학 교육의 개선이 크게 요구되고 있음을 인정한다. 모든 민족과 문화권에 있어서 교리, 제자도, 전도, 교육 및 봉사의 각 분야에 목회자, 평신도를 위한 효과적인 훈련 계획이 수립되어야 한다. 그러한 훈련 계획은 틀에 박힌 전형적인 방법에 의존할 것이 아니라 성서적 표준을 따라 지역적인 독창성에 의하여 전개시켜 나가야 한다. (골 1:27~28; 행 14:23; 딘 1:5,9; 마 10:42~45; 엡 4:11~12)

12. 영적 싸움

우리는 우리가 악의 권세와 능력과의 부단한 영적 싸움에 참여하고 있음을 믿는다. 그것들은 교회를 전복시키고 세계 복음화를 위한 교회의 사역을 좌절시키려고 한다. 우리는 하나님의 전신갑주로 자신을 무장하고 진리와 기도의 영적 무기를 가지고 이 싸움을 싸워야 한다는 것을 안다. 이는 교회 밖에서의 거짓 이데올로기 속에서뿐만 아니라 교회 안에서까지도 성경을 왜곡시키며 사람을 하나님의 자리에 놓는 거짓 복음 속에서 적이 활동하고 있음을 발견하기 때문이다. 우리는 성서적 복음을 수호하기 위하여 깨어 있어야 하며 분별력이 있어야 한다. 우리는 우리 자신이 세속적인 생각과 행위, 즉 세속주의에 면역되어 있지 않다는 사실을 인정한다.

예를 들면 숫자석으로나 영적으로 교회 성장에 대한 세심한 연구는 정당하고 가치 있는 일임에도 우리는 종종 이런 연구를 게을리하였으며, 어떤 경우에는 복음에 대한 반응에만 열중하여 우리의 메시지를 타협시켰고 강압적 기교를 통하여 청중을 교묘히 조종하였고 지나치게 통계에 집착한 나머지 통계를 부정직하게 기록하는 때도 있었다. 이 모든 것이 세속적인 것이다. 교회가 세상 속에 있어야 하지만 세상이 교회 속에 있어서는 안 된다. (엡 6:12; 고후 4:3~4; 엡 6:11,13~18; 고후 10:3~5; 요일 2:18~26; 4:1~3; 갈 1:6~9; 고후 2:17; 4:2; 요 17:15)

13. 자유와 핍박

모든 정부는 교회가 간섭받지 않으면서 하나님께 순종하고, 주 그리스도를 섬기며, 복음을 전파하도록 평화와 정의와 자유를 보장해야 할 의무를 하나님께로부터 받고 있다. 그러므로 우리는 모든 나라의 지도자들을 위하여 기도하며 그들이 사상과 양심의 자유를 보장하고 하나님의 뜻을 따라, 그리고 유엔 인권 선언에 규정한 바와 같이 종교를 믿으며 전파할 자유를 보장해줄 것을 요청한다. 우리는 또한 부당하게 투옥된 사람들, 특히 주 예수 그리스도를 증거 하기 때문에 고난받는 우리 형제들을 위하여 깊은 우려를 표한다. 우리는 그들의 자유를 위하여 기도하며 힘쓸 것을 약속한다. 동시에 우리는 그들의 생명을 걸게 하는 협박을 거부한다. 하나님께서 우리를 도와주시기 때문에 우리는 어떤 대가를 치르더라도 불의에 대항하여 복음에 충성하기를 힘쓸 것이다. 핍박이 없을 수 없다는 예수님의 경고를 우리는 잊지 않는다. (딤전 1:1~4; 행 4:19; 5:29; 골 3:24; 히 13:1~3; 눅 4:18; 갈 5:11; 6:12; 마 5:10~12; 요 15:18~21)

14. 성령의 능력

우리는 성령의 능력을 믿는다. 아버지 하나님은 그의 영을 보내시어 아들에 대하여 증거 하게 하신다. 그의 증거 없이 우리의 증거는 헛되다. 죄를 깨닫고, 그리스도를 믿고, 새로 중생하고, 그리스도인으로 성장하는 이 모든 것이 성령의 역사이다. 뿐만 아니라 성령은 선교의 영이시다. 그러므로 전도는 성령 충만한 교회로부터 자발적으로 일어나야 한다. 교회가 선교하는 교회가 되지 못할 때 그 교회는 자기모순에 빠져 있는 것이요, 성령을 소멸하고 있는 것이다. 전 세계 복음화는 오직 성령이 교회를 진리와 지혜, 믿음과 거룩함과 사랑과 능력으로 새롭게 할 때에만 실현 가능케 될 것이다. 그러므로 우리는 모든 그리스도인들이 그러한 하나님의 전능하신 성령의 역사를 위하여 기도할 것을 요청하며, 성령의 모든 열매가 그의 모든 백성에게 나타나고, 그의 모든 은사가 그리스도의 몸을 충성하게 하도록 기도할 것을 호소한다. 그때에야 비로소 온 교회는 하나님의 손에 있는 합당한 도구가 될 것이요, 온 땅은 하나님의 음성을 듣게 될 것이다. (고전 2:4; 요 15:26~27; 16:8~11; 고전 12:3; 요 3:6~8; 고후 3:18; 요 7:37~39; 살전 5:19; 행 1:8; 시 85:4~7; 67:1~3; 갈 5:22~23; 고전 12:4~31; 롬 12:3~8)

15. 그리스도의 재림

우리는 예수 그리스도께서 친히 권능과 영광 중에 인격적으로 그리고 눈으로 볼 수 있도록 재림하시어 그의 구원과 심판을 완성시킬 것을 믿는다. 이 재림의 약속은 우리의 전도를 가속화시킨다. 이는 먼저 복음이 모든 민족에게 전파되어야 한다고 하신 그의 말씀을 우리가 기억하기 때문이다. 그리스도의 승천과 재림 사이의 중간 기간은 하나님의 백성의 선교 사역으로 채워져야 한다고 우리는 믿는다. 그러므로 종말이 오기 전에는 우리에게 이 일을 멈출 자유가 없다. 우리는 또한 마지막 적그리스도의 선행자로서 거짓 그리스도들과 거짓 선지자들이 일어나리라는 그의 경고를 기억한다. 그러므로 우리는 인간이 땅 위에 유토피아를 건설할 수 있다는 생각은 오만한 자기 확신의 환상으로 간주하여 이를 거부한다. 우리 그리스도인들은 하나님께서 그의 나라를 완성하실 것이요, 우리는 그날을 간절히 사모하며 또 의가 거하고 하나님께서 영원히 통치하실 새 하늘과 새 땅을 간절히 고대하고 있음을 확신한다. 그때까지 우리는 우리의 삶 전체를 지배하시는 그의 권위에 기꺼이 순종함으로 그리스도를 섬기고 사람에게 봉사하는 일에 우리 자신을 재헌신한다. (막 14:62; 히 9:28; 막 13:10; 행 1:8~11; 마 28:20; 막 13:21~23; 요 2:18; 4:1~3; 눅 12:32; 계 21:1~5; 벧후 3:13; 마 28:18)

맺음말

그러므로 이와 같은 우리의 신앙과 우리의 결심에 따라 우리는 전 세계 복음화를 위하여 함께 기도하고, 계획하고, 일할 것을 하나님과 우리 상호 간에 엄숙히 언약한다. 우리는 다른 사람들도 이 일에 우리와 함께 동참할 것을 호소한다. 우리로 하여금 하나님의 영광을 위하여 이 언약에 신실하도록 그의 은혜로 도와주시기를 기도한다. 아멘, 할렐루야!